U0647966

杭州圖書館藏清光緒三十四年長沙刻《杭州藝文志》内封

光緒杭州府志卷之百六

藝文

江海之英湖山之靈百家薈萃華萃馨鋒塵不歇黄蠱畸藷蒐之集之爲述造型斗宿煜煜光芒上經述藝文志第二十八

經部

王弼易二繫注齊太學博士鹽官顧歡景怡撰

周易講疏十六卷梁五經博士錢塘褚仲都撰

集注周易一百卷梁侍中錢塘朱异彦和撰梁書异所撰禮易講疏及儀注文集百餘篇亂中多亡佚此七錄所題未知所本萬歷志作周易集注今仍乾隆志

續朱异集注周易一百卷梁孔子祛撰

周易文言注一卷梁大中大夫錢塘范述曾子元撰

011627

浙江圖書館藏清光緒三十四年長沙刻朱印本《杭州藝文志》卷端

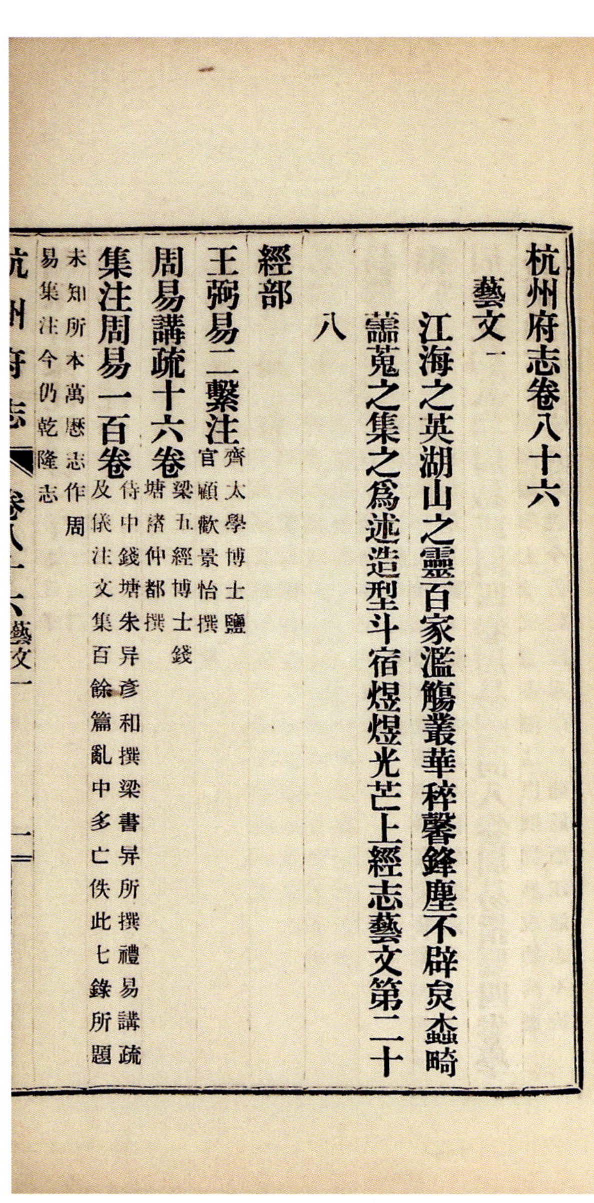

杭州府志卷八十六

藝文一

江海之英湖山之靈百家濫觴叢華稡馨鋒塵不辟㒷蟊畸藹蒐之集之爲述造型斗宿煜煜光芒上經志藝文第二十八

經部

王弼易二繫注 齊太學博士鹽官顧歡景怡撰

周易講疏十六卷 梁五經博士錢塘褚仲都撰

集注周易一百卷 侍中錢塘朱异彥和撰梁書异所撰禮易講疏及儀注文集百餘篇亂中多亡佚此七錄所題未知所本萬歷志作周易集注今仍乾隆志

浙江大學圖書館藏民國八年修、民國十五年鉛印本《［民國］杭州府志》卷八十六《藝文一》卷端

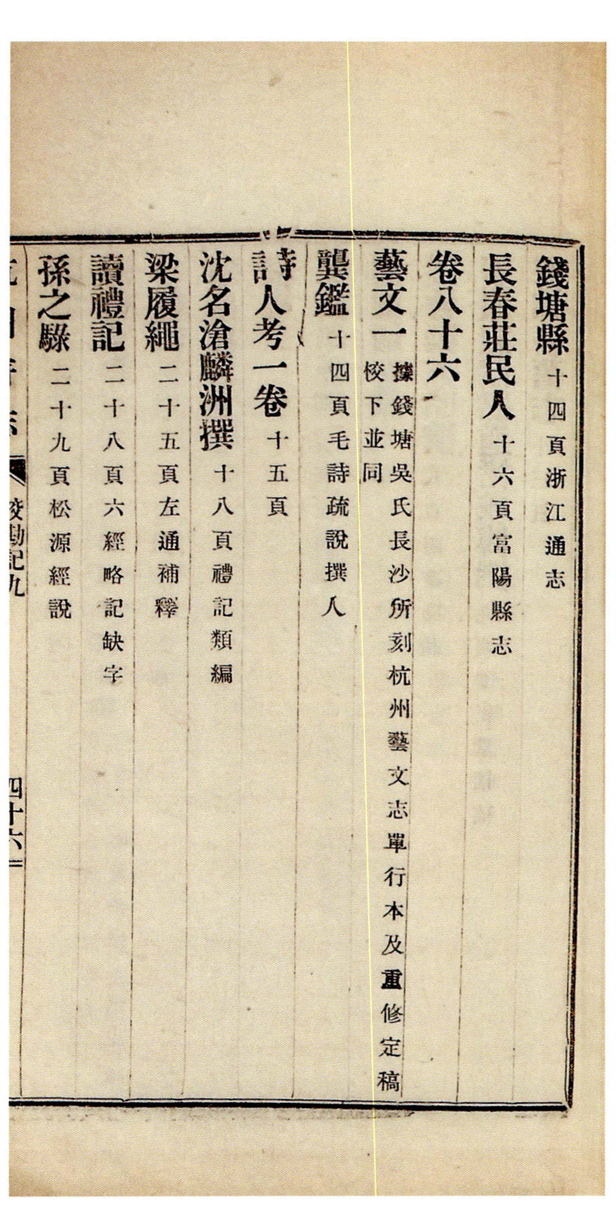

錢塘縣 十四頁浙江通志
長春莊民人 十六頁富陽縣志
卷八十六
藝文一 據錢塘吳氏長沙所刻杭州藝文志單行本及重修定稿校下並同
龔鑑 十四頁毛詩疏說撰人
詩人考一卷 十五頁
沈名滄麟洲撰 十八頁禮記類編
梁履繩 二十五頁左通補釋
讀禮記 二十八頁六經略記缺字
孫之騄 二十九頁松源經說

浙江大學圖書館藏民國十五年鉛印本
《［民國］杭州府志校勘記》中的“藝文一”前半部分

杭州藝文志

吴慶坻　撰
陳東輝等　校點

浙江大學出版社
ZHEJIANG UNIVERSITY PRESS

浙江省文化研究工程指導委員會

主　任　袁家軍

副主任　陳金彪　朱國賢　周江勇　陳偉俊
　　　　成岳冲　任少波

成　員　胡慶國　朱衛江　蔡曉春　魯　俊
　　　　來穎杰　盛世豪　徐明華　孟　剛
　　　　陳根芳　尹學群　褚子育　張偉斌
　　　　俞世裕　郭華巍　鮑洪俊　高世名
　　　　蔡袁强　蔣國俊　馬曉輝　張　兵
　　　　馬衛光　陳　龍　徐文光　俞東來
　　　　李躍旗　胡海峰

《杭州藝文志》整理委員會

主　編　陳東輝

編　委　成　佳　曹伊夢

（以上爲常務編委）

陶維棟　朱元顔　樂　靚　朱　丹

陳昱伶　方慧敏　蔡凱樂　吴美琦

唐雯玥　趙毓珩　金夢恬　謝昕怡

張譯丹　甘　露

（編委名單按本書整理校點初稿各自承担部分之前後排序）

浙江文化研究工程成果文庫總序

習近平

有人將文化比作一條來自老祖宗而又流向未來的河，這是説文化的傳統，通過縱向傳承和横向傳遞，生生不息地影響和引領着人們的生存與發展；有人説文化是人類的思想、智慧、信仰、情感和生活的載體、方式和方法，這是將文化作爲人們代代相傳的生活方式的整體。我們説，文化爲群體生活提供規範、方式與環境，文化通過傳承爲社會進步發揮基礎作用，文化會促進或制約經濟乃至整個社會的發展。文化的力量，已經深深熔鑄在民族的生命力、創造力和凝聚力之中。

在人類文化演化的進程中，各種文化都在其内部生成衆多的元素、層次與類型，由此决定了文化的多樣性與復雜性。

中國文化的博大精深，來源於其内部生成的多姿多彩；中國文化的歷久彌新，取決於其變遷過程中各種元素、層次、類型在内容和結構上通過碰撞、解構、融合而產生的革故鼎新的强大動力。

中國土地廣袤、疆域遼闊，不同區域間因自然環境、經濟環境、社會環境等諸多方面的差異，建構了不同的區域文化。區域文化如同百川歸海，共同匯聚成中國文化的大傳統，這種大傳統如同春風化雨，滲透於各種區域文化之中。在這個過程中，區域文化如同清溪山泉潺潺不息，在中國文化的共同價值取向下，以自己的獨特個性支撑着、引領着本地經濟社會的發展。

從區域文化入手，對一地文化的歷史與現狀展開全面、系統、扎實、有序的研究，一方面可以借此梳理和弘揚當地的歷史傳統和文化資源，繁榮和豐富當代的先進文化建設活動，規劃和指導未來的文化發展藍圖，增强文化軟實力，爲全面建設小康社會、加快推進社會主義現代化提供思想保证、精神動力、智力支持和輿論力量；另一方面，這也是深入瞭解中國文化、研究中國文化、發展中國文化、創新中國文化的重要途徑之一。如今，區域文化研究日益受到各地重視，成爲我國文化研究走向深入的一個重要標誌。我們今天實施浙江文化研究工程，其目的和意義也在於此。

千百年來，浙江人民積澱和傳承了一個底蘊深厚的文化傳統。這種文化傳統的獨特性，正在於它令人驚嘆的富於創造力的智慧和力量。浙江文化中富於創造力的基因，早早地出現在其歷史的源頭。在浙江新石器時代最爲著名的跨湖橋、河姆渡、馬家浜和良渚的考古文化中，浙江先民們都以不同凡響的作爲，在中華民族的文明之源留下了創造和進步的印記。

浙江人民在與時俱進的歷史軌迹上一路走來，秉承富於創造力的文化傳統，這深深地融會在一代代浙江人民的血液中，體現在浙江人民的行爲上，也在浙江歷史上衆多傑出人物身上得到充分展示。從大禹的因勢利道、敬業治水，到勾踐的卧薪嘗膽、勵精圖治；從錢氏的保境安民、納土歸宋，到胡則的爲官一任、造福一方；從岳飛、于謙的精忠報國、清白一生，到方孝孺、張蒼水的剛正不阿、以身殉國；從沈括的博學多識、精研深究，到竺可楨的科學救國、求是一生；無論是陳亮、葉適的經世致用，還是黄宗羲的工商皆本；無論是王充、王陽明的批判、自覺，還是龔自珍、蔡元培的開明、開放，等等，都展示了浙江深厚的文化底藴，凝聚了浙江人民求真務實的創造精神。代代相傳的文化創造的作爲和精神，從觀念、態度、行爲方式和價值取向上，孕育、形成和發展了淵源有自的浙江地域文化傳統和與時俱進的浙江文化精神，她滋育着浙江的生命力、催生着浙江的凝聚力、激發着浙江的創造力、培植着浙江的競争力，激勵着浙江人民永不自滿、永不停息，在各個不同的歷史時期不斷地超越自我、創業奮進。悠久深厚、意藴豐富的浙江文化傳統，是歷史賜予我們的寶貴財富，也是我們開拓未來的豐富資源和不竭動力。黨的十六大以來推進浙江新發展的實踐，使我們越來越深刻地認識到，與國家實施改革開放大政方針相伴隨的浙江經濟社會持續快速健康發展的深層原因，就在於浙江深厚的文化底藴和文化傳統與當今時代精神的有機結合，就在於發展先進生産力與發展先進文化的有機結合。今後一個時期浙江能否在全面建設小康社會、加快社會主義現代化建設進程中繼續走在前列，很大程度上取決於我們對文化力量的深刻認識、對發展先進文化的高度自覺和對加快建設文化大省的工作力度。我們應該看到，文化的力量最終可以轉化爲物質的力量，文化的軟實力最終可以轉化爲經濟的硬實力。文化要素是綜合競争力的核心要素，文化資源是經濟社會發展的重要資源，文化素質是領導者和勞動者的首要素質。因此，研究浙江文化的歷史與現狀，增强文化軟實力，爲浙江的現代化建設服務，是浙江人民的共同事業，也是浙江各級黨委、政府的重要使命和責任。

二〇〇五年七月召開的中共浙江省委十一届八次全會，作出《關於加快建設文化大省的決定》，提出要從增强先進文化凝聚力、解放和發展生産力、增强社會公共服務能力入手，大力實施文明素質工程、文化精品工程、文化研究工程、文化保護工程、文化産業促進工程、文化陣地工程、文化傳播工程、文化人才工程等『八項工程』，實施科教興國和人才强國戰略，加快建設教育、科技、衛生、體育等『四個强省』。作爲文化建設『八項工程』之一的文化研究工程，其任務就是系統研究浙江文化的歷史成就和當代發展，深入挖掘浙江文化底藴、研究浙江現象、總結浙江經驗、指導浙江未來的發展。

浙江文化研究工程將重點研究『今、古、人、文』四個方面，即圍遶浙江當代發展問題研究、浙江歷史文化專題研究、浙江名人研究、浙江歷史文獻整理四大板塊，開展系統研究，出版系列叢書。在研究内容上，深入挖掘浙江文化底藴，系統梳理和分析浙江歷史文化的内部結構、變化規律和地域特色，堅持和發展浙江精神；研究浙江文化與其他地域文化的異同，釐清浙江文化在中國文化中的地位和相互影響的關係；圍遶浙江生動的當代實踐，深入解讀浙江現象，總結浙江經驗，指導浙江發展。在研究力量上，通過課題組織、出版資助、重點研究基地建設、加强省内外大院名校合作、整合各地各部門力量等途徑，形成上下聯動、學界互動的整體合力。在成果運用上，注重研究成果的學術價值和應用價值，充分發揮其認識世界、傳承文明、創新理論、咨政育人、服務社會的重要作用。

我們希望通過實施浙江文化研究工程，努力用浙江歷史教育浙江人民、用浙江文化熏陶浙江人民、用浙江精神鼓舞浙江人民、用浙江經驗引領浙江人民，進一步激發浙江人民的無窮智慧和偉大創造能力，推動浙江實現又快又好發展。

今天，我們踏着來自歷史的河流，受着一方百姓的期許，理應負起使命，至誠奉獻，讓我們的文化綿延不絕，讓我們的創造生生不息。

二〇〇六年五月三十日於杭州

整理説明

《杭州藝文志》十卷，吴慶坻撰，有清光緒三十四年（一九〇八）長沙刻本（部分單位所藏係朱印本）。吴慶坻（一八四八—一九二四），字子修，又字敬彊（疆），稼如，别號悔餘生、蕉廊、補松老人，浙江錢塘（今杭州）人，曾參與《杭州府志》、《浙江通志》的纂修。

《杭州藝文志》之名稱乃依據該書内封之題名。該藝文志本係《［光緒］杭州府志》之一部分。《［光緒］杭州府志》於清光緒十二年（一八八六）成稿後未刊，僅有其中的《杭州藝文志》等數種曾經刊印。

吴慶坻長子吴士鑑在致晚清知名人士汪康年的函札中曰：『奉上《竹崦盦金石目》一帙，此稿本昔爲仲虞姻叔所藏，上年流轉廠肆，亟購歸刊于長沙。又《杭州藝文志》四册，廿年前脩《杭志》時搜采，極爲用心，因全志尚未刊，故先刻之，以免散亡。此等事再閲數年，更無從料理，世變危迫，文學將中絶矣。』（上海圖書館編：《汪康年師友書札》，上海書店出版社二〇一七年版，第二五九頁）同時，吴士鑑在致近代著名學者和藏书家缪荃孙的函札中云：『又《竹崦盦金石目》爲晉齋先生未刊之書，光緒《杭州府志》「藝文」一類爲昔年分纂之作，此兩種刊於長沙，一併上塵瀏覽，伏乞察存。』（錢伯城、郭群一整理，顧廷龍校閲：《藝風堂友朋書札》，上海人民出版社二〇一八年版，第五六〇頁）我們可以從中獲悉與《杭州藝文志》相關的一些史實。

另據沈津編著的《顧廷龍年譜》（上海古籍出版社二〇〇四年版）第九八頁記載，一九四〇年一月十一日，葉景葵遣人送《杭州藝文志》底本及吴承志批本與顧廷龍，顧廷龍爲之覈對；一月十三日，顧廷龍將《杭州藝文志》送還葉景葵。由此可知《杭州藝文志》曾有吴承志批本，不過筆者在相關書目及藏書機構中未查檢到該批本之信息。柳和城編著的《葉景葵年譜長編》（上海交通大學出版社二〇一七年版）在一九四〇年一月部分，未涉及『遣人送《杭州藝文志》底本及吴承志批本與顧廷龍』之事。吴承志（一八四四—一九一七），字祁甫，浙江錢塘（今杭州）人，乃晚清國學大師俞樾之高足，曾任浙江平陽縣學訓導，主修《平陽縣志》，積十年之功，志稿粗成。筆者推測，很有可能是因爲吴承志主修《平陽縣志》時需要參考類似書籍並鑽研，所以有此批本。

《杭州藝文志》卷首有吴慶坻於清光緒三十四年（一九〇八）所撰自序（部分刻本無自序，並且有自序者與無自序者之開本大小、紙張材質以及墨色等也有差異，當爲同一版本之不同印次），其中曰：『余重念往者成此一編，頗費日力，懼百年以來經生文儒述造之苦心，終不獲章顯於來世也，乃出原稾，寫刊於長沙，仍標題曰《［光緒］杭州府志》，不敢自私爲一家之言，且冀佗日有心人終舉全志刊行之，即以是編爲前馬之導可乎？』

《杭州藝文志》按經、史、子、集四部分類排列，同一類屬，則依時代爲次。該藝文志著録漢魏至清代杭人著述六千餘種，其中集部著述占半數有餘。該藝文志著録書名、卷數以及作者時代、官職、籍貫、姓名、字號等，對於舊志著録有誤或分類欠妥者，略加訂正。

《杭州藝文志》學術價值甚高，頗受關注與好評。如已故著名學者來新夏曾經指出：『近代以來，單行地方文獻目録迭出，著名的如吴慶坻的《杭州藝文志》十卷和孫詒讓的《温州經籍志》三十六卷以及胡宗楙的《金華經籍志》二十七卷等都極有價值。』（來新夏：《古籍整理散論》，書目文獻出版社一九九四年版，第四〇頁）

《［光緒］杭州府志》成稿後大部分未刊（浙江圖書館和上海圖書館保存有部分稿本），及至民國四年（一九一五），時任杭縣知縣汪曼鋒從丁丙家人處取走志稿進行校勘，此時《［光緒］杭州府志》之稿本已有部分缺失。後因汪曼鋒離職，志事中綴。民國五年（一九一六），時任浙江巡撫使屈映光委任其秘書陸懋勳續纂《杭州府志》，對缺失部分以及光緒、宣統的新政作了補充。此乃民國時期《杭州府志》的第一次續修。後因屈映光在此年辭職，繼而陸懋勳亡故，故該志未能刊行。直至民國八年（一九一九），時任浙江省省長齊耀珊又聘吴慶坻爲總纂，以陸懋勳舊稿爲底本重加編纂，成稿之後，即爲一百七十八卷首八卷之《［民國］杭州府志》（浙江圖書館和上海圖書館保存有部分稿本），其中卷八十六至卷九十五爲《藝文志》，仍係十卷。此乃民國時期《杭州府志》的第二次續修。到了民國十一年（一九二二），有賴時任浙江督軍盧永祥等三十人捐貲七千六百元銀兩，終於在此年由杭州三元坊弘文興記印書局刊印該書，此即民國八年（一九一九）修、民國十一年（一九二二）鉛印本《［民國］杭州府志》（不少圖書館著録爲《［光緒］杭州府志》，是不准確的），共計八十册。之後該書又有民國十五年（一九二六）鉛印本，末附《［民國］杭州府志校勘記》一册，共計八十一册。（參見仇家京：

《民國〈杭州府志〉考述》，《圖書館研究與工作》二〇〇九年第二期）

此外，金濤撰有《偕隱廡漫筆：杭志藝文校録》（《浙江省立圖書館館刊》第二卷第二期，一九三三年四月），可供參考。再則，項士元撰有《杭州藝文志訂補》四卷，乃『民國四年與陸桂勳太史纂修《杭州府志》，分修之稿也』（項士元：《中國簿録考》，上海古籍出版社二〇一九年版，第七四七頁）。筆者在相關藏書機構中未查檢到該書。

《杭州藝文志》僅在少數圖書館有收藏，並且此前從未單獨加以影印，更未曾整理校點。筆者長期從事古典文獻學、清代學術史以及浙江地方文獻研究，同時對歷代書目也十分關注，因此深知該藝文志之重要價值。有鑒於此，爲了給相關研究者提供便利，同時也爲了更好地保存杭州地方文獻史料，進一步促進杭州地方文化史的研究，我們將《杭州藝文志》整理校點，作爲《浙江文獻集成地方史料系列》之一種，由浙江大學出版社出版。

本書以清光緒三十四年（一九〇八）長沙刻《杭州藝文志》爲底本，以民國八年（一九一九）修、民國十五年（一九二六）鉛印本《［民國］杭州府志》中的《藝文志》（本書中稱爲《［民國］杭州府志·藝文志》）及《［民國］杭州府志校勘記》爲對校本。

《［民國］杭州府志·藝文志》是在《杭州藝文志》（即本書底本）之基礎上編纂的，内容基本相同，但並不完全一致。對於《［民國］杭州府志·藝文志》有而底本無之條目，本書據《［民國］杭州府志·藝文志》補入。

同時，本書在整理過程中，還將底本中的部分條目與《［萬曆］杭州府志·藝文志》、《［康熙］杭州府志·藝文志》、《[乾隆]杭州府志·藝文志》、《[雍正]浙江通志》、標點本《[清雍正朝]浙江通志》、《[乾隆]海寧縣志》、《[乾隆]海寧州志》、《[民國]海寧州志稿·藝文志》、《海寧市志》、《[光緒]海鹽縣志》、《[嘉靖]太原縣志》、《[民國]歙縣志》、《温州經籍志》、《四庫全書總目》、《四庫全書簡明目録》、《郡齋讀書志校證》、《直齋書録解題》、《宋史·藝文志》、《千頃堂書目》、《八千卷樓書目》、《文獻通考》、《兩浙輶軒録》、《兩浙輶軒續録》、《全浙詩話》、《宋高僧傳》、《補續高僧傳》、《分省人物考》、《清人詩文集總目提要》等書中的相關條目進行覆核。因此，上述諸書亦可視爲本書之參校本。

另外，底本正文首葉首行題『光緒杭州府志卷之百六』，次行題『藝文』。之後各卷首行依次題『光緒杭州府志卷之百七』等，直至『光緒杭州府志卷之百十五』；各卷次行依次題『藝文二』等，直至『藝文十』。本書將『光緒杭州府志卷之百六』等予以删除，而對『藝文二』等則予以保留。如此，既考慮了本書作爲『單本别行』的藝文志之性質，也兼顧到儘量保留底本之原貌。

陳東輝

二〇二一年五月謹誌於浙江大學漢語史研究中心

校點凡例

一　本書的部分條目在底本與《［民國］杭州府志·藝文志》中屬於不同類，照底本録入，並出校記説明；部分條目在底本與《［民國］杭州府志·藝文志》中屬於同一類，但是順序不一致，照底本録入，不再出校記説明。

二　如果可以明確斷定底本有誤，則徑改底本原文，並出校記説明；如果懷疑底本有誤，但尚不能明確斷定，則不改底本原文，而是出校記説明。

三　底本中的異體字、古今字、俗體字等，原則上不作規範性統一。

四　避諱處如改『玄』爲『元』，改『弘』爲『宏』，改『曆』爲『歴』、『厤』，改『寧』爲『甯』、『寍』之類，均一仍其舊。

五　底本中原有的『□』，予以保留。

目録

藝文二　史部

藝文三　子部上

藝文四　子部下

藝文五　集部一

藝文六　集部二

藝文七　集部三

藝文八　集部四

藝文九　集部五

藝文十　集部六

杭州藝文志自序

光緒己卯年庚辰閒，吾郡有修志之役，余謬以諸老先生之諈諉，從事操槧。同年生慈谿馮君夢薌博識多聞，來共商搉，同事編削，復得四五君子。余念百年以來，文獻彫落，中構兵火，遺書放紛，全志類目凡取資於官司職掌、私家纂述者，固繁且重矣。獨吾郡方聞綴學之士，上自羣經諸史，下逮九流，成書夥頤，文章詩歌，家必有集，箸述彪炳，不可殫紀。然或其書已顯於世，今佚不傳，或蓬户甕牖阸窮箸書，世卒無道其姓名者。及時耆緝，毋令沈薶弗章，非後來者之責歟？爰博采故籍，网羅舊聞，依《乾隆志》分四部例作藝文志，爲卷十，爲類六十有九，訂譌補闕，七閱寒暑，稾草觕定。會北行，余子士鑑彙録成帙，以付主者。馮君既以疾去，諸老先生或物故，或牽他事不暇，及郡守屢更代，經費告匱，事幾中輟，而志稾成者十之六七。余返自京師，祁陽陳公文騄來守杭，余言於陳公出官錢賡續爲之，於是全志始克底於成。人物列傳成自眾手，純駁互見，譚君復堂方自皖中歸，余謂宜屬譚君更定之，後卒不果。余還京充館職，不復聞。後數歲，丁丈松存以志稾畀黄巖王君子莊。王君耆年通儒，頗有所訂正，既卒業，將議刊行，而丁丈卒。荏苒十稔，朝野多故，新政興，兹事廢矣。余重念往者成此一編，頗費日力，懼百年以來經生文儒述造之苦心，終不獲章顯於來世也，乃出原稾，寫刊於長沙，仍標題曰《[光緒]杭州府志》，不敢自私爲一家之言，且冀佗日有心人終舉全志刊行之，即以是編爲前馬之導可乎？若夫甄録之繁瑣，編次之貤繆，迫於官事，未遑重事詮整，惟兹發潛闡幽之微恉，期不爲大疋君子所擯云爾。光緒三十四年夏六月錢塘吴慶坻。

藝文一[一]

江海之英，湖山之靈。百家濫觴，叢華稡馨。鋒塵不辟，㒵蝨畸藷。蒐之集之，爲述造型。斗宿煜煜，光芒上經。述藝文志第二十八[二]。

經部

王弼易二繫注 齊太學博士鹽官顧歡景怡撰。

周易講疏十六卷 梁五經博士錢塘褚仲都撰。

集注周易一百卷 梁侍中錢塘朱异彦和撰。《梁書》：异所撰《禮易講疏》及《儀注文集》百餘篇，亂中多亡佚。此《七録》所題，未知所本。《萬曆志》作《周易集注》，今仍《乾隆志》。

續朱异集注周易一百卷 梁孔子祛撰。

周易文言注一卷 梁大中大夫錢塘范述曾子元撰。

周易圖二卷　宋浮梁尉錢塘吴天秩平甫撰。

周易圖義二卷　宋職方員外郎錢塘葉長齡子長撰。

周易新義二卷　宋判國子監錢塘沈季長撰。

易解二卷　宋光禄寺少卿錢塘沈括存中撰。

易傳一卷　宋太學博士錢塘關注子東撰。《萬曆志》作《易解》，今仍《乾隆志》。

南塘易説三卷　宋侍讀學士餘杭趙汝談履常撰。《宋史・藝文志》作《易説》[三]，本傳作「易注」，今仍《乾隆志》。

周易説約八卷周易或問四卷周易續問八卷周易指要四卷學易補過六卷　宋觀交殿學士餘杭趙善湘清臣撰。《周易説約》，《萬曆志》作「約説」，今仍《乾隆志》。《學易補過》，《浙江通志》不載。

案：《周易續問》八卷，《乾隆志》誤作「《周易續》一卷」，今據《[嘉慶]餘杭縣志》改正。

準齋易説一卷　宋秉義郎臨安吴如愚子發撰。《讀書附志》作「《象爻説》二卷」[四]，《萬曆志》作「易解」，「如愚」作「汝愚」，今俱仍《乾隆志》。

周易輯聞六卷易雅一卷筮宗一卷　宋户部侍郎餘杭趙汝楳撰。文淵閣著録。

周易會元紀　宋處士徐復復之撰。復一字希顔，本莆田人，後家杭州，是書奉詔與莆田林瑀同修。

讀易類編　元集賢殿直學士錢塘鄧文原善之撰。

重正卦氣　元錢塘吾邱衍子行撰。

周易主意　元海甯賈銘文鼎撰。

讀易日録　明四川僉事臨安高暐汝晦撰。

讀易私記四卷　明兵部尚書仁和胡世甯永清撰。

一元圖説　明諸生海甯董啟予維忠撰。

易説三卷　明山西參政仁和孫枝敬身撰。

易參五卷　明錢塘錢彭曾覺龕撰。《四庫》附存目。

易經微言　明贈參政海甯許聞至長聖撰。《海昌備志》引《花溪志》、《兩浙名賢録》，以爲許聞造撰，誤。

周臆三卷　明平樂知縣錢塘鄭圭孔肩撰。圭一名之惠。《四庫》附存目。

周義　明推官海甯祝以忠又新撰。

雲亭易論　明員外郎仁和邵經邦仲德撰。

周義十卷　明四川僉事仁和沈瑞臨孟錫撰。

易解三卷　明諸生海甯祝翼鐸孟兼撰。

讀易鈔十四卷　明河南巡撫仁和鍾化民維仁撰。

周易旁注會通十四卷　明太僕寺少卿錢塘姚文蔚撰。《四庫》附存目。

玩易微言摘鈔六卷易顯六卷易總一卷　明順天府丞仁和楊廷筠仲堅撰。《玩易微言摘鈔》，見《四庫》附存目。《易顯》、《易總》見《尤氏藝文志》。

案：《玩易微言摘鈔》，《乾隆志》脱『摘鈔』二字，不載卷數。今據《四庫書目》改正。

易芥八卷　明舉人仁和陸振奇庸成撰。《四庫》附存目。

案：《乾隆志》作『《易芥》十卷』，《四庫書目》云：『《易芥》八卷，《經義考》作十卷，與此本不符，然所引鄭之惠説稱陸庸成爲諸生時，著《易芥》八卷，與此本合，則十卷乃字之訛也。』

易繫辭講　明户部侍郎錢塘葛寅亮冰鑑撰。

易學全書五十卷　明兩淮運判仁和卓爾康去病撰。《四庫》附存目作『《易學殘本》十二卷』，殆即在此五十卷中。

周易家訓三卷　明杭州畢午明撰。失其名。

易大全補　明餘杭姚懋繼汝子撰。

无妄大畜二卦講義　明仁和陳肇存之撰。

易經會源　明諸生仁和潘之淇爾瞻撰。《錢塘縣志》作《易象繼説》。

易義發蒙　明南京司業海甯吴太沖〔五〕默寘撰。

周易注傳　明兵部司務海甯陳許廷靈茂撰。

易解　明諸生海甯朱一棟季材撰。

周易正訛 明諸生仁和朱履興白撰。

易學三十卷 明吉水知縣錢塘陸運昌夢鶴撰。

易解正宗繫辭醒 明副貢海甯吕居恭覺我撰。見黄道周撰傳。

易説 明餘杭嚴武順撰。

易義 明監生於潛張允修恂儒撰。

周易玩辭困學記十五卷 明舉人海甯張次仲元岵撰。文淵閣著録。案：《乾隆志》作『十二卷』，蓋本《通志》，今據《四庫書目》改正。

易解 明諸生錢塘嚴調御印持撰，一作餘杭人。

讀易畧記一卷 明旌德知縣海甯朱朝瑛美之撰。《四庫》附存目。

易卦解 明舉人仁和許仁撰。

義經創解 明諸生海甯蔣天祐受祉撰。

易象疏意易經指月 明諸生海甯潘廷章美含撰。

以易解六卷 明錢塘蔣庸不易撰。

周易説約 明山東參議仁和翁汝進獻甫撰。

義畫憤參二十五卷 明錢塘陸位時與偕撰。《四庫》附存目。案：《乾隆志》作『十五卷』，今據《四庫書目》改正。

周易箋疏 明錢塘虞咸熙撰。

周易大全纂附十二卷 明錢塘倪晉卿伯昭撰。

周易説統十二卷 明貢生仁和張振淵彦陵撰。《四庫》附存目。《浙江通志》作『二十五卷』。

桂林點易丹十六卷 明貢生錢塘顧懋樊調撰。《四庫》附存目。

易經詮旨 明黃汝亨撰。

周易塵談十二卷 國朝隰州知州餘杭孫應龍海門撰。

易闡 國朝舉人仁和陸克開慧曉撰。

易義敷言十六卷 國朝成都知府錢塘錢受祺介之撰。興同里屠以甯多若、江起鼇雲桐共輯。

易傳纂義四卷 國朝副都御史仁和傅感丁雨臣撰。

讀易偶箋 國朝拔貢海甯查雍漢園撰。

案：《乾隆志》查雍列明人攷選舉門〔六〕：查雍順治甲午拔貢。《海昌備志》同，今據改，列國朝人。

周易集解十三卷 國朝徵士仁和應撝謙嗣寅撰。《四庫》附存目。

案：《乾隆志》作『十七卷』，《四庫書目》云：『《周易應氏集解》十三卷。《經義考》作「十七卷」，此本僅十三卷。然首尾完具，不似有所佚脱，或彝尊〔七〕偶誤。』今據改正。

大易炬説 國朝錢塘鐘晉德威撰。

易義炳闡　國朝諸生仁和沈蘭彧方稷〔八〕撰，蘭先弟。

周易大象集解粹言　國朝諸生仁和施相贊伯撰。

周易大象説録　國朝監生錢塘吴儀一舒鳧撰。

易原二卷　國朝杭州趙振芳述，歙縣徐在漢同訂。

射易淡詠四卷　國朝錢塘張遂辰卿子撰。一名《淡窩射易》，見《四庫》附存目。

案：《四庫書目》：『《射易淡詠》二卷，不著撰人名氏，卷端惟題「西農」二字，前有《陳愫索射易書》一篇，稱其字曰：孝若。』攷卿子，一字西農，孝若未詳，卷數亦異。附識於此，以俟考。

易四譜十卷　國朝貢生錢塘王蔚章豹采撰。

周易精義讀易惕言四卷　國朝翰林院編修海甯沈珩昭子撰。

易經玩辭述三卷　國朝禮部尚書海甯陳詵叔大撰。《四庫》附存目作《易經述》，無卷數。

秋林讀易　國朝秀水教諭海甯管宏涫右民撰。

易經説十二卷　國朝禮部尚書海甯許汝霖時庵撰。

周易集説十二卷　國朝御史海甯張曾裕容軒撰。

易大象玩易解　國朝安化知縣仁和沈佳昭嗣撰。

周易微言　國朝貢生餘杭孫揚美武惟撰。

心易　國朝杭州戴天恩撰。《浙江遺書總録》作『一册』。

周易玩辭集解十卷易象考信　明國朝翰林院編修海甯查慎行悔餘撰。《玩辭集解》見文淵閣著録。

大易理占四卷易卦吟一卷　國朝舉人海甯許維植德培撰，汝霖從子。

周易清解　國朝仁和江見龍撰。《浙江遺書總録》作『四册』。

易解三十二卷　國朝諸生錢塘朱大勳幼鴻撰。

易經蠡測　國朝貢生海甯朱奇齡與三撰。

易經闡奥　國朝禮部主事臨安高崧南毓撰。

易經詳注　國朝貢生臨安俞元芳謹齋撰。

易解廣疏　國朝海甯徐元倬撰。

周易補注　國朝諸生海甯陳煌世鶴亭撰。

易經圖説　國朝刑部郎中海甯王廷獻文在撰。

周易講義　國朝海甯許纘高誠齋撰。

易説　國朝浦江教諭海甯陳世修勉之撰。《詩輯》[九]作『遂昌教諭』。

玩占廣師三卷　國朝國子監司業海甯盧軒素功撰。

學易　國朝贈禮部尚書錢塘沈近思位三撰。

觀象居易傳箋十二卷　國朝翰林院編修錢塘汪師韓抒懷撰，振甲子。

周易類經　國朝仁和吴穎芳西林撰。

周易原始六經　國朝御史錢塘范咸九池撰。

易理鈎元　國朝海甯陳世倣賓之撰。

周易闡微六卷　國朝諸生海甯陳學英東蕃撰。

周易觀象十卷圖説三卷　國朝諸生仁和盧同又川撰。

易經纂要　國朝貢生海甯朱觀光逸齋撰。

大易圖書解　國朝錢塘吴模求履撰。

易經通論四卷　國朝進士昌化張自新袚躬撰。

周易緯史　國朝貢生仁和錢偲撰。《浙江遺書總録》作『二册』。

觀象玩占　國朝仁和嚴蘭裔芬若撰。

周易就正辨　國朝石門訓導錢塘沈濟燾心恭撰，一作海甯人。

周易蛾術七十四卷周易圖説述九卷周易四尚　國朝遂安訓導錢塘倪濤崑渠撰。

大易鎔注八卷　國朝錢塘張麟撰。

學易筮原　國朝錢塘陸豐杜南撰，堦子。

大易近取録易解　國朝舉人仁和邵晉之敘階撰。《四庫》附存目。遠平孫。

易説存悔二卷　國朝刑部員外郎錢塘汪憲千波撰。

易犃九卦注疏傳義異同辨周易格致録　國朝教諭錢塘江衡岳南撰。

讀易象臆　國朝舉人仁和陸飛起潛撰。

讀周易本義偶識一卷　副貢海甯張豸冠神羊撰。〔一〇〕

周易章句證異十一卷　國朝内閣中書仁和翟均廉春衸撰。《四庫》附存目〔一一〕。

周易集義八卷　國朝諸生海甯朱承弼鄭谷撰。

讀易纂言一卷　國朝舉人海甯周廣業耕厓撰。『纂言』一作『纂畧』。

子夏易傳釋存二卷　國朝貢生海甯吴騫槎客撰。

讀易小識一卷　國朝諸生海甯管升飛霞撰。

周易後傳八卷周易集義易互卦圖一卷冬夜讀易録一卷　國朝龍泉訓導海甯朱兆熊兹泉撰。

易經解義　國朝諸生錢塘陳智學兼三撰。

周易纂要　國朝遂昌訓導錢塘吴顥退庵撰。

周易綴餘四卷　國朝歲貢生仁和關洵綽堂撰。

易經註解　國朝德清教諭仁和嵇奎光竹亭撰。

讀易得間録　國朝仁和王懋昭撰。

古易音訓二卷 國朝桐鄉教諭仁和宋咸熙小茗撰，大樽子。

易解 國朝海甯倪廷策撰。

易象觀 國朝海甯陸奇兆三撰。

周易鄭氏爻辰一卷 國朝舉人仁和謝家禾穀堂撰。

周易簡義五卷 國朝貢生海甯王清瑚淡全撰。

周易鄭注引義十二卷 國朝孝廉方正仁和趙坦寬夫撰。

漢魏六朝唐人易注補遺 國朝諸生仁和張雯珊林撰。

周易貞字質疑 國朝上虞教諭仁和姚光晉仲瑜撰。

易詁 國朝仁和萬籛齡少陸撰。

易經輯畧 國朝諸生錢塘呂昌祚撰。

周易舉意四卷漢學易蠡二卷 錢塘諸可繼撰。〔一二〕

周易參微 國朝洞霄道士陳仁恩撰。

周易畧 國朝天竺僧仁和淨挺俍亭撰。

【附録】

歸藏一卷 國朝岑溪知縣海甯周春松靄撰。

右易類

尚書百問一卷 齊鹽官顧歡撰。

尚書義二十卷集注尚書二十卷 梁孔子袪撰。見《梁書》本傳。

尚書義疏二十卷今文尚書音一卷尚書大傳音二卷尚書文外義一卷咸有一德論 隋秘書學士餘杭顧彪仲文撰。見《隋書·經籍志》。《唐書·經籍志》又有《古文尚書音義》五卷。《萬曆志》又有《尚書閏義》一卷、《尚書述義》二十卷。《尚書義疏》，《萬曆志》作《古文尚書義疏》，《餘杭志》又作《尚書疏》，云『《萬曆志》所稱《述義》二十卷，疑即是書』。

案：《咸有一德論》，《乾隆志》收入五經總類，誤。今據《萬曆志》仍入書類。

尚書傳詳説五十卷書傳統論六卷 宋禮部侍郎知温州錢塘張九成子韶撰。《萬曆志》作《尚書詳説》，無『傳』字。

尚書解三卷 宋轉運副使錢塘樊光遠茂實撰。

南塘書説三卷 宋餘杭趙汝談撰。《浙江通志》作『二卷』，此從《文獻通考》。《宋史》本傳作《尚書注》。

洪範統一一卷 宋餘杭趙善湘撰。《宋史》本傳作『統論』，《經義考》又作『統紀』。文淵閣著録。

尚書注 宋端明殿學士於潛洪咨夔舜俞撰。

尚書要畧　元錢塘吾邱衍撰。

尚書筆解　明瓊州知府海甯沈志言子模撰。

禹貢畧一卷　明大理寺卿仁和夏時正季爵撰。

書經發隱　明舉人仁和沈朝宣三吾撰。

尚書臆見敷言大旨一卷　明仁和鍾化民撰。

尚書集思通十二卷　明高安知縣海甯朱道行鼎梅撰。

禹貢廣覽三卷　明錢塘許胥臣撰。

尚書纂注　明御史昌化潘俊仲傑撰。

讀書畧記二卷　明海甯朱朝瑛撰。

桂林書響十卷　明錢塘顧懋樊撰。

尚書別解　明南通州知州仁和吴瓚器之撰。

讀書偶箋　國朝海甯查雍撰。

書傳拾遺　國朝仁和應撝謙撰。見全祖望撰神道表。

洪範講義一卷　國朝諸生海甯管宏濬景虞撰。

書經心典　國朝監生海甯胡瑶光聞山撰。

尚書釋疑二卷 國朝户科給事中仁和柴潮生禹門撰。

説書旁見三卷 國朝慶陽知府錢塘包濤梅嶼撰。

尚書離句尚書類對賦 國朝内閣中書錢塘錢在培蒼益撰。

尚書鈔 國朝德興知縣錢塘蕭立選薌泉撰。一作仁和人。

禹貢輯注一卷 國朝諸生海甯鄭許捷宸聞撰。

武成日月表 國朝諸生海甯陳以綱立三撰。

三江彭蠡辨議 國朝海甯陳詵撰。

禹貢補義一卷 國朝海甯陸洪疇耕芳撰。

尚書翼注 國朝錢塘吴琦撰。

尚書質疑二卷尚書異讀考六卷逸書考一卷 國朝左都御史仁和趙佑鹿泉撰。

古文尚書集説附訂閻一卷 國朝海甯周春撰。

尚書古注釋義 國朝監察御史仁和蔣詩秋吟撰。

書經纂解四卷 國朝舉人海甯朱芹忠惕菴撰。

書經輯注 國朝錢塘吴顥撰。

讀尚書蔡傳偶識 海甯張豸冠撰。〔一三〕

禹貢圖説　國朝考城知縣海甯張光復絅堂撰。

尚書纂義四卷禹貢指掌一卷　國朝舉人仁和關涵東皋撰。

大誓答問二卷尚書馬氏家法一卷尚書序大義一卷　國朝禮部員外郎仁和龔自珍定菴撰，麗正子。

尚書沿革表一卷書三考四卷　國朝兵部侍郎錢塘戴熙醇士撰，道峻子。

書經集解　國朝候選訓導錢塘龔憲曾石鯨撰。

古文尚書正義　國朝仁和曹家駒撰。見《太誓答問序》。

尚書通義又尚書傳授異同攷一卷　國朝刑部員外郎仁和邵懿辰位西撰。

尚書微信四卷　錢塘諸可續撰。〔一四〕

【附録】

別本尚書大傳三卷補遺一卷　國朝慶元教諭仁和孫之騄子駿撰。《四庫》附目録。

案：《乾隆志》作《尚書大傳》，不題『別本』二字。今據《四庫書目》改正。

汲冢遺文　國朝監生錢塘沈景煦和叔撰，景熊弟。〔一五〕

周書考證　國朝金華教授仁和翟灝晴江撰。〔一六〕

右書類

毛詩集解序義一卷 齊鹽官顧歡等撰。本傳不載，《隋書・經籍志》亦不詳同撰人姓名。

毛詩義疏 陳散騎常侍鹽官顧越允南撰。

毛詩義疏 陳王府諮議參軍錢塘全緩宏立撰。

毛詩并注音八卷毛詩章句義疏四十卷毛詩音義二卷 隋國子助教餘杭魯世達仲達撰。見《隋書》本傳。《毛詩并注音》，《萬曆志》作《毛詩音注》，《餘杭志》作《注并音》，今仍《乾隆志》。

詩講義一卷 宋錢塘沈季長撰。

詩注 宋餘杭趙汝談撰。

詩注 宋於潛洪咨夔撰。

詩經正葩 明王府長史錢塘瞿佑宗吉撰。

詩經説通十三卷 明都察院司務錢塘沈守正無回撰。《四庫》附存目。《浙江通志》又作『十四卷』。

詩學全書四十卷 明仁和卓爾康撰。

詩説 明餘杭嚴武順撰。

胡氏詩識三卷 錢塘胡文焕德甫撰。〔一七〕

待軒詩記八卷 明海甯張次仲撰。文淵閣著録。

詩經集思通十二卷　明海甯朱道行撰。見《海昌備志》。

讀詩畧記六卷　明海甯朱朝瑛撰。文淵閣著録。

詩志二十六卷　明錢塘范王孫撰。

詩經琅嬛　明諸生海甯許敦偁叔元撰。

國風辯一卷　明漢陽知縣海甯董谷碩甫撰。見《經義考》。

桂林詩正八卷　明錢塘顧懋樊撰。《四庫》附存目。

詩論一卷　明諸生海甯陳枚爰立撰。

毛詩别解　明仁和吴瓚撰。

三頌解五卷　明海甯陸嘉淑冰修撰。

三百篇鳥獸草木考　國朝仁和徐士俊野君撰。〔一八〕

詩經吾學三十卷詩論五卷　國朝仁和陸圻麗京撰，運昌子。

棣鄂堂詩經圖考一卷詩經人物考一卷　錢塘周霙撰。〔一九〕

詩經集解　國朝諸生海甯朱朝佩聲之撰。

詩經通解　國朝諸生海甯祝文彦方文撰。

詩注八卷　國朝仁和應撝謙撰。神道表作《詩傳翼》。

詩經疏義集要　國朝海甯沈衍撰。

詩經述一卷　國朝海甯陳詵撰。

詩經蠡測一卷　國朝海甯陳世修撰。

毛詩識名解十五卷　國朝副貢錢塘姚炳彦暉撰。文淵閣著録。《浙江遺書總録》作諸生，今仍《乾隆志》。

詩經警解　國朝廩生海甯朱儼思乾若撰。

毛詩釋音一卷　國朝海甯賈謙行坤與撰。

詩解蠡測　國朝錢塘茅兆儒子鴻撰。

説詩旁見邶鄘衛三風詩意一卷　國朝錢塘包濤撰。

學詩　國朝錢塘沈近思撰。

毛詩疏説八卷　國朝甘泉知縣錢塘龔鑑明水撰。《杭郡詩續》作《毛詩序説》，今仍《乾隆志》。

詩匡　國朝諸生錢塘李式玉東琪撰。

詩經多識録　國朝仁和丁灝文濤撰。

詩經集詁四卷　國朝詹事府贊善錢塘鄭江璣尺撰。

詩四家故訓　國朝錢塘汪師韓撰。

詩細十二卷陸氏草木蟲魚疏校正二卷朱傳異同考三卷 國朝仁和趙佑撰。

毛詩叶韻 國朝昌化胡敏求撰。

毛詩古音反切考二卷 國朝海甯陸洪疇撰。

詩經纂注約編 國朝舉人仁和姜思睿曙東撰。

毛詩證讀 國朝仁和翟灝撰〔二〇〕。

三家詩補攷 國朝歲貢錢塘黄模相圃撰。

詩經輯注 國朝錢塘吴顥撰。

詩略四卷續詩略六卷 國朝海甯周春撰。

讀詩識餘一卷 國朝貢生錢塘陳寅劭之撰。

詩經經解經四十卷 國朝武義教諭錢塘周本孝慎旃撰。

詩經纂要 國朝監生海甯朱輪建溪撰。

葩經多識 國朝諸生錢塘趙時敏笠亭撰。

詩攷補遺 國朝内閣中書錢塘汪遠孫小米撰。

詩人攷一卷〔二一〕 國朝舉人海甯陳鱣仲魚撰。

詩譜補亡後訂一卷孫氏詩評摭遺二卷 國朝海甯吴騫撰。

詩經緯解　國朝進士海甯許樹棠思召撰。

詩札記　國朝貢士海甯許光清心如撰。

毛詩纂詁　國朝監生海甯吴應和榕園撰。

詩譜補亡疏義合鈔二卷詩譜拾遺一卷　國朝舉人海甯沈潘德音琴史撰。

毛詩彙考　國朝諸生海甯吴之瑗後蘧撰。

詩非序詩非毛詩非鄭三卷　國朝仁和龔自珍撰。

詩三家異文詁　國朝仁和曹家駒撰。見《太誓答問序》。

【附録】

毛詩三百篇圖　宋馬和之畫。見《[萬曆]錢塘縣志》。

詩本誼　國朝仁和龔橙公襄撰。〔一二二〕

詩讖十卷　錢塘諸可繼撰。〔一二三〕

右詩類

周禮音　陳王府録事參軍鹽官〔一二四〕戚衮公文撰。

禮經會元四卷　宋龍圖閣學生錢塘葉時秀發撰。一作仁和人。文淵閣著録。

周禮注　宋餘杭趙汝談撰。

考工記輯注二卷　明太常寺卿海甯陳與郊甯宇撰。

讀周禮畧記六卷　明海甯朱朝瑛撰。《四庫》附存目。

案：《乾隆志》有《讀三禮畧記》〔二五〕，今依《四庫書目》分别三類。

周禮考遺　明海甯董啟予撰。

注釋古周禮　明仁和郎兆玉完白撰。

周禮辨注四卷　明舉人海甯陸鈺真如撰。一名蓋誼。

周禮義疏　國朝諸生臨安高烈紹武撰。

周禮大義六卷　國朝翰林院檢討仁和吴任臣志伊撰。

周禮質辨　國朝海甯朱雝模三農撰。《畫徵録》作錢塘人，《輶轩録》作仁和人。今從《海昌備志》。

讀周禮隨筆六卷　國朝龔鑑撰。

周禮節要六卷　湖州教授錢塘唐廷綸雪航撰。〔二六〕

右禮類周禮之屬

儀禮注一卷　唐連州司馬富陽淩準宗一撰。

讀儀禮畧記十六卷〔二七〕　明海甯朱朝瑛撰。《四庫》附存目。

儀禮注釋 國朝翰林院編修海甯陳世仁元之撰。

儀禮章句十七卷 國朝福州同知仁和吴廷華東壁撰。文淵閣著録。

儀禮注疏詳校十七卷 國朝翰林院侍講學士仁和盧文弨召弓撰，原籍餘姚。

儀禮正譌 國朝舉人海甯張光浞集堂撰。

【附録】

喪服義疏 陳鹽官顧越撰。《萬歷志》作《喪禮義疏》，今仍《乾隆志》。

喪服後傳 宋錢塘沈括撰。

喪服六事一卷 宋海甯沈清臣正卿撰。

士喪禮説 國朝仁和沈蘭先甸華撰，一名昀。見全祖望撰墓碣銘。

喪禮注 國朝錢塘吴名溢我匏撰。

喪禮雜記一卷 國朝錢塘毛先舒馳黄撰。

喪禮疏解 國朝諸生海甯許𠫤〔二八〕大辛撰，《詩輯》云明末諸生。

喪禮攷 國朝海甯許楷叔大撰。

喪服通考二卷讀禮雜輯二卷慎終録二卷 國朝諸生仁和嚴際昌而大撰。

喪服圖 國朝諸生海甯陳天祐古林撰。

喪禮節要二卷聞喪雜録 國朝諸生海甯張朝晉莘臯撰。

右禮類儀禮之屬

禮記義四十卷 陳鹽官戚衮撰。見《陳書本傳》。《萬歷志》作《禮記義疏》。

少儀論一卷 宋錢塘張九成撰。《萬歷志》作《少儀解》，今仍《乾隆志》。

禮記講義 宋錢塘樊光遠撰。

禮記注 宋餘杭趙汝談撰。

深衣考 明仁和夏時正撰。

禮經私録 明廣東參政海甯祝萃惟貞撰。

禮記補注 明仁和江瀾撰。

檀弓評二卷 明牛斗星撰。《四庫》附存目。

檀弓注二卷 明錢塘鄭圭撰。

夏時周月論 明海甯董穀撰。

禮記集思通 明海甯朱道行撰。

檀弓輯注二卷 明海甯陳與郊撰。《四庫》附存目。

讀禮記畧記四十九卷 明海甯朱朝瑛撰。《四庫》附存目。

學記節解一卷 明仁和翁汝進撰。

五祀祭義攷 明仁和許仁撰。

桂林禮約三十六卷 明錢塘顧懋樊撰。

禮記新裁三十六卷 明錢塘童維巖、維坤同撰。《四庫》附存目，不列維坤名，今仍《乾隆志》。

月令七十二候考 明仁和莫熺丹子撰。

曲臺遺解 明海甯朱天禧文巖撰。

月令演 國朝仁和徐士俊撰。〔二九〕

禮記考正 國朝息縣知縣富陽邵光允吴如撰。

案：《乾隆志》「光允」誤作「光尹」，今據《選舉志》及《杭郡詩輯》改正。

檀弓疑問一卷 國朝欽天監監副錢塘邵泰衢鶴亭撰。《四庫》附存目。

禮記心典三卷 國朝海甯胡瑶光撰。

禮記類編三十卷 國朝文昌知縣仁和沈元滄麟洲撰。《四庫》附存目。

禮記全編十卷 國朝海甯陳學英撰。

禮記集注二卷 國朝錢塘鄭江撰。

禮記讀本禮記諸説異同説禮稡言 國朝舉人海甯祝淦人齋撰。

續衛氏禮記集説一百卷質疑二卷禮例一卷　國朝翰林院編修仁和杭世駿大宗撰。

冠禮易從附曾子問大學講録　國朝諸生錢塘錢彦雋撰。

禮注　國朝海甯朱兆熊撰。

戴記鈔　國朝諸生錢塘吴嶸介如撰，《詩輯》作海甯人。

蔡氏明堂月令章句一卷論一卷問答一卷　國朝大庾知縣錢塘陸堯春二雅撰。

禮記説　國朝監生海甯陳敬畏墨莊撰，萊孝子。

禮經通論二卷　國朝仁和邵懿辰撰。

檀弓證誤二卷　國朝諸生仁和孫玉檢仲雅撰。

七十二候表一卷　國朝訓導新城羅以智鏡泉撰，棠孫。

【附録】

夏小正詳注武王踐阼篇詳注小戴疑義　國朝諸生海甯蔣倬卓人撰。

夏小正分箋四卷異義二卷　國朝錢塘黄模撰。

夏小正輯注　國朝仁和宋咸熙撰。

大戴禮集説　國朝海甯蔣仁榮杉亭撰。

大戴禮注夏小正注〔三〇〕　國朝海甯陳以綱撰。

右禮類禮記之屬

三禮義記 陳鹽官戚衮撰。

三禮儀畧舉要十卷 明仁和夏時正撰。《萬歷志》作『《三禮儀畧》十卷,《三禮舉要》十卷』,今仍《乾隆志》。

三禮廣義 明海甯陳與郊撰。

三禮異同考 明仁和吴瓚撰。

禮學會編六十卷 國朝仁和應撝謙撰。《四庫》附存目。

案:《乾隆志》從《浙江遺書總録》作『六十二卷』,今據《四庫書目》改正。《浙江通志》作『《三禮會通》十二卷』,《杭郡詩輯》作《禮樂全書》,黄本驥《國朝經籍志》作『《禮學類編》七十卷』,名雖互異,實一書也。

三禮疑義一百卷附曲臺小録 國朝仁和吴廷華撰。

三禮輯注 國朝許州知州海甯張標嗣甾撰。

草廬三禮考注 國朝仁和嚴際昌撰。

三禮纂要二十卷 國朝高陽知縣海甯管鳳苞桐南撰。又作《三禮纂疑》。宏湆子。

五禮經傳目 國朝山東按察使仁和沈廷芳椒園撰。

三禮音釋　國朝諸生杭州徐繼穉楚生撰。

三禮易讀　國朝洪洞知縣錢塘雷載佛石撰。

三禮彙考　國朝貢生海甯陸茂增益其撰。

三禮管窺　國朝諸生錢塘曹悳馨〔三一〕孟明撰。

三禮圖考　國朝蘇松太道仁和龔麗正闇齋撰。

右禮類三禮通義之屬

禮通三十六卷　國朝仁和吳任臣撰。

古禮通俗便覽　國朝諸生錢塘金張岕老撰。

右禮類通禮之屬

續何承天集禮論一百五十卷　梁孔子袪撰。

鄉黨少儀一卷〔三二〕　宋錢塘張九成撰。

家禮四卷　明仁和夏時正撰。

小學禮輯　明仁和楊廷筠撰。

齊家寶要　國朝錢塘張文嘉仲嘉撰。《四庫》附存目。〔三三〕

家禮辨定十卷四禮易簡　國朝錢塘王復禮草堂撰。《家禮辨定》，見《四庫》附存目。

大禮簡四十九卷　國朝錢塘王仲恆道久撰。

家祭通考四卷　國朝諸生仁和胡樹聲震之輯。〔三四〕

右禮類雜禮書之屬

春秋機括一卷左氏記傳五十卷　宋錢塘沈括撰。《春秋機括》，《宋史・藝文志》作『二卷』，《玉海》作『三卷』。

春秋講義一卷　宋錢塘張九成撰。

春秋三傳通義三十卷　宋餘杭趙善湘撰。

春秋説三十卷　宋於潛洪咨夔撰。文淵閣著録。

春秋解春秋法度編　宋端明殿學士餘杭趙與懽説道撰。《春秋解》，見《宋史本傳》。《春秋法度編》，見《浙江通志》引《成化四明郡志》。

春秋説　元錢塘吾邱衍撰。

春秋正義　明邵武教授杭州楊昇孟潛撰，《浙江通志》云字孟昇。

春秋貫珠　明錢塘瞿佑撰。

春秋補傳十五卷　明工部侍郎仁和江曉景熙撰。

春秋補傳議十卷春秋補傳圖説疏 明海甯董啟予撰。《春秋補傳議》，《浙江通志》作『補傳義』，今仍《乾隆志》。

左氏摘事 明海甯徐晟公允撰。

左國鈔 明湖東守道海甯查允元仁卿撰。

春秋志疑十八卷 明仁和胡世甯撰。《浙江通志》作『三十卷』，今仍《乾隆志》。

春秋内傳鈔 明廣西參議錢塘許應元子春撰。《經義考》作《春秋内傳列國語》，《海昌備志》作海甯人，今仍《乾隆志》。

春秋鄙見 明光澤知縣海甯徐泰子元撰。

春秋左傳典畧十二卷 明海甯陳許廷撰。

左傳雋永十卷 明清江知縣仁和沈儀懋德撰。

春秋辨義三十九卷 明仁和卓爾康撰。見《四庫》附存目。陳玉瑾撰傳。又作『四十卷』。

春秋提要二卷 明錢塘虞宗瑶仲皜撰。

左傳分國記事二十一卷春秋隨筆一卷左傳鈔 明海甯張次仲撰。

讀春秋畧記十卷 明海甯朱朝瑛撰。文淵閣著録。

春秋四傳通辭十二卷 明海甯陳士芳清佩撰。《四庫》附存目。

案：『通辭』，《乾隆志》誤作『通解』。《四庫書目》云：通辭者，取董仲舒『《春秋》無通辭，隨變而移』語也。今據改正。

春秋左傳分國紀事二十二卷 明舉人錢塘孫范撰。

春秋義三十卷 明錢塘顧懋樊撰。

春秋繹志 明諸生仁和沈繼震子起撰。

春秋論 明仁和許仁撰。

春秋杜林合注五十卷 明南雄同知錢塘王道焜昭平與里人趙如源同輯。文淵閣著録。

春秋别解 明仁和吴瓚撰。

春秋五傳平文四十一卷 明諸生錢塘張岐然秀初撰。《四庫》附存目。

案:『五傳平文』,《乾隆志》誤作『左傳評文』。《四庫書目》云:《春秋五傳平文》,蓋岐然采左氏、公羊、穀梁、胡安國四傳,益以《國語》,亦稱《春秋外傳》。平文者,明五傳兼取而無所偏重之義也。今據改正。

春王正月辨 明廉州同知錢塘翁金堂撰。

麟經詮解四十卷春秋詳注三傳折衷 國朝錢塘吴名溢撰。

春秋丹觀三卷 國朝錢塘王仲恒撰。

春秋論一卷 國朝仁和陸圻撰。

春秋正朔考辨二卷 國朝仁和吴任臣撰。

春秋集解十二卷　國朝仁和應撝謙撰。見《四庫》附存目。《神道表》又有《春秋傳考》，疑即是書。

校補春秋集解緒餘一卷春秋提要補遺一卷應氏春秋集解注　國朝錢塘凌嘉印文衡撰。《校補春秋集解緒餘》、《春秋提要補遺》，見《四庫》附存目。

春秋巽書　國朝錢塘毛先舒撰。

左傳評注　國朝諸生海甯陳于王少廣撰。

春秋屬辭　國朝户科給事中仁和趙吉士恆夫撰。

春王正月集説　國朝仁和陳芳生撰。

左傳直解　國朝歲貢海甯鄒直夫魯齋撰。

春秋指要　國朝廪生仁和諸殿鯤撰。

春秋測微十三卷　國朝海甯朱奇齡撰。《四庫》附存目。

春秋心典　國朝海甯胡瑶光撰。

春秋論斷　國朝霍邱知縣海甯查書繼二典撰。

春秋質疑十二卷　國朝平陽知府海甯祝增任菴撰。《海昌備志》作『十卷』，今仍《乾隆志》。

左傳箋注　國朝雲南知府海甯陳鑣敷南撰。

左傳分國紀事本末三十二卷　國朝崇明知縣錢塘王廷燦孝先撰。

三傳異同考 國朝江甯知縣海甯張嘉論綠筠撰。

春秋古經四卷春秋三傳纂凡表四卷讀春秋偶得十三卷讀春秋偶得二集一卷胡氏傳二卷三傳擇善 國朝海甯盧軒撰。《海昌備志》，《讀春秋偶得》作「三卷」，《胡氏傳》作《胡氏春秋傳疑》，今仍《乾隆志》。

春秋四傳注疏合參五十卷 國朝錢塘李延澤頌將撰。

左國朽言一卷 國朝錢塘包濤撰。

左傳指證二卷 國朝陳留知縣海甯許勉燉思晦撰。《海昌備志》「左傳」作「左氏」，今仍《乾隆志》。惟《杭郡詩輯》作「阿迷知州」，疑誤。

麟經探微 國朝諸生杭州任二琦瑞菴撰。

春秋題鏡四卷 國朝諸生錢塘任懋謙汝和撰。

春秋三傳異同攷一卷 國朝茌平知縣錢塘吴陳炎賓崖撰。《四庫》附存目。

春秋三傳異詞 國朝諸生仁和施鵬天池撰。

左繡三十卷左貫二卷 國朝諸生錢塘馮季驊天閑撰。《左繡》，見《四庫》附存目。

三傳異同攷 國朝海甯張光復撰。

重訂春秋題旨四卷 國朝諸生海甯錢咸熙子緝撰。

春秋集義二十卷 國朝錢塘鄭江撰。

春秋三傳注疏補正　國朝錢塘汪師韓撰。

春秋經説　國朝貢生仁和孟煜止齋撰。

讀春秋存稿四卷春秋三傳雜案十卷　國朝仁和趙佑撰。

春秋三傳經文異同考一卷　國朝監生海甯陳萊孝誰園撰。

春秋新義十三卷春秋歲星超辰表一卷春秋日食星度表春秋日表　國朝海甯朱兆熊撰。

三傳鎔義　國朝錢塘雷載撰。

左傳事緯　國朝武平知縣錢塘許元淮桐柏撰。

春秋三傳異文箋十二卷　國朝仁和趙坦撰。

春秋通論四卷　國朝仁和關涵撰。

春秋備考　國朝海甯陳宗之玉立撰。

左傳隨筆一卷四傳合解一卷　國朝諸生海甯許朝埰榆村撰。

左通補釋三十二卷　國朝舉人錢塘梁履繩夬菴撰，詩正孫。尚有《左通駮證》、《考異》、《廣傳》、《古音》、《肊説》五種，稿亡不傳〔三五〕。

春秋上律表春秋比月頻食説　國朝優貢錢塘范景福介兹撰。

春秋決事比六卷西漢君臣稱春秋之義考一卷左氏春秋服杜補義一卷左氏決疣一卷〔三六〕

國朝仁和龔自珍撰。

左傳校注 國朝益都知縣錢塘周嘉猷兩塍撰。

春秋推日編 國朝壽昌訓導仁和王言蘭谷撰。

春秋屬辭辨例編六十卷 國朝内閣中書錢塘張應昌仲甫撰。

左傳服注輯 國朝湖州訓導錢塘王幹雨樓撰。

春秋鑽燧四卷 國朝仁和曹金籀葛民撰。

春秋左傳注疏四案五十卷 國朝訓導錢塘施鴻保可齋撰。

春秋人名考一卷地名考三卷 國朝諸生仁和王凝厚蝳莊撰。

公穀異同合評 國朝大城知縣仁和沈赤然梅村撰。

公羊經傳異文集解二卷補遺一卷 國朝歲貢海甯吴壽暘蘇閣撰，騫子。

公穀管窺 國朝錢塘曹惪馨〔三七〕撰。

【附録】

補春秋繁露十八卷 宋教授昌化章樵升道撰。《萬歷志》作《補注春秋繁露》，今仍《乾隆志》。

右春秋類

孝經義疏 陳鹽官顧越撰。

刪正孝經疏　唐鹽官褚无量撰。

孝經解一卷　宋錢塘張九成撰。《宋史·藝文志》作『四卷』，《萬歷志》作《孝經説》，今從《中興藝文志》。

孝經注一卷　宋職方郎中錢塘周肇允仲潢撰。

訂正孝經一卷　明諸生仁和郎瑛仁寶撰。

孝經邇言九卷從今文孝經説一卷　明錢塘虞淯熙撰。

孝經釋義一卷　明吏科給事中海甯許令瑜元中撰。

孝經大全十卷孝經集文一卷孝經翼注三卷孝經彙目二卷　明仁和江元祚撰。《孝經大全》，見《四庫》附存目。

案：《乾隆志》不載《孝經大全》，『元祚』作『天祚』，今據《四庫書目》改正。

孝經辨定一卷孝經輯義一卷附或問會通宗義　明仁和潘之淇撰。

古文孝經説一卷孝經釋疑一卷　明錢塘孫本撰。

孝經會通一卷　明進士仁和沈維撰。

孝經質疑一卷孝經集解一卷　明仁和朱鴻撰。曹楝亭藏有朱鴻《孝志》，載虞淯熙撰《孝經集靈》一卷，名適相同，今兩存之。淯熙書依《四庫書目》入子部小説類，此姑附於《孝經質疑》之下。〔三八〕

編定古文孝經　明陝西參議錢塘黄金色撰。

孝經本文説 明饒州同知海甯褚相元泉撰。

孝經集解十八卷 國朝仁和趙起蛟撰。

孝經辨定 國朝仁和應撝謙撰。

孝經輯義 國朝仁和沈蘭先撰。

孝經注 國朝常州知府臨安駱鐘麟挺生撰。

孝經箋注孝經或問 國朝諸生仁和顧蘭芝侶撰。

孝經章義 國朝海甯許汝稷撰。

孝經通解 國朝海甯沈珩撰。

孝經約義 國朝錢塘汪師韓撰。

孝經外傳一卷中文孝經一卷 國朝海甯周春撰。

孝經纂義二十卷 國朝禮部侍郎仁和關槐雲巖撰，涵子。『纂』，一作『述』。

集孝經鄭注一卷 國朝海甯陳鱣撰。

孝經鄭注輯 國朝錢塘王幹撰。

孝經通論一卷 國朝仁和邵懿辰撰。一作《曾子大孝注》。

孝經指解補正一卷孝經辨異一卷 國朝舉人錢塘伊樂堯遇羹撰。

【附録】

五經孝經一卷　明仁和朱鴻撰。

四書孝經一卷曾子孝實一卷　明仁和江元祚撰。

右孝經類

六經解圍　唐富陽凌準撰。

資善堂講義　宋侍講昌化章鑑君寶撰。

六經注　宋餘杭趙與懽撰。

五經發揮　明大理寺卿錢塘陳珂希白撰。

五經積明　明錢塘顧懋樊撰。

經解二十卷　明仁和沈瑞臨撰。

五經集思通　明海甯朱道行撰。案：道行有《尚書集思通》、《詩經集思通》、《禮記集思通》，見前疑尚有《易》、《春秋》二種，故總題爲《五經集思通》，今仍《乾隆志》，附識於此以俟考。

六經畧記　明海甯朱朝瑛撰。案：朝瑛有《讀易》、《讀書》、《讀詩》、《讀周禮》、《讀儀禮》、《讀禮記》、《讀春秋》諸畧記，見前此作《六經畧記》，蓋即前數種之總題，今仍《乾隆志》，附識於此以俟考。

五經糾誤 明諸生海甯莊學禮典三撰。

五經正誤 明海甯吕居恭撰。

五經注傳删二十卷 明海甯陸鈺撰。

五經説 明職方主事海甯查繼佐左尹撰。

七經平論 國朝仁和沈蘭先撰。

十三經評注一百卷 國朝諸生海甯范驤文白撰,《詩輯》作『明歲貢』。

九經通論一百七十卷 國朝諸生錢塘姚際恆立方撰。《杭郡詩輯》作『一百六十三卷』,此從《乾隆志》。

五經辨譌五卷 國朝德清教諭諭海甯吕治平雍時撰。《四庫》附存目。案:『教諭』,《乾隆志》作『訓導』,今據《四庫書目》改正。《浙江遺書總録》又作『台州訓導』。

經疑 國朝貢生海甯陳之問簡齋撰。

七經講義 國朝諸生海甯朱協亮惠疇撰。

松源經説四卷 國朝仁和孫之騄撰。見《四庫》附存目。

五經辨定 國朝吴江教諭餘杭黄粱景虹撰。

五經解 國朝錢塘吴模撰。

六經小翼 國朝海甯朱雝模撰。

讀經管窺八卷　國朝永新知縣海甯陳存矩素峯撰。

五經辨微　國朝貢生臨安高瀚然爾岸撰。

五經萃要　國朝臨安高崧撰。

十三經異同解　國朝永州通判錢塘施清伯仁撰。

經生塵六卷　國朝諸生錢塘秦駿生山子撰。

九經同源　國朝海甯許勉燉撰。

嘉議堂經林二十卷　國朝諸生海甯祝定國念非撰。

書禮篇義　國朝海甯沈珩撰。

五經翼　國朝户部侍郎餘杭嚴沆子餐撰。

九經注疏詳節　國朝諸生海甯蔣岐昌錫菴撰。

十三經注疏正字八十一卷續經義攷四十卷　國朝仁和沈廷芳撰。《十三經注疏正字》，文淵閣著録。

經説纂録通志堂經解纂十卷　國朝舉人海甯陳世佶純齋撰。

五經論説九經字樣跋　國朝監生仁和趙一清誠夫撰，昱子。

經參理參十卷　國朝户部郎中海甯許道基竹人撰，勉燉子。

五經提要　國朝仁和嚴際昌撰。

五經古文今文考　國朝錢塘吴陳炎撰。

經學源流　國朝錢塘蕭立選撰。

讀經筆記三十六卷續筆記二十卷　國朝海甯管鳳苞撰。

經義隨筆　國朝舉人錢塘孫珠龍光撰。

古文遺文一卷羣經字鑑一卷經課雜説一卷　國朝錢塘陳寅劭之撰。

朱子五經語類八十卷五經文類　國朝縣丞錢塘程川郿渠撰。《五經語類》，文淵閣著録。

經典釋文攷證十卷　國朝仁和盧文弨撰。

七經精義二十八卷　國朝錢塘黄淦緯文撰。

經義近古編四卷二集五卷　國朝翰林院編修海甯許焞純也撰，惟模子。

讀經小識　國朝錢塘范咸撰。

六經精義　國朝兵部武庫司主事杭州蔣師爚晦之撰。

五經説　國朝錢塘許元淮撰。

十三經音畧十二卷經腋二卷讀經題跋二卷附録二卷晳疑剩稾一卷　國朝海甯周春撰。

十三經辨微　國朝諸生餘杭沈安建浣之撰。

五經粹語　國朝諸生錢塘沈起潛芝塘撰，一作仁和人。

易書詩三經蠡酌　國朝池州知州海甯查虞昌明甫撰，《詩輯》作池州知府，字鳳喈，號梧岡。

羣經名物解　國朝國子監祭酒錢塘吴錫麒穀人撰。

讀相臺五經隨筆四卷續筆一卷　國朝海甯周廣業撰。

經義蒙鈔　國朝海甯吴騫撰。

經義備參　國朝諸生海甯葛璇橘星撰。

輯六蓺論一卷　國朝海甯陳鱣撰。

經義叢鈔三十卷　國朝餘杭嚴杰厚民撰。〔三九〕

羣經得寸録　國朝海甯朱兆熊撰。

五經異同考畧　國朝仁和王言慎旃撰。

羣經别解　國朝仁和萬籛齡撰。

十三經釋字　國朝諸生海甯姚鎮敬甫撰。

五經衷要七十二卷　國朝歲貢仁和李式穀海匏撰。

讀經隨筆八卷　國朝海甯潘德音撰。

春雨草堂解經録八卷　國朝恩貢生餘杭楊家龍雲坨撰。

五經解注　國朝杭州顧林調撰。

五經補綱一卷　國朝錢塘伊樂堯撰。

續經稗十二卷羣經札記十四卷　國朝孝廉方正錢塘楊文杰枌園撰。

田園試帖經說二卷自課經說五卷　國朝貢生錢塘丁午頤生撰。

景高密齋經說二卷　國朝内閣中書錢塘汪行恭子僑撰。

右五經總義類

論語注　齊鹽官顧歡撰。

論語雜義十三卷　梁錢塘褚仲都撰。

論語義疏　陳鹽官顧越撰。

刪正論語疏　唐鹽官褚无量撰。

論語剔義十卷論語義注隱三卷　唐杭州亡名氏撰。見《乾隆志》。

孟子解一卷　宋錢塘沈括撰。

中庸義一卷　宋錢塘關注撰。

孟子發題一卷　宋鹽官施德操彥執撰。《四庫》附存目。

大學説一卷中庸説一卷論語解二十卷孟子解十四卷拾遺一卷孟子傳二十九卷又四書

解六十五卷 宋錢塘張九成撰。《孟子傳》，文淵閣著録。

案：《宋史·藝文志》既分載《學》、《庸》、《論》、《孟》等書，而又别載《四書解》六十五卷。今考四書之名，始於朱子，當張九成説經，四書之名未立，且各書卷數與《四書解》六十五卷之數合之僅多一卷，疑《四書解》爲前各書之總題，《宋史》或誤有複衍，《乾隆志》因之，今姑仍之以俟考。

論語注孟子注 宋餘杭趙汝談撰。

大學解十篇中庸説約一卷論語大意十卷孟子解十四卷 宋餘杭趙善湘撰。

論語注孟子注 宋於潛洪咨夔撰。

大學集義一卷 明貢生錢塘徐與老仲祥撰。

訂正大學格物傳一卷 明仁和郎瑛撰。

學庸心性解 明仁和陸振奇撰。

格物訓一卷 明福建參政仁和沈朝焕伯含撰。

論語講義二十卷 明仁和陳肇撰。《乾隆志》云亡五卷。

四書憤參 明錢塘陸鳴時撰。

四書圖要四卷四書類題辨異一卷 明錢塘胡文焕撰。〔四〇〕

論語頌 明尚寶司丞海甯吴本泰美子撰。

四書質言 明錢塘許應元撰。

四書説叢十七卷 明錢塘沈守正撰。

論語講意一卷 明山東左參政海甯陳元暉無象撰。

四書六經心説 明海甯董啟予撰。

四書經學考十卷 明錢塘徐邦佐孟起撰。《四庫》附存目。

四書近説十九卷四書眼三卷學庸要二卷 明南豐知縣海甯祝以真元岳撰。

四書説 明海甯查繼佐撰。

四書類序 明昌化潘俊撰。

四書説乘六卷 明海甯張嵩曼石撰。

大學闕疑 明拔貢海甯查旦孟耀〔四一〕撰。

四書筌 明仁和楊廷筠撰。

四書釋畧二十卷 明仁和沈繼震撰。

四書説義 明仁和沈志言撰。

四書解 明錢塘嚴調御撰。

四書隨筆 明海甯張次仲撰。

四書湖南講二十六卷 明錢塘葛寅亮撰。《四庫》附存目。

案:《乾隆志》尚有《大學湖南講考》,《四庫書目》祇載《四書湖南講》九卷,葢既以四書標題,則《大學》無,《庸》分列,今不載。惟《提要》云:《浙江通志》載此書二十六卷,與《乾隆志》合,疑原書二十六卷後佚存九卷耳。姑仍《乾隆志》以俟考。

四書説統二十六卷 明仁和張振淵撰。

四書脈望 明仁和翁汝進撰。

四書偶言 明仁和吴瓚撰。

四書指月 明海甯潘廷章撰。

四書疏解 明海甯吕居恭撰。

古本大學説一卷 明錢塘張岐然撰。

編注古本大學中庸本義論孟拾遺 國朝仁和應撝謙撰。

四書輯畧四書宗法 國朝仁和沈蘭先撰。

四書大全六十卷 國朝錢塘陸堦梯霞撰,運昌次子。

案:《乾隆志》作《四書大成》,不載卷數。考《杭郡詩輯》,陸堦有《四書大全》六十卷及《大成録》。葢《乾隆志》因堦有《大成録》一書,遂誤以『大全』作『大成』,今改正。

四書通解 國朝海甯祝彦文撰。

學庸集説論孟彙解 國朝仁和林瀾觀子撰。

二孟枝言 國朝增生錢塘馮夢祖召孫[四二]撰。

四書直講 國朝仁和施鵬撰。

四書臆解 國朝貢生錢塘邵胡然雪崖撰。

學庸説 國朝餘杭嚴塏撰。

讀論語注隅見録 國朝錢塘沈近思撰。

學庸彙解 國朝杭州邵泰卿撰。

大學辨一卷 國朝海甯陳確乾初撰。《海昌備志》作四卷，今仍《乾隆志》。

四書述十九卷四書題旨五卷 國朝海甯陳詵撰。《四書述》，見《四庫》附存目。

學庸注疏 國朝餘杭黄粱撰。

大學心解中庸融説 國朝餘杭鮑楹撰。

中庸集解 國朝諸生錢塘楊知晦仲撰。

四書證道篇 國朝餘杭孫揚美撰。

四書論真 國朝臨安高瀚然撰。

大學經文發疑學庸或問纂 國朝海甯沈珩撰。

四書彙纂　國朝錢塘王仲恒撰。

四書詳説　國朝貢生臨安章士綬紫佩撰。

四書集注補十四卷　國朝錢塘王復禮撰。

四書就正辨　國朝錢塘沈濟燾撰。

論語説二卷　國朝工部屯田司主事錢塘桑調元弢甫撰。《四庫》附存目。

論孟疏注辨異　國朝錢塘汪師韓撰。

論語集注剩義　國朝博學鴻詞錢塘汪沆西灝撰，坤子。

大學講義四書定説　國朝貢生海甯史宗遴培音撰。

四書偶參　國朝天全經歷海甯張韜權六撰。

四書集注補遺二卷　國朝諸生海甯朱來儀雲瞻撰。

四書辨訛　國朝海甯吕治平撰。

四書大成十二卷　國朝海甯許汝霖撰。

四書講義　國朝上虞訓導海甯朱棠倩石撰。

四書講義　國朝海甯周諧撰。

中庸輯要一卷孟子辨似一卷　國朝仁和關涵撰。

四書警解 國朝海甯朱儼思撰。

四書領要 國朝諸生海甯查錫齡鶴年撰。

四書闡義脈纂 國朝永清知縣海甯朱蘩雲樵撰。

四書小序 國朝貢生海甯吕心宗季良撰。

四書温故録十一卷四子書塵言六卷 國朝仁和趙佑撰。《温故録》一作十卷。

四書考異七十二卷 國朝仁和翟灝撰。

四書同聲録 國朝錢塘陳智學撰。

四書蠡測 國朝餘杭嚴嘉栗撰。

孟子外書訂正四卷 國朝海甯周春撰。

四書蠡酌四卷 國朝海甯查虞昌撰。

大學説一卷中庸説一卷 國朝海甯盧軒撰。

四書鐸 國朝仁和李式穀撰。

四書解 國朝錢塘吴模撰。

四書講義纂要 國朝諸生海甯賈祺岑杉撰。

四書談藝一卷 國朝諸生海甯許良謨雯菖撰。

四書摘注　國朝諸生海甯潘洪疇秋濤撰。

四書領要　國朝海甯祝錫齡撰。

孟子四考四卷　國朝海甯周廣業撰。

孟子音義攷證　國朝海甯蔣仁榮撰。

四書彙考　國朝海甯陸茂增撰。

皇氏論語義疏參訂十卷　國朝海甯吴騫撰。

鄉黨考集説　國朝諸生海甯朱錦標鑑三撰。

論語古訓十卷　國朝海甯陳鱣撰。

續四書釋地　國朝諸生海甯查世佑學山撰。

論語鄭注輯　國朝錢塘王幹撰。

大學古本訂一卷　國朝錢塘楊文杰撰。

【附録】

大學衍義補膚見四卷　明仁和胡世甯撰。

大學衍義補義　明仁和夏有文撰。

大學繁露演一卷　明錢塘虞湻熙撰。

右四書類

樂論一卷樂器圖一卷三樂譜一卷樂律一卷 宋錢塘沈括撰。

修定樂經 明海甯董淞道川撰。

古樂書二卷 國朝仁和應撝謙撰。《四庫》附存目。

樂述可知二百卷 國朝西安縣教諭錢塘陳本汝立撰。

吹豳録五十卷 國朝仁和吴穎芳撰。

聲律原始一卷 國朝舉人錢塘毛元存睿中撰,《詩輯》作諸生。

律吕圖説一卷 國朝杭州張紫芝鷲山撰。《四庫》附存目。

右樂類

方言類聚四卷 明海甯陳與郊撰。《四庫》附存目。

續方言二卷 國朝仁和杭世駿撰。文淵閣著録。

爾雅補郭二卷 國朝仁和翟灝撰。《小學考》作『一卷』,誤。

校正方言 國朝仁和盧文弨撰。

小爾雅疏證 國朝御史仁和孫志祖頤谷〔四三〕撰。

爾雅補注四卷　國朝海甯周春撰。一名《爾雅廣疏》。《海昌備志》云：原書三十卷，刊本僅四卷。

爾雅補注　國朝海甯陳以綱撰。

爾雅箋釋　國朝仁和李式穀撰。

爾雅提要三卷　國朝舉人錢塘項朝藁壽芝撰。

孫氏爾雅正義拾遺　國朝海甯吴騫撰。

小爾雅疏證　國朝餘杭嚴杰厚民撰。

爾雅輯畧爾雅釋草辨類　國朝諸生杭州王述曾木齋撰。

爾雅校勘記訂補　國朝海甯許光清撰。

右小學類訓詁之屬

玉篇三十卷　唐處士富陽孫彊撰。文淵閣著録，云：孫彊即梁朝顧野王本增加。《萬歷志》作《大廣益會玉篇》。

校勘玉篇　宋屯田郎中餘杭吴鋭撰。

説文續解一卷學古編二卷續古篆韻六卷〔四四〕　元錢塘吾邱衍撰。《説文續解》，《小學考》引《千頃堂書目》作『二卷』，今仍《乾隆志》。〔四五〕

六書正疑六書正訛　明仁和夏誠撰。

同文集五十卷 明錢塘田藝蘅撰。《四庫》附存目。

説文續釋 明杭州吴叡孟思撰。見《小學考》引劉基撰叡墓志銘。

六體古文 明山西井陘道海甯朱瑞登禾仲撰。

草法韻海 明揭陽知縣海甯陳鼎新伸因撰。

篆體辨決一卷 明錢塘潘之琮撰。《四庫》附存目。

類纂古文字考五卷 明錢塘都俞仲良撰。《四庫》附存目。

草韻辨體 明贛州郡丞海甯湯焕堯文撰。

篆文纂要五卷篆體須知一卷 國朝錢塘陳策嘉謀撰。見《四庫》附存目。

案:《乾隆志》作《篆文纂要全宗》,今據《四庫書目》改正。

字彙補六卷續字彙十二卷 國朝仁和吴任臣撰。

字學三十卷訂補字彙 國朝海甯張標撰。

説文理董四十卷文字源流六卷 國朝仁和吴穎芳撰。《説文理董》,《小學考》作『三十卷』,此據《乾隆志》及王昶撰傳。

讀書識字録 國朝監生海甯林元蓮山撰。

説文繫傳考異四卷 國朝錢塘汪憲撰。文淵閣著録又有附録一卷,乃朱文藻編諸家評論《繫傳》之詞。

六書補正 國朝錢塘沈景煦撰。〔四六〕

六書補遺　國朝舉人海甯俞鴻赤華若撰。《海昌備志》引《金志》作《六書通》，誤，此據《杭郡詩輯》。

疊字考　國朝海甯許勉燉撰。

考字一卷　國朝温州訓導海甯陳訏言揚撰。

考正正字通一百卷　國朝兵部主事海甯查嗣珣問瑛撰。《詩輯》作吏部主事，號作閣瑛。

連文釋義　國朝仁和王言撰。《四庫》附存目。

四庫讀字畧四卷　國朝諸生海甯查歧昌巖門撰。

營庭録　國朝仁和趙一清撰。

類字本意　國朝錢塘莫宏勛誠齋撰。《四庫》附存目。

説文解〔四七〕**字補注**　國朝諸生錢塘梁文泓深甫撰，文濂弟。

小學字類　國朝海甯陳莱孝撰。

增補篆字正通〔四八〕　國朝監生海甯查昌安康祖撰。

許氏説文正義　國朝諸生海甯陳璘谿齋撰。一名《説文解字疏》。

補六書通攷證　國朝海甯陳敬畏撰。

小學雜綴〔四九〕　恩貢仁和趙魏晉齋撰。

説文偁經證　國朝仁和翟灝撰。

小學餘論二卷 國朝海甯周春撰。

説文音訓畧一卷 國朝海甯錢咸熙撰。

篆字彙 國朝海甯陳用和時中撰。

異字同音義 國朝湘潭知縣錢塘張雲璈仲雅撰。

百體千文一卷 國朝錢塘孫枚秀鳳居撰。

字書拾存二卷〔五〇〕 國朝海甯陳鱣撰。

字説 國朝諸生海甯吴春照子撰撰。

證雅 國朝翰林院侍講學士仁和胡敬書農撰。

説文字原韻表二卷 國朝仁和胡重撰。

集古鐘鼎千文一卷 國朝海甯錢馥廣伯撰。

説文古音表 國朝仁和曹家駒撰。見《太誓答問序》。

説字畧 國朝平度知州海甯許楗珊林撰。

説文集解 國朝泰州知州錢塘張之杲東甫撰。

古文原始一卷 國朝錢塘曹金籀撰。

鐘鼎字原五卷 國朝錢塘汪立名撰。

字學　國朝新城羅以智撰。

説文重文攷一卷闕文攷一卷逸文攷一卷　國朝錢塘楊文杰撰。

説文拾遺五卷　仁和洪昌壽撰。〔五二〕

重文二卷　國朝錢塘丁午撰。

六書廣通六卷　國朝海甯僧達受六舟撰。

右小學類字書之屬

重定切韻　宋餘杭吴鋭撰。

韻學七卷韻學字類十二卷文會堂詩韻五卷　明錢塘胡文焕德甫撰。

竹川上人集韻　明杭州祥符戒壇寺集。見《浙江通志》。未詳僧名。

古韻通八卷切韻復古編四卷　國朝仁和柴紹炳虎臣撰。《古韻通》，見《四庫》附存目。

古韻通補十卷　國朝海甯范驤撰。《杭郡詩輯》作《古韻通譜》，今仍《乾隆志》。

六書古韻　國朝江西道御史錢塘顧豹文且菴撰。

音韻通考二十卷　國朝翰林院侍講海甯查嗣瑮德尹撰，慎行弟。

度研齋韻鈔　國朝監生海甯朱景辰香田撰。

音韻正譌四卷　國朝仁和趙吉士撰。

騷賦通韻　國朝諸生仁和徐汾武令撰。

韻學通指一卷韻白一卷韻問一卷聲韻叢説一卷韻學辨　國朝錢塘毛先舒撰。《韻學通指》、《韻白》、《韻問》、《聲韻叢説》，均見《四庫》附存目。

韻薈十二卷　國朝海甯許勉燉撰。

四聲漫鈔　國朝州同海甯朱昌辰雨人撰。

古今韻文十二卷　國朝諸生海甯李士麟[五二]静山撰。

詩騷韻注六卷　國朝監生錢塘洪昇昉思撰。

諧聲品字箋　國朝錢塘虞德升聞子撰。《四庫》附存目。

案：《乾隆志》作『明錢塘虞湻熙撰』，列類書中，今從《四庫書目》改正。

韻律八卷　國朝錢塘陳本撰。

音韻討論四卷　國朝仁和吴穎芳撰。

雙聲疊韻譜一卷古今韻學攷證　國朝筠連知縣仁和周助瀾迴川撰。

音韻彙纂　國朝大理知府海甯陳克復外存撰。

唐律正韻　國朝海甯陳敬畏撰。

古韻同異考一卷　國朝監生海甯許沖之芥舟撰。

四聲匡謬四卷　國朝德清訓導海甯郭夢元半帆撰。一作一卷。

杜詩雙聲疊韻譜 國朝海甯周春撰。見《小學考》。《海昌備志》有『《雙聲疊韻括畧》八卷』，疑即是書。

聲類拾存一卷廣倉拾存一卷埤倉拾存一卷韻集拾存一卷 國朝海甯陳鱣撰。《韻集拾存》，《小學考》作《今本韻集存》，今從《海昌備志》。

今韻三辨 國朝永嘉教喻仁和孫同元雨辰〔五三〕撰。

韻學析異 國朝仁和馬正瀛撰。

四聲系十卷唐詩雙雕玉六卷語言文字一卷姓氏本音五卷 國朝廩生海甯陳瑾卿卜三撰。

韻辨附文五卷 國朝户部尚書仁和沈兆霖朗亭撰。

南北方音五卷 國朝光禄寺署正錢塘夏鸞翔紫笙撰。

韻學音義詳釋一百三十卷 國朝仁和鄭煜晝人撰。

音學緒餘一卷 國朝江蘇通判錢塘夏曾傳薪卿撰，鳳翔子。

右小學類韻書之屬

校勘記

〔一〕原文作『藝文』，據《〔民國〕杭州府志·藝文志》改。

〔二〕此句《〔民國〕杭州府志·藝文志》作『志藝文第二十八』。

〔三〕原文作『《宋史·藝文志》作《周易説》』，據《宋史·藝文志》（中華書局一九七七年版）第五〇四一頁改。

〔四〕原文作『《象支説》二卷』，據《郡齋讀書志校證》（上海古籍出版社二〇一一年版）第一〇九二頁改。

〔五〕《［民國］杭州府志·藝文志》作『衡』。

〔六〕《［民國］杭州府志·藝文志》作『選舉卷』。

〔七〕《［民國］杭州府志·藝文志》『彝尊』作『朱氏』。

〔八〕《［民國］杭州府志·藝文志》作『方穆』。《［乾隆］杭州府志·藝文志》作『方稷』。

〔九〕《［民國］杭州府志·藝文志》作『《杭郡詩輯》』。

〔一〇〕本條底本無，據《［民國］杭州府志·藝文志》補。

〔一一〕《［民國］杭州府志·藝文志》『《四庫》附存目』作『文淵閣著録』。

〔一二〕本條底本無，據《［民國］杭州府志·藝文志》補。

〔一三〕本條底本無，據《［民國］杭州府志·藝文志》補。

〔一四〕本條底本無，據《［民國］杭州府志·藝文志》補。

〔一五〕本條《［民國］杭州府志·藝文志》入别史類。

〔一六〕本條《［民國］杭州府志·藝文志》入别史類。

〔一七〕本條底本無，據《［民國］杭州府志·藝文志》補。

〔一八〕本條底本無，據《［民國］杭州府志·藝文志》補。

〔一九〕本條底本無，據《［民國］杭州府志·藝文志》補。

〔二〇〕《〔民國〕杭州府志·藝文志》作『國朝金華教授仁和翟灝晴天撰』。
〔二一〕《〔民國〕杭州府志·藝文志》作『三卷』，底本與《〔民國〕杭州府志校勘記》作『一卷』。
〔二二〕本條底本無，據《〔民國〕杭州府志·藝文志》補。
〔二三〕本條底本無，據《〔民國〕杭州府志·藝文志》補。
〔二四〕原文作『言』，當爲『官』之誤。
〔二五〕原文作『三禮畧記』，據《〔乾隆〕杭州府志·藝文志》改。
〔二六〕本條底本無，據《〔民國〕杭州府志·藝文志》補。
〔二七〕《四庫全書總目》（中華書局一九六五年版）第一九〇頁作『十七卷』。
〔二八〕原文作『許大淵』，據《〔雍正〕浙江通志》卷二百四十二改。
〔二九〕本條底本無，據《〔民國〕杭州府志·藝文志》補。
〔三〇〕原文作『小夏正注』，據《〔民國〕杭州府志·藝文志》改。
〔三一〕原文作『曹惪』，據《兩浙輶軒續録》（浙江古籍出版社二〇一四年版）第二二六七頁改。
〔三二〕《直齋書録解題》（中華書局一九八五年版）第七八頁作『無垢鄉黨少儀咸有一德論語孟子拾遺共一卷』。
〔三三〕本條底本無，據《〔民國〕杭州府志·藝文志》補。
〔三四〕本條底本無，據《〔民國〕杭州府志·藝文志》補。
〔三五〕『尚有……不傳』底本無，據《〔民國〕杭州府志·藝文志》補。
〔三六〕『西漢……左氏泱疣一卷』底本無，據《〔民國〕杭州府志·藝文志》補。

〔三七〕原文作『曹惪』，據《兩浙輶軒續録》（浙江古籍出版社二〇一四年版）第二二六七頁改。

〔三八〕『曹棟亭……之下』底本無，據《〔民國〕杭州府志・藝文志》補。

〔三九〕本條底本無，據《〔民國〕杭州府志・藝文志》補。

〔四〇〕本條底本無，據《〔民國〕杭州府志・藝文志》補。

〔四一〕原文作『孟輝』，據《兩浙輶軒録》（浙江古籍出版社二〇一二年版）第一六一頁改。

〔四二〕原文作『召系』，據《兩浙輶軒續録》（浙江古籍出版社二〇一四年版）第八三頁改。

〔四三〕《兩浙輶軒録》（浙江古籍出版社二〇一二年版）第二二四四頁云：『字詒穀，一字頤谷。』

〔四四〕《〔民國〕杭州府志・藝文志》作『説文續解一卷學古編二卷續古篆韻六卷周秦刻石釋音一卷鐘鼎韻一卷』。『周秦刻石釋音一卷鐘鼎韻一卷』，底本入目録類金石之屬。

〔四五〕《〔民國〕杭州府志・藝文志》其後有『《周秦刻石釋音》，文淵閣著録』。

〔四六〕《〔民國〕杭州府志・藝文志》作『監生錢塘沈景煦和叔撰』。

〔四七〕原文作『補』，據《〔民國〕杭州府志・藝文志》改。

〔四八〕《〔民國〕杭州府志・藝文志》作《增補字篆正通》。

〔四九〕本條底本無，據《〔民國〕杭州府志・藝文志》補。

〔五〇〕《〔民國〕杭州府志・藝文志》作『説文正義字書拾存二卷』。

〔五一〕本條底本無，據《〔民國〕杭州府志・藝文志》補。

〔五二〕原文作『李士驎』，據《〔民國〕杭州府志・藝文志》改。

〔五三〕《〔民國〕杭州府志・藝文志》作『雨人』，《温州經籍志》『外編卷下』亦作『雨人』，疑應從。

藝文二

史部

史記至言十二篇 唐鹽官褚无量撰。

漢書古今集義二十卷 唐鹽官顧允撰。

後漢功臣年表 宋寶文閣待制臨安錢喧載暘撰，惟演子。

漢語 明錢塘許應元撰。

史記疑問三卷 國朝錢塘邵秦衢撰。

讀漢書記 國朝諸生錢塘章士斐淇上撰。

後漢書二十四卷 國朝錢塘王廷燦撰。

宋史補遺 國朝禮部侍郎海甯陳邦彦匏盧撰，世倌從子。

三史質疑 國朝增生仁和周禹吉敷文撰。

後漢書故三十卷 國朝錢塘李延澤撰。

補遼金元三史藝文志 國朝内閣中書錢塘倪璠魯玉撰。

元史類編四十二卷 國朝少詹事仁和邵遠平戒三撰。

遼史拾遺二十四卷 國朝薦舉博學鴻詞錢塘厲鶚太鴻撰。文淵閣著録。

史記疏證前漢書疏證後漢書疏證三國志補注六卷晉書補傳贊北史搴粮金史補二十卷諸史然疑一卷[一] 國朝仁和杭世駿撰。《三國志補注》、《諸史然疑》，文淵閣著録。《金史補》，《杭郡詩輯》云祇本紀五卷，此仍《乾隆志》。

北周書考證二卷 國朝天津知府錢塘金文淳質甫撰。

史傳賦指二卷 國朝仁和關槐撰。

漢書顏注刊誤漢書地理志校正三國志補注 國朝仁和趙一清撰。

宋史藝文志補一卷 國朝仁和盧文弨撰。

南北史表六卷帝王世系表一卷五代史記校注 國朝錢塘周嘉猷撰。

補元史藝文志八卷 國朝諸生海甯張景筠梅屋撰。

遼金元三史國語解續遼史朔閏考二卷 國朝拔貢海甯朱修之叔序撰。

漢書疏證　國朝杭州蔣師爚撰。

熊方後漢書年表校補東漢朔閏表　國朝太湖縣丞錢塘諸以敦愛堂撰。

史漢箋略　國朝海甯葛璇撰。

史記志疑三十六卷古今人表攷九卷　國朝貢生錢塘梁玉繩曜北撰，同書嗣子。

蜀書箋略　國朝錢塘黄模撰。

三國志音義　國朝海甯吴應和撰。

兩漢書質疑　國朝仁和龔麗正撰。

晉書校勘記　國朝嘉善教諭錢塘陳善扶雅撰。

後漢書校勘記　國朝海甯吴壽暘撰。

漢書地理志校本二卷　國朝錢塘汪遠孫撰。

兩漢書校勘記　國朝海甯吴春照撰。

三史人名考證　國朝甘泉知縣錢塘汪懷小舫撰。

四裔年表　國朝仁和姚光晉撰。

讀漢書隨筆附孤虚表一卷古文用兵孤虚圖説一卷　國朝仁和龔自珍撰。案：《孤虚表》訂裴駰《史記集解》之誤而作。

舊唐書疑義三卷舊唐書勘同二卷 國朝諸生錢塘張道少南撰。

歷代后妃表 國朝刑部員外郎餘杭陳紹翔女爾士煒卿撰。

右正史類

通鑑注 宋餘杭趙汝談撰。

通鑑綱目注 宋於潛洪咨夔撰。

資治通鑑綱目集覽鐫誤三卷 明錢塘瞿佑撰。

朱子綱目折中通鑑外紀論斷通鑑筆記續資治通鑑綱目發明二十七卷 明諸生餘杭周禮德恭撰。

通鑑嚴八卷 明海甯查繼佐撰。

通鑑綱目纂要 明諸生海甯朱朝珩楚之撰。

綱目質疑録 國朝仁和沈蘭先撰。

綱目分注糾謬四十卷通鑑兵略六十卷 國朝錢塘李延澤撰。

案:《通鑑兵略》,《乾隆志》列政書軍政之屬,今移列編年類。

考定竹書十三卷 國朝仁和孫之騄撰。《四庫》附存目。

通鑑歲得十二卷資治通鑑述 國朝海甯許勉燉撰。

續明史資治通鑑　國朝錢塘金張撰。

資治通鑑述一卷通鑑纂要四卷　國朝海甯陳詵撰。《資治通鑑述》，見《四庫》附存目。

明史綱目四卷　國朝諸生海甯周琦西寒撰。

綱鑑論斷　國朝海甯王廷獻撰。

校刻綱目發明　國朝遂昌訓導海甯周逢吉罄宜撰。

綱鑑輯要詳注　國朝翰林院編修海甯陳世侃誾齋撰，詵第五子。

綱目贊十四卷　國朝海甯許焻撰。

通鑑尊聞録四卷　國朝海甯陳存矩撰。

通鑑一斑二卷南北朝編年録一卷　國朝海甯許朝埰撰。

綱鑑領要十二卷　國朝諸生海甯倪永謙益齋撰。

竹書詳證　國朝錢塘黄模撰。

綱鑑推日編　國朝仁和王言蘭谷撰。

宋元通鑑目録二十卷春秋通鑑中續四卷　國朝海甯朱修之撰。

續通鑑校補　國朝海甯許光治撰。

通鑑經武録　國朝順德知府仁和濮慶孫秋農撰。

右編年類

大慈見晛録又述滄洲賊退事略一卷桃源建昌征案東鄉撫案共十一卷 明仁和胡世甯撰。

《乾隆志》引《浙江通志》。

洪永紀事本末 明海甯陳許廷撰。

炎徼紀聞四卷又行邊紀聞 明廣西參議錢塘田汝成撰。文淵閣著録。

案：《乾隆志》列地理雜記之屬，今據《四庫書目》改正。

通鑑紀事本末補 國朝翰林院侍講錢塘王延年介眉撰。

通鑑紀事本末補後編〔二〕 國朝仁和張星曜紫臣撰。

右紀事本末類

漢晉春秋三十餘萬言 唐富陽淩準撰。

帝王紀録三卷帝王要覽二十二卷 唐鹽官褚无量撰。

五帝皇極志 宋進士錢塘盧楨叔敬撰。

神宗實録考異二百卷 宋錢塘張九成及范沖任升克同撰。

宏簡録二百五十四卷 明仁和邵經邦撰。續鄭樵《通志》所載，自唐迄遼金止。

皇明史略　明副貢海甯祝守箴士韋撰。《海昌備志》引朱朝瑛撰傳云：「約百餘卷。」

國榷一百卷續國榷二卷金陵對泣録一卷　國朝海甯談遷孺木撰。

春秋戰國論輯傳四十卷　國朝錢塘李延澤撰。

古史集要八卷　國朝仁和傅感丁撰。

遜代陽秋二十八卷　國朝錢塘俞美璬伯撰。《四庫》附存目。

後漢書補逸二十一卷　國朝監察御史錢塘姚之駰[三]魯思輯。文淵閣著録。

案：是書《四庫書目》列别史類，以其所編《東觀漢記》，謝承《後漢書》，薛瑩《後漢書》，謝沈《後漢書》，袁山松、司馬彪《後漢書》皆蒐存古書之散佚，非正史也。《乾隆志》誤列正史類，今改正。

季漢五志十二卷　國朝錢塘王復禮撰。見《皇朝文獻通考》。

二申野録八卷[四]　國朝仁和孫之騄撰。《四庫》附存目。

續宏簡録[五]　國朝仁和邵遠平撰。

西夏書十五卷　國朝海甯周春撰。

明史列傳綱目明志稾又太祖本紀　國朝錢塘鄭江撰。

補輯謝承後漢書五卷　國朝仁和孫志祖輯。

續唐書七十卷　國朝海甯陳鱣撰。

史記兩漢晉北齊宏簡録各一卷 國朝海甯許朝採撰。

十六國春秋年表 國朝内閣中書海甯朱元吕律卿撰。〔六〕

右别史類

光聖録一卷 宋婺州刺史臨安錢儼允誠撰，原名宏信，俶弟。

真宗聖政記一百五十卷咸平聖政録三卷 宋崇信軍節度錢塘錢惟演希聖撰。《真宗聖政記》與王曾同編。

標注國語類編 宋錢塘張九成撰。

錢塘遺事十卷 元臨安劉一清撰。文淵閣著録。〔七〕

戰國策談棷十卷 明仁和張文爟維昇撰。《四庫》附存目。

朝鮮紀事一卷 南京禮部尚書錢塘倪謙克讓撰。〔八〕

革朝志十卷 明海甯許相卿撰。《四庫》附存目。

洪武聖政纂二卷 明海甯董穀撰。《海昌備志》引山陰祁氏《淡生堂書目》。

遼紀一卷 明錢塘田汝成撰。《四庫》附存目。記遼東邊事。

國語鈔 明海甯許應元撰。

南京車駕志又安慶兵變一卷 明山東糧儲道海甯查志隆嗚治撰。

歷代史傳紀略　國朝錢塘裘之容偉甫撰。

戰國策編年　國朝海甯陳以綱撰。

國語補韋　國朝錢塘黄模撰。

國語補[九]注[一〇]　國朝仁和龔麗正撰。

國語三君注輯存四卷國語發正二十一卷國語考異四卷　國朝錢塘汪遠孫撰。

東周列國攷略　國朝侯選訓導海甯朱元炅炯齋撰。

右雜史類

兩漢詔令三十卷　宋於潛宏洪咨夔撰。

仁宗訓典詳釋高宗寶訓要釋　宋餘杭趙與懽撰。

右詔令類

奏議三卷　宋於潛宏洪咨夔撰。

奏議　宋吏部侍郎臨安俞烈若晦撰。

奏議二卷　宋餘杭趙與懽撰。

臺省疏稾八卷　明尚書仁和張瀚元洲撰。《四庫》附存目。

于忠肅奏疏十卷 明錢塘于謙撰。

胡端敏奏議十卷又新河初議一卷 明仁和胡世甯撰。《胡端敏奏議》，見《四庫》附存目。

奏議三卷 明仁和李昂文舉撰。見《千頃堂書目》。

高文端奏議十卷 明大學士錢塘高儀子象撰。

撫閩奏疏六卷 明隆慶戊辰進士巡撫福建副都御史金學曾子曾撰。見《千〔一二〕頃堂書目》。

黄門集 明海甯陳與郊撰。《四庫》附存目。

右編補十卷 明太僕寺卿錢塘姚文蔚編。《四庫》附存目。

古奏議 明仁和黄汝亨編。《四庫》附存目。

南曹疏稾 明南昌知府仁和錢喜起賡明撰。

歷任奏議十二卷 明吏部尚書海甯吴鵬默泉撰。

掖垣奏議 明順天府尹海甯查秉彝性甫撰。

北臺奏議二卷 明海甯朱瑞登撰。

兩巡奏議 明湖廣副使海甯董鯤化卿撰。

諫垣疏草 明侍郎海甯曹履泰方城撰。

罷菴奏議二十卷 明海甯吴太冲撰。

楊黄門奏疏二卷撫黔奏議八卷　國朝兵部侍郎海甯楊雍建自西撰。

丹墀奏議二十卷　國朝工部尚書海甯陳詵永學山撰。

奏議十二卷　國朝餘杭嚴沆撰。

三楚奏議　國朝錢塘顧豹文撰。

梅谿疏稾一卷　國朝京畿道御史海甯陳勛允升撰。

傅巖疏稾　國朝兵科給事中海甯陳世安子敬撰。

存齋奏疏　國朝副都御史海甯陳世倕公佐撰，訏子。

西臺奏疏　國朝兵部侍郎餘杭嚴曾榘方貽撰，沆子。

柱下奏議海外奏議　國朝錢塘范咸撰。

名臣要覽四卷　國朝内閣學士海甯鍾蘭枝芬齋編。

直廬奏議四卷粤東奏議二卷　國朝仁和關槐撰。

恭壽堂奏議十卷　國朝副都御史仁和韓文綺三橋撰。

兩河奏疏十卷　國朝河東河道總督仁和嚴烺小農撰。

許太常奏議一卷　國朝太常寺卿仁和許乃濟青士撰。

豸華堂奏議十二卷　國朝大理寺卿錢塘金應麟亞伯撰。

皇清名臣奏議六十八卷　仁和琴川居士編輯。琴川居士不詳其姓名。有道光二十八年婁張爾耆序。[一二]

堅正堂摺稾二卷　禮科給事中餘杭褚成博孝通撰。[一三]

右奏議類

韓忠獻遺事一卷考德集三卷　宋錢塘强至幾聖撰。《韓忠獻遺事》，見《四庫》附存目。

胡瑗言行録　宋錢塘關注撰。

張文忠公世家　宋蔣光彦撰。

孔子年譜一卷　明海甯張次仲撰。

孔子年譜一卷　明仁和沈繼震撰。

闕里書八卷　明上江糧道海甯陳之伸魯直撰。《海昌備志》云：補沈朝陽所撰。

協忠録三卷　明海甯許南金輯。《乾隆志》云：記睢陽事。

旌忠録五卷　明錢塘于冕撰。

尊白堂外傳　明海甯陳王石撰。

靈衛廟志一卷　明海甯沈友孺輯。後爲楊廷筠、夏賓重纂。《四庫》附存目，但云夏賓撰，今仍《乾隆志》。

勳賢祠志一卷　明左參政錢塘陳善懋敬訂豫章喻均所撰《王文成祠志》。

玉樹芳聲二卷　明錢塘謝君錫允忠輯金龍四大王事蹟。

貢尚書紀年録一卷　明甯遠知縣海甯朱鐩質夫撰。紀元末貢師泰寓海甯時事。見《海昌備志》。

吴太常殉節實録一卷　明舉人海甯祝淵開美撰。

孫白谷忠節録一卷　國朝禮部祠祭司郎中仁和丁澎飛濤撰。

孤忠遺翰　國朝仁和陸折撰。

四書人物贊　國朝餘杭孫應龍撰。

金龍四大王事蹟一卷　國朝仁和俞星畱潔存撰。

聖門狂狷録　國朝海甯祝文彦撰。

孔子年譜二卷　國朝刑部貴州司員外郎錢塘顧震葦田撰。

至聖事蹟約纂一卷聖門諸賢事蹟略一卷　舉人仁和李紹城澹畦撰。〔一四〕

忠貞公忠節録二卷　國朝仁和卓爾堪子任撰。

昭烈靈澤夫人廟考一卷文昌通紀四卷　國朝海甯周廣業撰。

文廟事紀六卷　國朝舉人仁和柴杰臨川撰，允鍠孫。

曹娥廟志五卷朱竹垞年譜一卷厲樊榭年譜一卷　國朝諸生錢塘朱文藻映〔一五〕漘撰。

查東山年譜一卷 國朝海甯沈仲方撰。

北湖先生年譜一卷 國朝諸生海甯張京顔撰。

武穆外傳 國朝錢塘張泰初松溪撰。

陳乾初先生年譜一卷蘇祠從祀議一卷 國朝海甯吴騫撰。

鄭君年紀一卷 國朝海甯陳鱣撰。

葑塘先生年譜一卷 國朝仁和胡敬撰。

楊園先生年譜集證一卷 國朝海甯錢馥撰。

初白先生年譜一卷 國朝諸生海甯陳敬璋半圭撰。

陸辛齋先生年譜二卷 國朝海甯王簡可仲言撰。

曹江孝女廟志八卷 國朝優貢仁和金廷棟撰。

周元公祠志三卷 國朝副貢海甯周勳懋竹泉撰。

楊清祠志一卷 國朝錢塘丁午撰。

文廟從祀賢儒表八卷陸清獻年譜一卷 國朝新城羅以智撰。

右傳記類聖賢名人之屬

海昌先賢録十卷 宋鹽官楊均撰。

坤鑑　宋餘杭趙汝讜、汝談同撰。集歷代皇后事。

張氏家傳一卷　宋進士錢塘張寀撰。

忠義録　元翰林學士錢塘張翥仲舉撰。

壽者録　元昌化凌緯撰。

先賢祠録　明仁和夏時正輯。

廣孝録　明海甯周珽無暇撰。

孝友傳二十四卷明孝友傳八卷　明兖東道海甯郭凝之正中撰。《四庫》附存目。案：《乾隆志》作『郭正中撰』，蓋誤以字爲名，今據《四庫提要》改正。

五忠傳一卷桃〔一六〕**源死事傳一卷**　明海甯許相卿撰。

興忠私録五卷　明仁和胡世甯撰。

忠鯁録　明肇慶知府胡純撰。

昭〔一七〕**忠録五卷**　明仁和周璟撰。

萃忠録二卷　明仁和郎瑛撰。

于少保萃忠傳十卷　錢塘孫高亮明卿撰。〔一八〕

歷代統譜四卷　錢塘胡焕撰。〔一九〕

忠孝聞見録甲子紀言 明舉人仁和邵泰清以規撰。

西湖雙忠傳二卷 明錢塘吴之鯨撰。記岳武穆于忠肅事。

明應謚名臣傳十二卷 明錢塘林之盛貞伯撰。

言行編 明錢塘李元綱撰。

人鏡陽秋 明海甯汪廷訥昌朝撰。

忠臣孝子守令輔相歷代統系五篇 明吴江教諭新城袁時億益善撰。

兩浙名賢録五十四卷外録八卷 明諸生錢塘徐象梅仲和撰。《四庫》附存目。《乾隆志》云：『四庫館查閲《兩浙名賢録》前楊師孔序，内有指斥狂悖語。本書内卷前敘目、卷九《方鎰傳》、卷十四《吕本傳》、卷十八《倪岳傳》、卷二十四《鮑輝傳》、卷二十八《沈性傳》、卷四十二《徐自得傳》均有偏謬，已抽燬。』

統宗世譜 明仁和朱履撰。

譜傳略一卷 明行人司行人海甯郭溶彦涂撰。

女學 明海甯徐泰撰。

廉吏傳 明仁和黄汝亨撰。《浙江遺書總録》作『四册』。

武林旌德志二卷 明杭州李唐撰。

節孝編一卷 明餘杭蔣士芳撰。

大節志 明餘杭嚴大紀撰。

武林文獻録 明攸縣知縣海甯孫景時成叔撰。

尊聞録 明諸生海甯蔣廷璧文美撰。

節婦録 明海甯董湄妻虞嫄撰。

古今名臣經濟録古今聖賢録武林英賢志 國朝仁和林瀾撰。

明儒言行録十卷續録二卷明人物志一百二十卷 國朝仁和沈佳撰。《明儒言行録》、《續録》，文淵閣著録。

名臣言行録 國朝仁和沈蘭先撰。

續表忠記八卷 國朝仁和趙吉士撰。《四庫》附存目。

續海邦耆舊志二卷 國朝海甯許勉燉撰。

褒榮録 國朝增生錢塘丁軾敬輿撰。

明儒言行録鈔 國朝海甯沈珩撰。

篤行類編十六卷 國朝錢塘任懋謙撰。

武林文獻汝南文獻富春文獻賢媛志名媛志女史八編 國朝富陽邵光允撰。

聖賢儒史一卷 國朝錢塘王復禮撰。

文苑異稱 國朝諸生仁和王晫丹麓撰。

百歲敘譜四卷 國朝錢塘丁文策叔範撰。

海邦耆舊志四卷 國朝海甯許惟植撰。

豐南人事考 國朝刑部貴州司主事仁和吴震生可堂撰。

案：杭世駿撰墓表稱：震生著有《豐南人事考》、《金箱璧言》、《大藏摘髓》等書。《乾隆志》惟《大藏摘髓》作震生撰，餘皆誤作吴虞，今改正。

吴越順存集三卷外集一卷 國朝錢塘吴允嘉志上撰。《四庫》附存目。

案：《乾隆志》列入載記類，作『《順存集》一卷，《外集》一卷』，誤，今據《四庫書目》改正。

宋十賢傳二卷閨範遺編一卷 國朝文淵閣大學士海甯陳世倌秉之撰，詵第四子。

詞科掌録十七卷詞科餘話七卷 國朝仁和杭世駿撰。紀乾隆元年舉博學鴻詞事。《詞科餘話》汪沆序云八卷，今仍《乾隆志》。

明代諸臣言行録淮陽先生遺事陰行録悔齋家傳 國朝諸生海甯許全可爾欲撰。

烈女傳一卷 國朝仁和吴穎芳撰。汪憲官刑部，取各省報節烈事。起乾隆元年，訖二十八年，屬穎芳撰。《傳》二十八年以後者，欲續撰，未竟而卒。稾存汪氏，見《汪氏藏書目》。朱文藻跋云：實西林所作。乾隆丁亥手寫本。

鑒古録十六卷 國朝仁和沈廷芳撰。

包氏簪纓録　錢塘包濤撰。〔二〇〕

汪氏文獻録　國朝錢塘汪沆撰。

士林彝訓八卷闕氏文獻略一卷　國朝仁和闕槐撰。

廣獻徵録八卷　國朝恩貢海甯張廷琮前山撰。

忠壯録一卷　國朝海甯王囗囗撰。见《海昌備志》，云佚其名。

硤川人物志　國朝諸生海甯吴嗣廣芑君撰。

武林先雅　國朝錢塘黄模撰。

廣孝録　國朝海甯周青莘撰。

旌孝録　國朝海甯吴正純景一撰。

歷代名臣言行録　國朝海甯程南圖春江撰。

海邦師友録一卷　國朝海甯陳萊孝撰。

務滋堂傳紀合鈔　國朝海甯張囗囗撰。见《海昌備志》，云佚其名。

西湖六一泉從祀録二卷　國朝仁和柴杰撰。

是知録桑梓録　國朝貢生海甯張頲可晏如撰。

詞林輯要一卷　國朝海甯陳敬璋撰。

翟氏獻徵 國朝仁和翟灝〔二一〕撰。

南渡寓賢録 國朝貢生錢塘朱彭青湖撰。

西湖崇祀諸賢録九卷 國朝廪生仁和汪家禧選樓撰。又名《三祠志》。

文獻徵存録十卷 國朝翰林院侍讀學士仁和錢林金粟撰，琦第六子。

武林人物新志六卷 國朝諸生錢塘施朝幹亭午撰。

補輯桑梓録八卷 國朝批驗大使海甯應履墀二梅撰。

彤史遺編二卷增校海昌五臣殉節軼事一卷 國朝海甯周勛懋撰。

紫峽文獻録二卷 國朝歲貢海甯曹宗載桐石撰，璉孫。

金氏世德記一卷 國朝錢塘金應麟撰。

布衣傳一卷 仁和龔自珍撰。〔二二〕

歷代節義名臣録十卷 諸生海甯陳炳撰。〔二三〕

鄒氏恩卹録一卷 國朝江蘇主簿錢塘鄒在衡蓉閣撰，一云長洲典史。

紫陽崇文會録十卷 不著撰人姓氏。

女訓遺誨 國朝餘杭郎慧學妻邵氏撰。

坤維正氣録十卷 國朝仁和倪一擎妻蘇畹蘭紉九撰。

列女傳校讀本八卷 國朝錢塘汪遠孫妻梁端撰。

右傳記類總録之屬

妙女傳一卷 唐從目尉鹽官顧非熊傳。

宋朝衣冠盛事 宋翰林學士臨安錢明逸子飛撰。

接伴送語録一卷 宋錢塘沈季長撰。熙甯四年接伴送耶律運時所記。

唐山紀事 元昌化淩緯撰。

歸田録十卷 明仁和江曉撰。

日録一卷 明仁和孫枝撰。

銓曹日録 明仁和江瀾撰。

寵榮録一卷 明餘杭鄒幹撰。

亡友録後亡友録 明海甯陸嘉淑撰。

郭氏嘉祥録二卷 國朝猗氏縣丞錢塘郭一泓沁園輯。載其父闖亂時倡義捐贖子女，海内知名投贈詩文，並家傳行略。

兩朝科名盛事録八卷 國朝諸生仁和吴兆隆北野撰。

車笠契 國朝錢塘黄琛山民撰，元嘉子。

雲涇雜録 國朝國子監學正仁和邱永星河撰，峻子。

東江遺事二卷 國朝海甯吴騫撰。

磨盾餘談二卷 國朝廪貢仁和張炳翼之撰。

列代仙史八卷 國朝杭州王建章撰，自號王樞道人。

雲游始末一卷 國朝海甯貢生祝翼棐妻陸莘行纘任撰。

右傳記類雜録之屬

兩漢博聞十二卷 宋集賢學士錢塘楊大雅子正撰。文淵閣著録作『楊侃』。晁公武《讀書志》云：宋楊侃避真宗舊諱，更名大雅。

諸史提要十五卷 宋觀文殿學士臨安錢端禮處和撰。《四庫》附存目。

唐鑰五十卷 宋錢塘張九成撰。

兩漢擥鈔一百卷 宋於潛洪咨夔撰。

囘溪史韻四十九卷 宋錢塘錢諷正初撰。案：《孚經室外集》云二十三卷，今仍《乾隆志》。諷武肅王孫後居嘉禾之囘溪，故自號囘溪。

班史精華十卷 明仁和沈儀〔二四〕撰。

二十一史識餘三十四卷補遺三卷 明錢塘張墉撰。

二十一史彙纂類法篇　明貢生錢塘何萃輈六撰。《浙江通志》作『史纂』。

學史會同三百卷　明仁和邵經邦撰。

宋遼金元史詳節　明海甯祝萃撰。

史漢方駕三十五卷　明海甯許相卿撰。《四庫》附存目。

唐書纂二十卷　明錢塘許璣天儀〔一二五〕輯。

史記鈔　明錢塘許應元輯。

史學捷要一卷　錢塘胡文焕撰。〔一二六〕

史記鈔晉書纂　明海甯張次仲輯。

讀史録六卷　明汀州知府海甯張甯靖之撰。

三國史瑜八卷　明錢塘張毓睿聖初撰。《四庫》附存目。

廿一史手鈔　明餘杭嚴武順輯。

史拾載補　明仁和吴宏基柏持撰。《四庫》附存目。

青萊續史十八卷　國朝錢塘朱里青萊撰。《浙江遺書總録》作明人，今仍《乾隆志》。

史彙一百卷　國朝錢塘朱東觀全右輯。

廿一史識餘　國朝德安府推官錢塘洪吉臣載之撰。

静寄軒史腴 國朝海甯陳世修撰。

明史要略 國朝海甯沈珩撰。

南史識小録十卷北史識小録十卷 國朝錢塘舉人沈名蓀磵房與秀水朱昆田同輯。文淵閣著録均作八卷，此仍《乾隆志》。又錢塘張應昌增補此書爲二十八卷。

史漢識大識小録十卷 國朝舉人海甯查克念雙峯撰，慎行子。

史林 國朝海甯祝定國撰。

讀史津梁 國朝臨安高崧撰。

元史事類鈔四十卷 國朝錢塘姚之駰[二七]撰。

二十一史備遺録四十卷 國朝錢塘俞大年錫齡撰。

廿三史攬實 國朝海甯查虞昌撰。

晉書鈔 國朝錢塘李延澤輯。

南北史彙類鈔二十四卷 國朝錢塘倪濤撰。

南北史録雋三十六卷 國朝口北道錢塘金志章繪卣撰。

南北史捃華八卷 國朝錢塘周嘉猷撰。

讀史寫琰録 國朝仁和林灝撰。

纂輯新舊唐書六十二卷 國朝諸生錢塘章戠功服伯撰，士斐長子。

鏡古偶録十六卷 國朝象州知州海甯祝勳元菴撰。

舊五代史鈔六卷 國朝中書舍人海甯周蓮予同輯。

讀史録要十六卷 國朝錢塘吴顥撰。

閲史偶鈔 國朝貢生海甯馮騏贊思撰。

史學名言 國朝諸生海甯曹炘季昭撰。

讀史摘要 國朝諸生仁和王臺笠生撰。

漢書萃要録 國朝訓導仁和汪鎔慕陶撰。

三史輯要 國朝錢塘汪懷撰。

南北史約纂 國朝海甯潘德音撰。

史籍所見録 國子監典籍錢塘唐恭安子敦撰。〔二八〕

右史鈔類

吴越備史遺事五卷忠懿王勳業志三卷戊申英政録一卷 宋臨安錢儼撰。《文獻通考》引陳氏曰：『《吴越備史》九卷。吴越掌書記范坰、巡官林瑀〔二九〕撰。《中興書目》云：其初十二卷，書開寶三年，後又增三卷，至雍熙四年。今書止石晉開運，比初缺三卷。』本錢儼作，託名。文淵閣著録，云：『《吴越備史》四卷，《補遺》一卷。宋錢儼撰。或題林范者，儼託名也。』又案：《補五代藝文志》作『《吴越備史》十五卷，《備史遺事》五卷，《勳業志》二卷』。

家王貢奉録二卷家王故事一卷奉辰録二卷錢氏慶系譜二卷　宋錢塘錢惟演撰。按：《補五代藝文志》作『《錢俶貢奉録》一卷，《家王遺事》二卷』，又有『《奉藩書》十卷』，疑即《奉辰録》。

錢塘遺事十卷　元臨安劉一清撰。文淵閣著録。〔三〇〕

晉史乘一卷楚史檮杌一卷　不著撰人姓名。《浙江通志》，《晉史乘》作《晉文春秋》。《浙江遺書總録》據吾邱衍簡端叙語，疑即衍所假託。

順存録四卷　明仁和錢受祺撰。

瀘川紀事鄂渚紀事成都紀事　明陝西石布政使海甯許士奇含若撰。《瀘川花溪志》作『瀘州』，今從《甯志餘聞》。《成都紀事》，一名《益州紀事》，見《海昌備志》。

國家掌故　明海甯陳之伸撰。

掌録　明舉人仁和朱天璧遽菴撰。

藩鎮録一卷　明海甯陸嘉淑撰。

罪維録一百二十卷又知是録國壽録敬修堂説外敬修堂説造南語北語魯春秋　明海甯查繼佐撰。

梁溪政略一卷　明淮安知府海甯許令典稚則撰。

南唐拾遺記一卷　國朝錢塘毛先舒撰。《四庫》附存目。

十國春秋一百十四卷　國朝仁和吴任臣撰。文淵閣著録。

武林雜事　國朝錢塘李式玉撰。

全閩采風録蒙古氏族略　國朝錢塘汪沆撰。

海昌掌故録十二卷海昌勝覽二十卷代北姓譜二卷遼金元姓譜一卷〔三一〕　國朝海甯周春撰。

東都事略校語　國朝錢塘周嘉猷撰。

平定金川記略一卷　國朝主簿海甯查羲堯卿撰。

海昌倭事始末二卷　國朝海甯吴騫撰。

宸垣識略十六卷　國朝仁和吴長元太初撰。

武林談藪吴越古蹟考南宋古蹟考　國朝錢塘朱彭撰。

西清劄記　國朝仁和胡敬撰。

養吉齋叢録二十六卷餘録八卷　國朝雲貴總督錢塘吴振棫宜甫撰。

臨安旬制記一卷　國朝錢塘張道撰。

庚辛泣杭録十六卷　候補知縣錢塘丁丙撰。〔三二〕

兩浙庚辛紀略一卷　國朝貢生仁和陳學繩撰。

右載記類

四時宜忌一卷 明錢塘瞿佑撰。《四庫》附存目。

右時令類

天下郡縣圖 宋錢塘沈括撰。《浙江通志》作「一部」。

皇圖要覽四卷 明錢塘胡文煥德甫撰。

方輿勝覽 明仁和祝穆[三三]撰。

輿地圖考 明海甯程道生可生撰。

輿地圖 明工部□□餘杭姚星吴[三四]撰。

輿圖津要又廣輿志考 國朝仁和林瀾撰。

方輿備考十五卷 國朝沈九如撰。

輿圖隸史彙考八十卷 國朝諸生錢塘吴農祥慶百撰。

明一統志纂 國朝海甯陳登庸撰。

方輿述略郡邑同名考一卷 國朝海甯陳萊孝撰。

地理考異 國朝增生錢塘蔣作林撰。

右地理類總志之屬

郊志三卷 唐富陽凌準撰。

姑孰志五卷 宋錢塘林逋君復撰。

上饒志 宋福建轉運使昌化章鑄國用撰。

桐汭新志二十卷 宋教授於潛趙子直撰。《書録解題》作錢塘人。

吴陵志十卷 宋泰州守錢塘萬鐘撰。

海昌圖經十卷圖經考異 宋鹽官楊均撰。

新城縣志 明湖廣參議新城舉人凌誌撰。見《千頃堂書目》。

成化杭州府志六十三卷 明仁和夏時正撰。《四庫》附存目。

嘉靖仁和縣志十四卷外志一卷武林風俗略一卷 明仁和沈朝宣三吾撰。見《千頃堂書目》。

萬厤杭州府志一百卷黔南類編八卷 明雲南布政使錢塘陳善思敬撰。

息縣志八卷 明教諭富陽夏賫撰。

澉浦續志九卷海甯縣志九卷 明漢陽知縣海甯董穀撰。《澉浦續志》，見《四庫》附存目。《海寧縣志》，見《千頃堂書目》。

案：《四庫》書目《澉水志》八卷，宋常棠撰入，著録《澉浦續志》九卷，明董穀撰入，《存目提要》

云：董穀既取常棠《澉水志》校刊，因取元明事蹟續成此編，則兩書非一人所輯，不能合并爲一也。《乾隆志》誤作《澉水志》八卷又續九卷，今據《提要》改正。

校定海昌續志 明海甯許相卿撰。

宣城縣志 明宣城縣丞海甯高文濩仕和撰。

海甯志補四卷 明杭州朱迪撰。

海甯志餘 明諸生海甯吴維熊夢非撰。

富陽志十二卷 明監生富陽王之獻伯徵撰。

昌化縣志九卷 明順天訓導昌化汪子卿撰。見《千頃堂書目》。嘉靖年歲貢。

昌化外志 明邑庠生戴儀撰。見《千頃堂書目》。

海昌外志 國朝海甯談遷撰。

息縣志十二卷 國朝富陽邵光允撰。

錢邑志林四十卷 國朝錢塘吴農祥撰。

杒城志遺 國朝海甯陳世修撰。

海甯縣志一卷 國朝海甯范驤撰。

東陽志料 國朝感恩知縣海甯金英厚齋撰。

天台縣志固始縣志 國朝錢塘章士斐撰。

嵐縣志太原縣志　國朝太原知縣海甯沈繼賢傳書撰。

萊州府志　國朝知府海甯陳謙廷益撰。

汜水縣志二十二卷陳留縣志二十卷　國朝海甯許勉燉撰。

鹿邑縣志十二卷　國朝許州知州海甯許荄敦兮撰。

臺灣府志二十五卷　國朝錢塘范咸撰。

東平州志二十卷　國朝泰安知府海甯許維基抑恭撰。

祁陽縣志　國朝祁陽知縣錢塘何熊一齋撰，王梁子。

安仁縣志二卷　國朝給事中海甯陳黄永嗣叔撰。

酆都縣志　國朝海甯王廷獻撰。

江西通志一百七十卷　國朝海甯查慎行撰。

海鹽縣續圖經七卷　國朝海甯陳世倕撰。

錢塘縣志補　國朝錢塘吴允嘉撰。

海甯縣志補二卷　國朝翰林院編修海甯查祥星南撰。

偃師縣志十卷　國朝懷來知縣海甯張天翼冏彝撰。

蒲臺縣志　國朝兵馬司指揮餘杭嚴曾業廣成撰，沆子。

宣化府志四十卷口北三廳志十六卷　國朝錢塘金志章撰。

福州府志荆州府志　國朝貢生錢塘施廷樞慎甫撰。

瑞安縣志　國朝瑞安訓導於潛章昱撰。

平陽縣志二十卷　國朝仁和杭世駿撰。

福州八旗志　國朝錢塘汪沆撰。

福州府志七十二卷　國朝知府錢塘錢景熹璞齋撰。

臨榆縣志十四卷　國朝臨榆知縣海甯鐘和梅若羹撰。

扶風縣志　國朝湘陰知縣海甯許士杰醒夫撰。

歸德府志柘城志　國朝海甯查岐昌撰。

襄陽府志四十卷　國朝襄陽知府錢塘陳舒白崖撰。

武昌縣志十卷　國朝武昌知縣仁和邵遐齡錫園撰。

廣德州志五十卷甯志餘聞八卷兩浙地志録　國朝海甯周廣業撰。

丹陽縣志二十二卷　國朝丹陽知縣仁和邵廷謨撰。

海昌拾遺八卷補州志靈異傳一卷　國朝海甯周春撰。

魯山縣志二十六卷　國朝魯山知縣餘杭董作棟工求撰。

宣化郡志 國朝副貢仁和吴可馴南澗撰。

縣志舉正一卷備補一卷通載一卷 國朝貢生餘杭嚴啟煓楚鄰撰，曾業次子。

利川縣疆域圖志四卷 國朝利川知縣海甯管應祥備五撰。《杭郡詩續輯》作『《利川縣疆域圖攷》二卷』，兹從《海昌備志》。

禾志備采一卷誌餘拾遺一卷 國朝海甯許良謨撰。

南朝僑置州郡攷 國朝諸生海甯楊敬輿陸卿撰。

黔語二卷 國朝錢塘吴振棫撰。

廣州府志 國朝錢塘沈萩林撰。

南豐縣志 國朝知縣仁和陸名輔左之撰，嘉穎子。

祁陽縣志二十四卷 國朝祁陽知縣仁和萬在衡薌圃撰。

香山縣志八卷 國朝香山知縣仁和祝淮藕香撰。

贛州府志七十八卷 國朝安徽按察使仁和李本仁藹如撰，一云布政使，錢塘人。

海昌叢載二十八卷又漷陰志略 國朝諸生海甯管庭芬芷湘撰。

右地理類都會郡縣之屬

蕭山縣水利事蹟 宋錢塘項沖撰。

河渠議十篇 明仁和卓爾康撰。

河防要書十卷 國朝錢塘吴繼志撰。

河工見聞録一卷 國朝仁和邵遠平撰。

河防述言一卷 國朝僉事錢塘陳潢省齋撰。文淵閣著録。

案：《四庫》書目，《河防述言》附靳輔《治河奏績書》後。《乾隆志》作《治河述言》，謂：仁和張靄生述，陳潢與靳輔問答語。今改正。又《杭郡詩輯》稱潢所著有《河防摘要》，疑即是書。

水經注類鈔十五卷 國朝錢塘倪濤撰。

水經注駁議又蜀客談餘 國朝澤州知府錢塘朱樟鹿田撰。方婺如習《虚齋集》云：樟有蜀攷一書，或即《蜀客談餘》。

兩浙海塘通志二十卷 國朝海甯查祥撰。

備河紀要 國朝淮安同知仁和徐肇基石船撰。

水經注釋四十卷注箋刊誤十二卷附録二卷 國朝仁和趙一清撰。文淵閣著録，無附録二卷。

海塘録二十六卷 國朝仁和翟均廉撰。《四庫》附存目。

太湖水利考一卷甯鹽海塘議一卷 國朝海甯陳訏撰。

武林水利博議 國朝仁和張文嘉撰。

河防私議 國朝仁和黄樹穀松石撰。

治河偶編公牘偶存　國朝海甯張光復撰。

水利圖説　國朝餘杭嚴汝玉撰。

浙西水利説　國朝舉人海甯顧潤章漱六撰。

續行水金鑑一百五十卷　國朝仁和嚴烺與涇縣潘錫恩同撰。

畿輔水利志一百卷畿輔水利略五卷　國朝仁和蔣詩撰。

運河圖説二卷　國朝海甯周勛懋撰。

安瀾紀要回瀾紀要　國朝光禄寺卿錢塘許乃釗信臣撰，乃普弟。

水經注指掌　國朝錢塘夏曾傳撰。

右地理類河渠之屬

天源録五卷西域圖河西隴右圖　宋餘杭盛度撰。

薊遼定略　明海甯陳祖苞孝威撰。

靖海紀略四卷　明海寧曹履泰撰。

疆事紀要　明海甯陳之伸撰。

建夷考一卷　明錢塘林之盛撰。

九邊形勝考　明餘杭姚星吴撰。

天下海洋形勢説一卷 國朝錢塘汪沆撰。

蒙古圖志三十篇 國朝仁和龔自珍撰。

右地理類邊防之屬

天台山記一卷 唐錢塘徐靈府撰。

茅山志十五卷 元道士錢塘劉大彬撰。《四庫》附存目。

案:《四庫提要》云:《茅山志》有永樂癸卯胡儼序,稱舊志爲張雨所書,後燬於兵,姚廣孝復爲刊板,成化庚寅、嘉靖庚戌又重刊者再。據此,則張雨僅寫刻是書,而非兩撰矣。《乾隆志》竟以此書爲雨撰,誤,今改正。

黄山録四卷 明歙縣知縣錢塘傅巖野倩撰。

武林山志七卷 明仁和邵穆生撰。

東西天目山志八卷 明仁和章之采去浮撰。《四庫》附存目。

西湖遊覽志二十四卷志餘二十六卷 明錢塘田汝成撰。文淵閣著録。

西湖志類鈔三卷 明錢塘俞思冲以宗撰。

西湖圖説 明兵部侍郎錢塘何琮文璧撰。

硤川志一卷 明海甯潘廷章撰。《四庫》附存目。

案：《乾隆志》廷章有易象疏意易經指月入易類，作明諸生，此書下又云國朝人，先後互異，今依易類改作明人。

岱史十八卷 明海甯查志隆撰。

兩湖麈談十卷 明仁和沈儀懋〔三五〕撰。

西湖覽勝志十四卷 明杭州夏基樂只撰。文淵閣著録。

臨平記四卷 國朝仁和沈謙去矜撰。

案：《乾隆志》誤列都會郡邑之屬，今改正。

山海經廣注十八卷 仁和吴任臣撰。〔三六〕

武夷九曲志十六卷孤山志一卷 國朝錢塘王復禮撰。《武夷九曲志》，見《四庫》附存目。

閩江考 國朝錢塘王延年撰。

硤川山水紀略 國朝諸生海甯沈藩伯翰撰。

花溪備忘録四卷 國朝海甯祝定國撰。

玉海名山記 國朝錢塘張士斐撰。

南湖紀略六卷 國朝歲貢仁和邱峻晴巖撰。《四庫》附存目。

南湖水利略 國朝餘杭李禄來撰。

硤石山川志一卷 國朝監生海甯蔣宏任擔斯撰。《四庫》附存目。

案：《四庫提要》云：是書末有雍正戊申宏任自跋，稱舊有志略，前輩沈伯翰所集，其家伏羌令丹崖所訂，則仍舊稾增修也。《乾隆志》誤仍舊名作《硤山志略》，今改正。

西湖逸志　國朝仁和林瀾撰。

西湖水利考一卷　國朝海甯陳謙撰。

廬山志八卷　國朝海甯查慎行撰。

龍山拾遺　國朝通州知州海甯王師旦日明撰。

硤山圖志　國朝諸生海甯陳雲驤飛也撰。

三峯志　國朝舉人仁和盧潮生皛嶼撰，同子。

海潮集説　國朝錢塘吴焯尺鳧撰。

清涼山志十卷　國朝仁和關槐撰。

吴山志二十卷　國朝錢塘金志章撰。

西湖志纂十二卷　國朝東閣大學士錢塘梁詩正薌林撰。文淵閣著録。文濂子。

孤山志五卷　國朝仁和王曾祥麐徵撰。

華岳志　國朝刑部郎中杭州姚遠翻素山撰。

硤川新志二卷　國朝諸生海甯沈元鎮仁林撰。

瑞石山志二卷　國朝諸生錢塘莫棫、朱彭、趙時敏同撰。

臨平續記　國朝仁和潘雲赤撰。

案：《乾隆志》列都會郡邑之屬，今改正。

山海經道常艮山雜志湖山便覽十二卷　國朝仁和翟灝撰，《湖山便覽》與翟瀚、翟以權、朱點、倪一擎同輯。

海潮説一卷　國朝海甯周春撰。

花溪志十八卷花溪志補一卷　國朝海甯許良謨撰。

候潮圖説一卷　國朝貢生海甯陳敬禮印甫撰。

艮山雜志二卷　國朝諸生仁和黄柱砥菴撰。

金鼓洞志八卷皋亭小志　國朝仁和朱文藻撰。

捍海塘志一卷　國朝錢文瀚撰。

西湖圖説　國朝廩生錢塘聞人儒學山撰。

續語溪志四卷　國朝貢生錢塘何紀堂桐蓀撰，熊子。

虹橋堰小志　國朝海甯顧潤章撰。

雲夢記四卷　國朝海甯許朝採撰。

西湖小志　國朝舉人錢塘施紹武石樵撰。

東湖續志　國朝訓導仁和康葉封允吉撰。

海潮輯説 國朝監生海甯俞思謙潛山撰。

硤川續志二十卷 國朝諸生海甯王德浩松岑撰，廷獻孫。

東南諸山記一卷花溪雜志 國朝諸生海甯查奕慶葑湖撰。

普陀全勝 國朝舉人錢塘祝德風舟堂撰。

天竺山志十二卷 國朝海甯管廷芬撰。

芙蓉圩圖説二卷 國朝錢塘張之杲撰。

上天竺山志十五卷天目志徑山志 國朝徑山僧廣賓心海撰。《上天竺山志》，見《四庫》附存目。

北山無門洞志 國朝山僧菊逸撰。

流香一覽 國朝法華山僧明開具宜撰。

右地理類山水之屬

續西湖古蹟事實一卷 宋進士錢塘傅牧撰。

洞霄圖志六卷 宋錢塘鄧牧撰。文淵閣著録。

案：《洞霄圖志》既著録而附存目，又有《大滌洞天記》。《提要》云：舊本題鄧牧撰，核其書，即牧所撰《洞霄圖志》内《宫觀》、《山水》、《洞府》、《古蹟》、《碑記》五門，而删其《人物》。卷首吴、沈二序亦同，惟增入洪武三十一年正一嗣教真人張宇初一序。云今年春，某宫道人某，持宫志請序，將廣於梓。蓋明初道流重刻時，妄以其意删節之，而改其名也。據此，則《洞霄圖志》與《大滌洞天記》即是一書，《乾隆志》兩收之。今據《提要》，録《洞霄圖志》而删《大滌洞天記》。

錢塘勝蹟記五卷 宋西湖僧懷顯撰。

妙行志 宋本山僧義隆撰。

大滌洞天真境録 宋洞霄道士唐子霞撰。

栖真洞神光記 宋洞霄道士王思明撰。

洞霄宫舊鈔志 明無名氏撰。

金陵梵刹志五十二卷 明錢塘葛寅亮撰。《四庫》附存目作『五十三卷』，今仍《乾隆志》。

武林梵志十二卷 明浮梁知縣錢塘吴之鯨伯裔撰。文淵閣著録。

安國寺志二卷 明進士海甯董志稷撰。

通元觀志二卷 明仁和姜南撰。

慧因寺志十二卷 明李翥撰。

西溪梵隱志四卷 明海甯吴本泰撰。

西湖書院志 明南京兵部尚書仁和徐琦良玉撰。

乾元觀志 明海甯許令典撰。

佛日山淨慧寺志一卷 明僧大輪撰。

古杭崇聖院紀事一卷 明寺僧行素撰。

南屏淨慈寺志十卷 明寺僧太壑元律撰。《四庫》附存目。

理安寺紀四卷 明佛石巖僧如嵩山仲光撰。

安隱寺志四卷 國朝仁和沈謙撰。

皋亭顯甯寺志 國朝仁和徐氏撰。不著撰人名字。

吴山城隍廟志一卷 國朝錢塘顧嗚廷撰。

武林宫觀志 國朝錢塘吴允嘉撰。

通元觀志二卷 國朝錢塘吴陳炎撰。《四庫》附存目。

蘭亭志一卷 國朝錢塘王復禮撰。

靈隱寺志八卷 國朝仁和孫治宇台撰，枝曾孫。

鵝湖書院志三卷 國朝海甯查慎行撰。

吴山伍公廟志六卷 錢塘金志章撰。〔三七〕

聖因寺志三卷接待寺志二卷 國朝錢塘吴焯撰。

增修雲林寺志八卷 國朝錢塘厲鶚、舉人仁和張熷曦亮同撰。

昭慶律寺志十卷辨利院志四卷　國朝仁和吴穎芳撰。

海神廟志一卷　國朝海甯周春撰。

妙果山寺志一卷　國朝海甯許良謨撰。

洞霄宫志續六卷崇福寺志四卷續志一卷　國朝仁和朱文藻撰，《崇福寺志》與章庭棫同撰。

草堂辨利院志龍井記略南澗理安寺志資福院志　國朝仁和翟灝撰。

廣福廟志一卷　國朝錢塘丁申撰。

于忠肅公祠墓録十卷　錢塘丁丙撰。〔三八〕

崔府君祠録一卷　國朝仁和鄭烺撰。

洞霄宫志　國朝錢塘聞人儒撰。

金龍四大王祠墓録六卷　寧波教授錢塘仲學輅昴庭撰。〔三九〕

續修雲林寺志八卷　國朝仁和沈鑅彪撰。

城北天后宫志一卷龍井顯應胡公墓録一卷　國朝錢塘丁午撰。

聖果寺志一卷　國朝石屋僧超乾撰。

慧雲寺志二卷　國朝寺僧行盛撰。

武林慈雲講寺志八卷　國朝寺僧續法撰。

鳳凰山大報國寺考古録一卷　國朝本山僧智生靈繹撰。

祥符律寺紀略一卷　國朝寺僧湛等撰。

天龍寺志二卷　國朝徑山僧廣賓撰。

虎跑寺志四卷　國朝大慈僧法深本然撰。

惠力寺志一卷　國朝寺僧靈昭撰。

普明禪寺志五卷　國朝寺僧智乾則菴撰。

三生石合記一卷　國朝下天竺寺僧瑞麟等撰。

理安寺志八卷　國朝寺僧賓月智朗撰。

法相寺志四卷　國朝寺僧軼之撰。

右地理類古蹟之屬

夢粱録二十卷　宋錢塘吴自牧撰。文淵閣著録。

武林内外志　明仁和邵重生撰。

武林紀事八卷　明仁和吴瓚撰。字器之，官南通州知州。見《千頃堂書目》。

武林近事雜記　明錢塘馮廷槐撰。

吴山里人日記　明錢塘鄭華撰。

湖壖雜記一卷北墅緒言五卷 國朝江陰知縣錢塘陸次雲雲士撰。《湖壖雜記》，見《四庫》附存目。

武林志 國朝仁和林灡撰。

仙都廣志十卷 國朝伏羌知縣海甯蔣薰[四〇]聞大撰。

人海記二卷黔中風土記 國朝海甯查慎行撰。

嶺南二記二卷 國朝錢塘茅兆儒撰。

珠海奉使記一卷 國朝御史仁和龔翔麟天石撰。

蜀都碎事六卷 國朝通判仁和陳祥裔撰。

神州古史考一卷方輿通俗文一卷 國朝錢塘倪璠撰。《四庫》附存目。

清波小志三卷 國朝諸生錢塘徐逢吉紫凝撰，一字紫珊。

清波小志補三卷 國朝舉人仁和陳景鐘几山撰。

清波類志 錢塘莫栻撰。

東城雜記二卷 國朝錢塘厲鶚撰。文淵閣著録。

南漳子二卷 仁和孫之騄撰。《四庫》附存目。

案：《乾隆志》列地理類山水之屬，今據《四庫書目》正。[四一]

泉亭瑣事一卷 國朝錢塘汪沆撰。

褚堂閒史十二卷 國朝仁和趙一清撰。

銀川小志一卷 國朝諸生仁和汪繹辰陳也撰，泰來子。

西城雜記 國朝諸生仁和倪印元小迂撰，一擎子。

東城小志〔四二〕 國朝仁和朱文藻撰。

武林志餘三十二卷 國朝監貢錢塘張暘東榑撰。《四庫》附存目。

象墓通紀 國朝錢塘沈景煦撰。

湖墅志四卷 國朝諸生仁和魏標古愚撰。

塘棲志略 國朝布衣錢塘何琪春渚撰。

北隅掌録二卷 國朝諸生錢塘黄士珣薌泉撰。

定鄉雜著二卷 國朝仁和胡敬撰。

武林鴻爪録約略説 國朝錢塘施朝幹撰。

新門散記 國朝新城羅以智撰。

定鄉小志十六卷 國朝錢塘張道撰。

東城紀餘二卷 國朝錢塘楊文杰撰。

北隅綴録二卷續録二卷 錢塘丁丙撰。〔四三〕

湖墅舊聞二卷杭城里巷考信録二卷 國朝廬陵知縣錢塘王麟書松溪撰。

續臨平記 仁和張大昌撰。〔四四〕

右地理類雜記之屬

奉使雜録 宋學士杭州何鑄撰。

湖山游詠録 明仁和張震撰。

行程記 明杭州嚴光大撰。

紀游録 明海甯許令典撰。

豫游記 明海甯查繼佐撰。

金陵游記 明諸生海甯唐元浩易菴撰。

北游日記 明海甯陸嘉淑撰。

貴陽紀行録一卷 明貴州巡撫錢塘洪鐘雨峯撰。

官途紀略 明海甯沈志言撰。《四庫》附存目。

北行日記二卷 國朝餘杭嚴沆撰。

益州于役記四卷北解雜述一卷北行日記一卷晉陽行記一卷雲中記行一卷 國朝南安知府海甯陳奕禧子文撰。

陪獵筆記三卷廬山紀遊一卷 國朝海甯查慎行撰。

粤中行記 國朝海甯金英撰。

謁孔林記 國朝海甯許楹覺我撰。

潞河筆綴 國朝仁和龔翔麟撰。

盱游雜記 國朝仁和趙嘉楫撰。

出塞紀略二卷扈從紀略二卷 國朝海甯陳世安撰。

黔游紀略一卷 國朝監生海甯查嗣高梅廬撰。

燕臺紀略一卷阻風日記一卷都門下第録一卷 國朝監生海甯陳世瑞端木撰。

漕河行記一卷 國朝海甯陳世仁撰。

甌行海程記一卷 國朝海甯高爲儒汝爲撰。

龍泉舟中雜記松源紀行 國朝仁和孫之騄撰。

江行日記一卷 國朝商邱典史杭州高鳴驥固哉撰。

奉使日記 國朝餘杭嚴曾榘撰。

楚游紀程一卷 國朝諸生仁和楊楷雪門撰。

新安紀程 國朝錢塘汪沆撰。

九華日記 國朝許州知州錢塘周天度心羅撰。

西藏記述 國朝潛山知縣錢塘張海巨川撰。

豫游録 國朝海甯查岐昌撰。

客皖紀行二卷客皖録一卷冬集紀程一卷附録一卷過夏雜録六卷續筆一卷 國朝海甯周廣業撰。

黟山紀游一卷台宕遊覽志一卷 國朝監生海甯汪淮小海撰。

廣東使軺紀聞一百二十卷 國朝仁和關槐撰。又《扈從遼陽録》二卷。

入山録 國朝寧波教授仁和諸克任伊人撰。

喀喇沁于役記 國朝刑部員外郎海甯蘇琳崑圃撰。

楚行筆記齊行筆記 國朝銅仁知縣海甯沈心醇抱曾撰。

採硫日記 國朝諸生仁和郁永河滄浪撰。一名《稗海紀略》。

西征日記晉藏小録旃林紀略拉臺四境番族應差 國朝銅梁知縣海甯徐瀛洲士撰。

西湖游紀 國朝汝陽知縣海甯查人漢仲湛撰。

越游小録 國朝海甯管庭芬撰。

閩雜記二十六卷 國朝錢塘施鴻保撰。

右地理類游記之屬

新羅國記一卷　唐鹽官顧愔撰。

使遼圖鈔一卷　宋錢塘沈括撰。

案：《乾隆志》重見傳記類，今删彼存此。

政和大理入貢録一卷　宋迪功郎錢塘周邦政撰。載其祖穜論大理國入貢事。

奉使録二卷　明海甯張甯撰。《四庫》附存目。

朝鮮紀事一卷　明尚書錢塘倪謙克讓撰。《四庫》附存目。

華夷風土志四卷蠃蟲録四卷　錢塘胡文焕撰。〔四五〕

裒海編　國朝仁和汪鵬翼蒼撰。

黎岐雜記　文昌知縣仁和沈名滄麟洲撰。〔四六〕

入紘譯史四卷紀餘四卷八紘荒史一卷峒溪纖志三卷志餘一卷　國朝錢塘陸次雲撰。《四庫》附存目。

案：《乾隆志》誤列地理雜記之屬，今據《四庫書目》改正。

右地理類外紀之屬

金坡遺事三卷　宋錢塘錢惟演撰。

案：《乾隆志·地理雜記類》重收此書，誤作《金陵遺事》，今據《世善堂書目》作《金坡遺事》，删彼録此，又《補五代史藝文志》作《金陵事實》，殆即是書。

職林十二卷 宋錢塘楊大雅撰。

沿革制置勅三卷 宋餘杭盛度撰。

熙甯詳定諸色人厨料式一卷 宋錢塘沈括撰。

太常志十卷 明仁和夏時正撰。

吏部職掌八卷 明仁和張瀚撰。

鹵簿儀制車服圖志 明餘杭鄒濟撰。

畱都武學志五卷 明揚州知府海甯徐伯徵孺臺撰。《四庫》附存目。

中書典故彙記 國朝漢陽同知仁和王正功莪山撰。

國子監志 國朝國子監學録錢塘王雲廷文山撰，元斌子。

武闈備要 國朝江西永新守備海甯陳之熊季連撰。

都察院題名記一卷 國朝海甯陳世倌撰。

明閣臣考略一卷明三元考略四卷 國朝貢生海甯錢宏祖仰泉撰。

進士通譜四十四卷昭代賢書十五卷續三元攷二卷 國朝海甯許勉燉撰。

案：《續三元考》，《乾隆志》附入政書儀制之末，今依《三元攷略例》改列官制之屬。

國朝館選録浙江歷朝職官彙考二卷　國朝仁和沈廷芳撰。

補漢官儀一卷季漢官職封爵二卷浙江鄉會副榜考二卷　國朝海甯周廣業撰。

漢官拾遺一卷　國朝仁和龔自珍撰。

唐科目記　國朝仁和胡敬撰。

唐折衝府考　國朝仁和勞笙士撰。

唐御史臺精舍題名一卷唐郎官石柱題名一卷　國朝泰州知州仁和趙鉞雩門撰。

唐御史臺精舍題名考三卷唐郎官石柱題名考二十六卷　國朝仁和勞格星甫撰。

唐浙中長官考一卷　國朝錢塘張道撰。

右職官類官制之屬

督撫中州學正書七卷　明仁和鍾化民撰。

藥洲學政　明申汝成撰。

西江治譜十五卷　明錢塘陸運昌撰。

東範五篇　明江西巡撫仁和李昂文舉撰。

致治新書　國朝舉人仁和張壇步青撰。

爲政指南　國朝錢塘范炳虎徵撰。

政學編一卷　國朝海甯楊雍建撰。

西林治略　國朝山西道御史錢塘趙蒼璧晉襄撰。

臨民金鏡録　國朝貢生仁和趙殿成松谷撰，殿最從弟。

文武金鏡律例指南十六卷　國朝杭州凌銘天麟石撰。《四庫》附存目。

爲政第一編八卷　國朝錢塘孫鋐可菴撰。《四庫》附存目。

政學録初編　國朝河南巡撫錢塘陸言心蘭撰。

右職官類官箴之屬

通典録　宋餘杭盛度撰。

經濟要指　明仁和邵經邦撰。

經濟日鈔　明仁和鍾化民撰。

攷古謚法一卷　錢塘胡文焕撰。〔四七〕

通考纂略十卷　國朝仁和柴紹炳撰。

補録文獻通考八十卷文獻通考正續纂四十四卷　國朝錢塘吴農祥撰。

經世篇　國朝諸生海甯查玧宏所撰。

文獻通考纂明禮考　國朝海甯沈珩撰。

續文獻通考補 國朝海甯朱奇齡撰。

經濟編 國朝餘杭孫楊美撰。

經世全書 國朝海甯朱儼思撰。

經世書一百六十卷 國朝敘州推官海甯朱嘉徵珉左撰。

經濟略 國朝海甯酆秉謙撰。

通考略 國朝錢塘李式玉撰。

通志略刊誤 國朝杭州蔣師爚撰。

通志氏族略辨徵 國朝錢塘諸以敦撰。

右政書類通制之屬

古今年號録五卷 宋臨安府免解進士侯望撰。

歷代紀年又甲子圖一卷 明禮部左侍郎錢塘李旻子陽撰。

頖宫禮樂疏十卷 明太僕寺少卿仁和李之藻振之撰。文淵閣著録。

小學禮輯 明仁和楊廷筠撰。

禮樂彙編 國朝仁和應撝謙撰。《杭郡詩輯》作《禮樂全書》，今仍《乾隆志》。

古今謚法攷二十四卷 國朝仁和吴兆隆撰。

禮樂全書四十卷　國朝仁和沈佳撰。

謚法考　國朝海甯陳邦彦撰。

國朝謚法考　國朝錢塘金志章撰。

古今年譜　國朝仁和趙殿成撰。

杭府仁錢三學洒埽職一卷　國朝翰林院侍講學士錢塘梁同書亢穎等撰。

周世年考一卷　國朝海甯周廣業撰。

元號畧四卷　錢塘梁玉繩撰。〔四八〕

歷代建元考　國朝海甯沈心醇撰。

歷代紀年録　國朝海甯潘德音撰。

國朝謚法攷六卷　國朝仁和趙鉞撰。

歷代年號統系表年號續表　國朝禮部尚書仁和龔守正季思撰，麗正弟〔四九〕。

歷代紀年彙攷正編一卷　國朝新城羅以智撰。

典客道古録一卷奉常道録一卷　仁和龔自珍撰。〔五〇〕

歷代甲子紀年表一卷　國朝教諭仁和董醇杏塍撰。

右政書類儀制之屬

庸調租賦三卷 宋餘杭盛度撰。

荊南榷志十卷 明仁和邵經邦撰。

黑白鹽井事宜六衛倉條格二卷 明錢塘陳善撰。

北新關志 明錢塘田藝蘅撰。

山東鹽法志四卷 明海甯查志隆撰。

兩浙賦役考 國朝錢塘吴允嘉撰。

賦役通考 國朝海甯盧軒撰。

兩浙鹽法志兩淮鹽法志 國朝海甯查祥撰。

救荒説十六卷義倉常平議十卷 國朝仁和張文嘉撰。

荒政叢書十卷 國朝湖廣布政司參議錢塘俞森存齋撰。文淵閣著録。

捕蝗考一卷先憂集〔五一〕 國朝仁和陳芳生撰。《捕蝗考》，文淵閣著録。〔五二〕

泉刀匯纂 國朝仁和邱峻撰。《四庫》附存目。

濟荒一卷 國朝監生海甯查景士瞻撰。

捕蝗要法一卷 國朝貢生海甯史正義茗湄撰。

救荒要術　國朝海甯吴應和撰。

兩浙賦役備考二十卷救荒便覽四卷錢通補遺二卷　國朝光禄寺署正仁和凌詠達夫撰。

荒政輯要　國朝錢塘許乃釗撰。

鈔幣論一卷　國朝户部貴州司主事海甯許楣辛木撰。

兩淮鹽法芻議四卷　世襲騎都尉兩淮海州鹽運分司仁和鄭琦抉雲撰。〔五三〕

右政書類邦計之屬

軍法十八條　明仁和李昂撰。

海防聞見録　國朝錢塘江衡撰。

臺灣兵備志十八卷　國朝仁和蔣詩撰。

城守輯要鄉守輯要　國朝錢塘許乃釗撰。

泰州保衛記一卷　國朝錢塘張之杲撰。

右政書類軍政之屬

瑣言摘附一卷　明錢塘胡文焕撰。〔五四〕

一成黏壁語四卷　明海甯董志稷撰。《海昌備志》云皆任廣東司理時所定讞詞。

汀李爰書 國朝汀州司理餘杭趙最我唯撰。

平黎明議 仁和沈名滄撰。〔五五〕

可矜録 國朝錢塘金應麟撰。

刑部比照加減成案 國朝海甯許槤撰。

右政書類法令之屬

修城法式條約二卷 宋錢塘沈括同吕和卿等撰。

準齋几漏圖式一卷 宋富陽孫逢吉彦囘撰。

案：志稿有『《經界弓量法》一卷。元治中，海甯王居安達五撰』。今攷《宋史・藝文志》子部農家類，有王居安《經界弓量法》一卷，乃宋黄巖王少保居安，字簡卿，非元人也。今删。

修備紀略一篇 明舉人海甯周宗彝五重撰。記崇禎末修備硤石市闗廂水栅事宜。

浮梁陶政志一卷 國朝錢塘吴允嘉撰。《四庫》附存目。

右政書類考工之屬

刑部書目 明海甯許士奇撰。《嘉禾徵獻録》〔五六〕云：『士奇任南刑部福建司主事。提刑署有藏書，輯書目校而序之。』

香夢樓藏書目一卷　明諸生海甯周文熻悔如〔五七〕撰。

春暉堂書目　國朝海甯陳邦彦撰。

海鹽縣藝文續編八卷　國朝海甯陳世倕撰。

古今僞書攷一卷　國朝錢塘姚際恆撰。

楊園先生全集目録一卷　國朝諸生海甯范鯤北溟撰。

學稼軒書目三卷　國朝海甯許焻撰。

薰習録二十卷　國朝錢塘吴焯尺鳧撰。

説郛書目注十卷　國朝監生海甯陳師曾孝先撰。

古今藝文志八十卷兩浙經籍志　國朝仁和杭世駿撰。

續經義考四十卷　國朝仁和沈廷芳撰。

小山堂藏書目二卷　國朝仁和趙一清撰。

毘陵經籍志四卷　國朝仁和盧文弨撰。

藏書題識五卷　國朝太常寺博士錢塘汪璐仲連撰，憲子。

道古樓藏書目一卷　國朝揚州推官海甯馬思贊仲安撰。

甯邑藝文前編四卷　國朝海甯周春撰。

書城偶輯四卷 國朝海甯陳萊孝撰。

枕經樓藏書目録四卷 國朝鹽課司大使海甯陳敬簡可齊撰。

易傳辨異四卷 國朝仁和翟均廉撰。《四庫》附存目。

案：《乾隆志》列易類。今據《四庫書目》移此，以其書非説易義也。

海昌經籍志備考一卷 國朝海甯吴騫撰。

經籍跋文一卷 國朝海甯陳鱣撰。

經義考補遺 國朝海甯陸茂增撰。

振綺堂書目五卷 國朝刑部主事錢塘汪誠十邨撰。誠祖憲有《書録》十卷，父璐有《題識》五卷，子邁孫有《簡明目》二卷。此五卷最爲詳括。

拜經樓藏書題跋記六卷 國朝海甯吴壽暘撰。

清吟閣藏書目一卷 國朝仁和瞿瑛撰。

經義考校勘記二卷華鄂堂藏書目四卷 國朝監生海甯胡爾榮廉石撰。

開萬樓藏書目 國朝錢塘汪庚撰。

位西所見書目二十卷 國朝仁和邵懿辰撰。一名《四庫書目考》。〔五八〕

東湖叢記 國朝貢生海甯蔣光煦生沐撰。

菋文待訪録一卷 國朝新城羅以智撰。

海昌經籍志證　國朝海甯管庭芬〔五九〕撰。

善本書室藏書志三十卷　錢塘丁丙撰。〔六〇〕

善本書室題識一卷　國朝錢塘丁午撰。

武林藏書録三卷　錢塘丁申撰。〔六一〕

小鄉嬛室藏書述一卷　錢塘唐恭安撰。述父廷綸教授越州時藏書板本題識。〔六二〕

百城紀續二卷　仁和鄭琦撰。〔六三〕

澄園存目二卷待訪録一卷　世襲騎都尉仁和鄭家學伯塤撰。〔六四〕

右目録類經籍之屬

吴越石壁記一卷　五代吴越王臨安錢鏐撰。見《補五代史蓺文志》。

蘭亭續考二卷　宋錢塘俞松壽翁〔六五〕撰。文淵閣著録。

寶刻叢編二十卷　宋陳思輯。文淵閣著録。

周秦刻石釋音一卷鐘鼎韻一卷　元錢塘吾邱衍撰。《周秦刻石釋音》，見文淵閣著録。

案：《乾隆志》誤列小學字書之屬，今據《四庫書目》改正。〔六六〕

金石遺文録十卷封叟題跋一卷　國朝海甯陳奕禧撰。《四庫》附存目。

石經書論彙鈔四卷石鼓文彙鈔五卷先秦石刻録三卷漢碑覽勝集十卷鐘鼎文録要六卷

武林石刻記　國朝錢塘倪濤撰。

歷代鐘鼎欵識　國朝海甯馬思贊撰。

秦漢瓦當圖記五卷古金待問録四卷〔六七〕續録一卷雍州金石記一卷　國朝錢塘朱楓排山撰。

武林金石記　國朝布衣錢塘丁敬敬身撰。

歷代鐘官圖經七卷語石外編一卷　國朝海甯陳萊孝撰。

扶風縣石刻記一卷興平縣金石志一卷　國朝錢塘黄樹穀撰。

碑帖偶筆一卷　國朝海甯周春撰。

石經紀略一卷桐川石墨一卷　國朝海甯周廣業撰。

石經考異二卷　國朝仁和杭世駿撰。

金石文釋六卷　國朝仁和吴穎芳與錢塘汪憲同撰。

石經考證一卷　國朝錢塘陳寅撰。

太學石鼓補考　國朝仁和翟灝撰。

小蓬萊閣金石文字十卷嵩洛訪碑録一卷武林訪碑録一卷　國朝錢塘黄易小松撰，樹穀子。

誌銘廣例二卷　國朝錢塘梁玉繩撰。

竹葉碑釋文　國朝海甯陳以綱撰。

石經考續二卷　國朝仁和趙坦撰。

唐石經考異二卷蜀石經毛詩殘本考異一卷國山碑攷一卷陽羨磨崖紀略　國朝海甯吴騫撰。

南北朝石刻文字攷南宋石經考　國朝貢生海甯楊文蓀芸士撰。

石經説六卷兩漢金石記　國朝海甯陳鱣撰。

谷水校碑録　國朝海甯吴應和撰。

關中金石志二卷　國朝舉人海甯陳均敬安撰。

竹崦盦金石目五卷〔六八〕　國朝恩貢仁和趙魏晉齋撰。

王右軍帖攷注　國朝仁和汪家禧撰。〔六九〕

家藏碑帖誌　國朝仁和汪震東伯撰。

蜀石經殘本毛詩攷證二卷　國朝餘杭嚴杰撰。

金石稡編補輯　國朝海甯朱元吕撰。

古均閣寶刻録　國朝海甯許槤撰。

閣帖源流考證四卷　國朝諸生仁和趙家淦雁湄撰。

吴中金石録八卷古磚釋文二卷　國朝丁莊撰。

商周彝器文録羽琌山金石墨本記五卷瓦韻一卷〔七〇〕　國朝仁和龔自珍撰。

金石稡編補略二卷　國朝仁和王言撰〔七一〕。

績語堂碑録　國朝浦南場大使仁和魏錫曾稼孫撰。

瓦當文類考　國朝海甯許光清撰。

兩浙金石志補遺　國朝海甯僧達受撰。

右目録類金石之屬

閱史管見　明錢塘瞿佑撰。

青史衮鉞六十卷　明仁和郎瑛撰。

讀史辨疑　明仁和江瀾撰。

讀史評四卷　明仁和楊廷筠撰。

史雋　明錢塘許應元撰。

史論二卷　明海寧談遷撰。《海昌備志》作六卷，今仍《乾隆志》。

史論十卷　明舉人海甯朱一是近修撰。

史論四卷　明仁和翁菁仁倩撰。

漢書雋　明海寧陳許廷撰。

訓蒙史論　明餘杭周禮撰。

刪改史論十八卷　明海寧張甯撰。

史記輯評參補二十四卷　明順天巡撫海甯陳祖苞爾翔撰。

史記鉤元八卷　明海寧陳之伸撰。

史論一卷續　明海寧陸嘉淑撰。

史論　明海寧查繼佐撰。

史論史略　明諸生錢塘張右民用霖撰。

史斷　國朝進士海甯許惟楷端平撰。

歷代史論　國朝富陽邵光允撰。

嘯臺讀史五十卷緑窗讀史五十卷　國朝錢塘吴農祥撰。

史鑑辨訛　國朝海甯吕治平撰。

史論一卷　國朝舉人錢塘沈璇巨門撰。

讀史記疑　國朝海甯張朝晉撰。

史論二十卷　國朝中河通判海甯陳麟軒成撰。

史鱗　國朝錢塘沈名蓀撰。

史紳 國朝錢塘李式玉撰。

歷代史評前史實用 國朝錢塘吴模撰。

史斷 國朝海甯查玧撰。

讀史蠡測 國朝諸生海甯王中驥春圃撰。

讀史偶評六卷附録三卷 國朝海甯許朝埰撰。

南北史緯二卷 國朝副貢錢塘吴國梁書山撰。

類史證治 國朝海甯朱雝模撰。

讀史舉正八卷 國朝仁和張熷撰。

史漢評林訂誤 國朝禮部侍郎仁和金甡雨叔撰，虞弟。

史論隨筆 國朝海甯孫珠撰。

讀史巵言 國朝錢塘金文湆撰。

大禮折衷 國朝海甯查世佐撰。

續博議 國朝海甯陸任知撰。

前漢書蠡酌四卷 國朝海甯查虞昌撰。

史評十二卷 國朝翰林院編修錢塘何玉梁樟亭撰，裔雲子。

讀史初階二卷　國朝杭州李耿崖撰，名未詳。

史通拾繁　錢塘唐恭安撰。〔七二〕

右史評類

校勘記

〔一〕《〔民國〕杭州府志·藝文志》作『史記疏證前漢書疏證後漢書疏證三國志補注六卷晉書補傳贊北齊書疏證北史搴稂金史補二十卷諸史然疑一卷』。

〔二〕《〔民國〕杭州府志·藝文志》作『通鑑紀事本末補後編五十卷』。

〔三〕原文作『姚之駰』，據《〔民國〕杭州府志·藝文志》改。

〔四〕本條《〔民國〕杭州府志·藝文志》入雜史類。

〔五〕《〔民國〕杭州府志·藝文志》作『續宏簡録四十二卷』。

〔六〕本條《〔民國〕杭州府志·藝文志》入載記類。

〔七〕本條底本無，據《〔民國〕杭州府志·藝文志》補。

〔八〕本條底本無，據《〔民國〕杭州府志·藝文志》補。

〔九〕原文作『浦』，當爲『補』之誤。

〔一〇〕《〔民國〕杭州府志·藝文志》作『國語韋注疏』，清朱記榮《國朝未刊遺書志略》亦作『國語韋注疏』，疑應從。

〔一一〕原文作『干』，當爲『千』之誤。

〔一二〕本條底本無，據《〔民國〕杭州府志·藝文志》補。

〔一三〕本條底本無，據《〔民國〕杭州府志·藝文志》補。

〔一四〕本條底本無，據《〔民國〕杭州府志·藝文志》補。

〔一五〕原文作『�』，據《〔民國〕杭州府志·藝文志》改。

〔一六〕原文作『姚』，據《〔民國〕杭州府志·藝文志》改。

〔一七〕原文作『昭』，當爲『昭』之誤。

〔一八〕本條底本無，據《〔民國〕杭州府志·藝文志》補。

〔一九〕本條底本無，據《〔民國〕杭州府志·藝文志》補。

〔二〇〕本條底本無，據《〔民國〕杭州府志·藝文志》補。

〔二一〕原文作『瞿灝』，據《〔民國〕杭州府志校勘記》改。

〔二二〕本條底本無，據《〔民國〕杭州府志·藝文志》補。

〔二三〕本條底本無，據《〔民國〕杭州府志·藝文志》補。

〔二四〕《〔民國〕杭州府志·藝文志》作『宜』。

〔二五〕《〔民國〕杭州府志·藝文志》作『宜』。

〔二六〕本條底本無，據《〔民國〕杭州府志·藝文志》補。

〔二七〕原文作『姚之駰』，據《〔民國〕杭州府志·藝文志》改。

〔二八〕本條底本無，據《〔民國〕杭州府志·藝文志》補。

〔二九〕《文獻通考》卷二百作『禹』。

〔三〇〕本條《〔民國〕杭州府志·藝文志》入雜史類。

〔三一〕《〔民國〕杭州府志·藝文志》作『海昌掌故録十二卷海昌勝覽二十卷代北姓譜二卷遼金西夏書十五卷元姓譜一卷』。

〔三二〕本條底本無，據《〔民國〕杭州府志·藝文志》補。

〔三三〕原文作『朱履』，據《四庫全書總目》（中華書局一九六五年版）第五九六頁改。

〔三四〕《〔民國〕杭州府志·藝文志》誤作『姚星大』。

〔三五〕原文作『沈儀』，據《〔民國〕杭州府志·藝文志》改。

〔三六〕本條底本無，據《〔民國〕杭州府志·藝文志》補。

〔三七〕本條底本無，據《〔民國〕杭州府志·藝文志》補。

〔三八〕本條底本無，據《〔民國〕杭州府志·藝文志》補。

〔三九〕本條底本無，據《〔民國〕杭州府志·藝文志》補。

〔四〇〕原文作『蔣董』，據《〔民國〕杭州府志校勘記》改。

〔四一〕本條底本無，據《〔民國〕杭州府志·藝文志》補。

〔四二〕《〔民國〕杭州府志·藝文志》作『武林舊聞東城小志』。

〔四三〕本條底本無，據《〔民國〕杭州府志·藝文志》補。

〔四四〕本條底本無，據《〔民國〕杭州府志·藝文志》補。

〔四五〕本條底本無，據《〔民國〕杭州府志·藝文志》補。

〔四六〕本條底本無，據《〔民國〕杭州府志·藝文志》補。

〔四七〕本條底本無，據《〔民國〕杭州府志·藝文志》補。

〔四八〕本條底本無，據《〔民國〕杭州府志·藝文志》補。

〔四九〕《〔民國〕杭州府志校勘記》删『麗正弟』。

〔五〇〕本條底本無，據《〔民國〕杭州府志·藝文志》補。

〔五一〕《〔民國〕杭州府志·藝文志》作『先憂叢鈔三十七卷』。

〔五二〕《〔民國〕杭州府志·藝文志》作『仁和陳芳生撰。文淵閣著録，有《捕蝗考》一卷，即其一也』。

〔五三〕本條底本無，據《〔民國〕杭州府志·藝文志》補。

〔五四〕本條底本無，據《〔民國〕杭州府志·藝文志》補。

〔五五〕本條底本無，據《〔民國〕杭州府志·藝文志》補。

〔五六〕原文作『嘉禾獻徵録』，當爲『嘉禾徵獻録』之誤。

〔五七〕周明輔長子，其名各處資料不一，《海寧市志》（漢語大詞典出版社，一九九五年版）第九七七頁稱『周文衎』。字晦如，《海寧市志》與《嘉興明清望族疏證》（方志出版社二〇一一年版）第九三八页所載一致。《嘉興明清望族疏證》稱其號行于。

〔五八〕《〔民國〕杭州府志·藝文志》本條作『四庫簡明目録標注二十卷，仁和邵懿辰撰』。

〔五九〕原文作『管廷芬』，據《〔民國〕杭州府志校勘記》改。

〔六〇〕本條底本無，據《〔民國〕杭州府志·藝文志》補。在《〔民國〕杭州府志·藝文志》中，本條與下一條『善本書室題識一卷』位於同一行。

〔六一〕本條底本無，據《〔民國〕杭州府志·藝文志》補。

〔六二〕本條底本無，據《〔民國〕杭州府志·藝文志》補。

〔六三〕本條底本無，據《〔民國〕杭州府志·藝文志》補。

〔六四〕本條底本無，據《〔民國〕杭州府志·藝文志》補。

〔六五〕原文作『俞壽松翁』，據《四庫全書總目》（中華書局一九六五年版）第七三七頁改。俞松，字壽翁。

〔六六〕本條《〔民國〕杭州府志·藝文志》入小學類字書之屬。

〔六七〕原文作『古金石待問録四卷』，據《〔民國〕杭州府志·藝文志》改。

〔六八〕《〔民國〕杭州府志·藝文志》作『竹崦盦金石目五卷華山石刻表一卷』。

〔六九〕本條《〔民國〕杭州府志·藝文志》入藝術類書畫之屬。

〔七〇〕《〔民國〕杭州府志·藝文志》作『商周彝器文録羽琌山金石墨本記五卷羽琌之山典寶記二卷瓦韻一卷』。

〔七一〕《〔民國〕杭州府志·藝文志》作『國朝仁和王言蘭谷撰』。

〔七二〕本條底本無，據《〔民國〕杭州府志·藝文志》補。

藝文三

子部上

三名論一卷 齊鹽官顧歡撰。

心鏡三十篇翼善記 唐鹽官褚〔一〕无量撰。

翼善書又孺子問 宋錢塘盧楨撰。

集曾子十八篇章氏家訓七卷 宋昌化章樵撰。

省心録一卷 宋錢塘林逋撰。《浙江通志》作《省心詮要》，兹仍《乾隆志》。

本治論十篇 宋進士錢塘沈遘文通撰。《浙江通志》作十卷，兹仍《乾隆志》。

聖門事業圖一卷西銘解一卷 宋錢塘李元綱撰。《聖門事業圖》，見《四庫》附存目。

無垢先生心傳録十二卷横浦日新録二卷無垢語録十四卷言行編遺文共一卷 宋錢塘張

九成撰《心傳録》；九成甥于恕編《日新録》；門人郎氏記語録諸篇；徐鹿卿德夫裒輯。

荀子注　宋餘杭趙汝談撰。

準齋雜説二卷　宋臨安吴如愚撰。文淵閣著録，從《永樂大典》録出。

荀子注　宋於潛洪咨夔撰。

燕翼録四卷　宋昌化章楷撰。

涪陵紀善録　宋承議郎黔州節度判官臨安馮忠恕撰。《浙江遺書總録》作一册。

董子雅言　元淩緯撰。

訓蒙要言[一]　明新城袁時億撰。

不欺録　明仁和胡世甯撰。

太極心性圖説　明臨安任道遜撰。一作温州永嘉人，今仍《乾隆志》。《千頃堂書目》又有『《雲山樵語》，字克誠』。

警心崇説　明餘杭周禮撰。《千頃堂書目》『崇』作『叢』。

家訓一卷　明海寧祝鋹仲堅撰。

自警新編　明錢塘陳善撰。

約言　明教諭海甯朱舜臣省吾撰。

正學編　明常州通判餘杭俞景寅人伯撰。

性理輯三卷又家訓　明仁和孫枝撰。

家訓一卷　明海甯祝淇汝淵撰。

箕裘發微雪坡蕪稿　明贈大理寺少卿海甯查繪原素撰。

程子張子遺書補注　明錢塘王潼本泖撰。

學訓　明禮部主事仁和王洪希範撰。

還湻録　明福建布政使海甯查約原博撰。

從吾道人語録一卷　明海甯董澐子濤撰。

朱陸同源　明錢塘許嶽子浚撰。

冥影契一卷　明海甯董穀撰。

聖學全書真儒藎語紫陽正脈　明海甯董淞撰。

宏道録五十七卷　明仁和邵經邦撰。

道器圖説　明仁和宋應昌撰。

困亨録近仁説體仁類編洗心劄記宋明學鈔敎學粹言　明仁和楊廷筠撰。

食色紳言二卷省身格言一卷明善要言一卷厚生訓纂六卷　錢塘胡文焕撰。〔三〕

性學統宗　明贈刑部主事海甯周甸維治撰。

疊菴雜述二卷　明海甯朱朝瑛撰。《四庫》附存目。

許氏貽謀四則一卷　明海甯許相卿撰。

學制膚言五卷　明錢塘陸運昌撰。

勸忍百箴四卷　明仁和許名奎撰。

端峯遺範録　明仁和邵鋭男存省撰。

經書孝語　明諸生仁和朱鴻子漸撰。《四庫》附存目。

性理會通七十卷續編四十二卷　明錢塘鍾人傑瑞先撰。《四庫》附存目。

天人合脈一卷五簋約一卷　明工部侍郎海甯祝以豳惺存撰。

西銘問答一卷　明海甯施璜虹玉撰。《四庫》附存目。

示兒日鏡　兩淮鹽使海甯徐伯徵儒台撰。〔四〕

家訓一卷　明諸生海甯查大輅龍屏撰。

愚千齋稿　明廬州知府海甯史啓英孟華撰。

自懲要則　明海甯裴一中復菴撰。

聖學正宗景行録困學記語録十卷　明海甯郭凝之撰。

家範集要　明海甯張鴞廷原撰。

訓俗家約 明海寧高文濩撰。

性理約言八卷 明副貢海甯宋襄方旦撰。

詒燕堂家訓一卷 明拔貢海甯酆鉉鼎玉撰。

士則一卷 明諸生海甯祝以洲芹陽撰。

祝子遺書四卷附録一卷心意問答注一卷日省編一卷師説二卷 明海甯祝淵撰。《祝子遺書》及《附録》，見《四庫》附存目。

聖學宗傳 明餘杭嚴調御撰。

湻村家誡〔五〕**一卷** 明常熟知縣海甯曹元方介皇撰。

景行録四卷集異録一卷書訓五卷 明海甯陸嘉淑撰。

家訓四卷 明海寧查繼雯含章撰。

警心語 明海甯姜之珩同藺撰。

叢桂堂家約一卷女訓一卷講義一卷蕺山先生語録又學譜 國朝海甯陳確撰。

黄氏家鑑又樞鏡録 國朝文華殿大學士錢塘黄機次辰撰。

婦德四箴 仁和徐士俊撰。〔六〕

性理大中二十八卷幼學養蒙編朱子集要 國朝仁和應撝謙撰。《性理大中》，見《四庫》附存目。

河洛正學粹言 國朝富陽邵光允撰。

紫陽大旨八卷 國朝錢塘秦雲爽開地撰。《四庫》附存目。

學論 國朝海甯陳之問撰。

罔極録四卷 國朝海甯許楹撰。

理學就正言十卷 國朝海甯祝文彦撰。

啓承編 國朝海甯許楷撰。

宋五子要言四先生輯畧家法論古今升降編言行録居求録 國朝仁和沈蘭先撰。

性理解十卷 國朝錢塘趙蒼璧撰。

柴氏家訓四卷省過紀年録明理論 國朝仁和柴紹炳撰。

葉氏家訓四卷 國朝諸生昌化葉藩錫侯撰。

迪德録 國朝錢塘吴以英在梵撰。

白鹿彙編 國朝仁和張文嘉撰。所載《白鹿洞規》、《胡敬齋學規》、《朱子鄉約》諸篇，見孫治撰傳。

五倫奉持 國朝錢塘吴模撰。

蓄德録醒心録世寶録 國朝錢塘戴大受與可撰。

太極圖説論十六卷 國朝内閣中書錢塘王嗣槐仲昭撰。《四庫》附存目作十四卷，今仍《乾隆志》。

會語支言四卷　國朝河陽知縣仁和陸鳴鼇石菴撰。《四庫》附存目。

小學注　國朝臨安駱鐘麟撰。

浙學傳是編六卷　國朝海甯許汝稷撰。

明心録　國朝臨淄知縣海甯查嗣馨師蘧撰。

約心編　國朝海甯吴應鳳爾期撰。

四先生學約性理纂集德精語耿巖家訓　國朝海甯沈珩撰。

家教録二卷　國朝海甯查璇繼介菴撰。

勵志録二卷　國朝錢塘沈近思撰。

衍極書一卷　國朝海甯郭濬撰。

三子定論五卷　國朝錢塘王復禮撰。《四庫》附存目。

載道録六十卷聖言會編十卷文中子設教讀經十卷　國朝海甯許焻撰。

義學順規四卷　國朝海甯陳詵撰。

相勉集　國朝海甯史宗遴撰。

省僁録　國朝仁和沈佳撰。

學質辨疑一卷仁愛叢説一卷養正初訓一卷建中録内外篇三十二卷訓士學古録六卷訓

俗質言三卷教習郛言三卷呻吟語纂一卷 國朝海甯陳世倌撰。

敬一講録 國朝海甯吕治平撰。

辨惑六篇 國朝諸生海甯沈袾點謙無撰。

理學淵源十卷切近編四卷 國朝仁和沈廷芳撰。《切近編》與桑調元同纂。

躬行實踐録十五卷 國朝錢塘桑調元撰。《四庫》附存目云：『此書本名《夜炳録》。』

不惑論 國朝海甯吴文中心安撰。

小學集注 國朝諸生海甯朱達有聲撰。

繼述録四卷心影集八卷 國朝海甯李士麟撰。

省克録一卷家約一卷葬會約 國朝海甯張朝晉撰。

考古辨誣編 國朝永昌知縣仁和蔣祝賡三撰。

思永堂家訓二卷 國朝海甯沈異絅菴撰。

超然閣誡言一卷 國朝諸生海甯陳檝世夢弼撰。

小學説約六卷 國朝海甯陳麟撰。

朱陸異同辨二卷 國朝貢生海甯管宏浚子先撰。

良知辨 國朝諸暨教諭海甯董上容吕明撰。

載道編　國朝海甯陳世佶撰。

寶言堂家戒輯聞理欲消長圖説　國朝錢塘王雲廷撰。

敦行録　國朝仁和孫之騄撰。

伊洛淵源録印證　國朝海甯查樞左旋撰。

太極圖攷　國朝海甯查錫齡撰。

三才備考四卷　國朝錢塘包濤撰。

霅溪省身録古今言行類編　國朝工部都水司員外郎仁和徐灝勿軒撰。

觀静圖説　國朝舉人錢塘汪得稻步山撰。

性學私談　國朝仁和吴震生撰。

淑艾録十四卷下學編十四卷朱子全書輯要　國朝海甯祝洤撰。見《四庫》附存目。

家誡一卷　國朝仁和金甡撰。凡五十章。

周子太極講義一卷　國朝仁和吴穎芳撰。

潤身録　國朝仁和吴浚竹村撰。

檢身録五卷　國朝海甯朱芹忠撰。

警心録幼學編　國朝海甯陳克圖啓元撰。

鏡心録 國朝甯化知縣海甯陳鼎致和撰。

養餘老人家誡 國朝海甯吴正純撰。

家語録要 國朝錢塘吴顥撰。

性理反求提要録經學反求提要録困心箴讀書程訣啓佑要録 國朝優貢海甯查昌和介坪撰，慎行從孫。

家語疏證六卷 國朝仁和孫志祖撰。

家訓 國朝海甯朱兆熊撰。

士林彝訓 國朝仁和關槐撰。

河圖洛書解 國朝錢塘陳澤山撰。

菜根編 國朝錢塘許溶撰。

家語發覆 國朝仁和翟灝撰。

小學音義 國朝諸生海甯倪以魯景曾撰。

居家雜箴一卷 國朝海甯許朝埰撰。

養心編一卷 國朝海甯吴日萱念慈撰。

續近思録 國朝錢塘蔣作林撰。

庸言録一卷 國朝福山知縣海甯吴乙照子校撰。

浙學内外編 國朝海甯吴應和撰。

弟子職注 國朝仁和孫同元撰。

讀書日益編二卷 國朝海甯吴壽暘撰。

律身律通俗管窺 國朝監生海甯陳敬修㕘堂撰。

女訓 國朝海甯姚鎮撰。

共勉録一卷 國朝錢塘戴熙撰。

台學源流録 國朝新城羅以智撰。

忱行録二卷 國朝仁和邵懿辰撰。

二曲粹言四卷 國朝御史錢塘吴鳳藻蓉圃撰。

女訓一卷 國朝海甯朱嘉徵妻吴氏撰。

右儒家類

用武提要二十篇 元錢塘俞在明撰。貝瓊爲序。見《千頃堂書目》。

握奇經注 明錢塘虞舜卿國賓撰。《千頃堂書目》『奇』作『機』，『國賓』作『用賓』。

孫子斷注 明錢塘陳珂、陳天策同撰。

武經節要發揮 明錢塘陳瓛、陳珂同撰。見《浙江通志》。

陰符經竊注 明仁和邵穆之撰。

陰符經演 明錢塘虞淯熙撰。

握奇經輯注圖說二卷 明海寧程道生撰。

陰符經補注 明錢塘王潼撰。

兵榷 明海寧查繼佐撰。

權書一卷又翼書 國朝海甯查玧撰。

删定陰符一卷 國朝海甯祝洤輯。

六韜佚文一卷 國朝仁和孫同元〔七〕輯。

右兵家類

讞獄集十三卷 宋知绛州富陽謝绛希深撰。

明刑録二卷 明仁和翁汝進撰。

律述一卷 國朝海甯陳詵撰。

律例參考二十卷刑法大中二十卷協中録十五卷協中録别記五卷律學餘談 國朝錢塘李延澤。

祥刑輯要三卷　國朝仁和傅感丁撰。

疑獄箋四卷　國朝仁和陳芳生撰。《四庫》附存目。

案：《乾隆志》列政書法令之屬，今據《四庫書目》改正。

洗冤録詳義　國朝海甯許槤撰。

洗冤録通纂八卷　國朝仁和余泰琛雪樵撰。

右法家類

占候成書二卷　明錢塘胡文焕撰。〔八〕

農舍祀先録　明仁和夏誠撰。

案：玩書名似言田家薦奠祖宗之禮，非言農事也。今姑從舊志列之農家。

蠶譜一卷　明岢嵐州判海甯許聞造長儒撰。

農事三畧　國朝海甯朱雝模撰。一名《治平三畧》。

蠶桑事宜　國朝昆明縣丞餘杭鮑栻葵石撰。一云吴縣知縣。

區種五種　國朝增生仁和趙夢齡菊齋輯。所輯書凡五種：《氾勝之遺書》〔九〕一，《教稼書》二，《區田編》三，《加庶編》四，《豐豫莊本書》五。是書輯於嘉慶初年。自云先後留心四十年而成。

廣蠶桑説輯補二卷　錢塘仲學輅撰。〔一〇〕

右農家類

沈存中良方十五卷靈苑方二十卷 宋錢塘沈括撰。《館閣書目》别有《沈氏良方》十卷，《蘇沈良方》十五卷，而無《靈苑方》。文淵閣著録，云：《蘇沈良方》原本十五卷，久佚，從《永樂大典》録出，釐爲八卷。

談道述徐悦體療雜病疾源三卷鍼灸要鈔一卷本草病源合藥要鈔五卷四家體療雜病本草要鈔五卷療少小百病雜方三十七卷療少小雜方三十九卷解寒食散方六卷解散消息節度八卷雜療方二十二卷雜病方六卷療脚弱雜方八卷 宋徐叔嚮撰。《浙江通志》分列九種，皆云見《徐氏家傳》。

藥方二卷療婦人瘕一卷 宋徐文伯撰。

藥方五卷落年方三卷 宋徐嗣伯重撰。

錢氏小兒方八卷錢氏小兒藥證真訣三卷 宋太醫丞錢塘錢乙中陽撰。

祕蘭全書四卷 宋海甯陳遷撰。

集驗方 宋著作郎臨安郎簡叔廉撰。

牡丹十三方一卷 宋杭州郭時義撰。時義遇一道人授之方，因廣其治法，編爲一卷。

日用本草八卷 元醫士海甯胡瑞瑞卿撰。文宗時人。

醫學碎金四卷　明餘杭周禮撰。

素問靈樞心得四卷醫學權輿一卷醫學要數一卷香奩潤色一卷[一一]　明錢塘胡文煥撰。

醫案　明海甯祝淇撰。

醫林繩墨八卷　明錢塘方嵎撰。「嵎」一作「隅」。

集解脈訣十二卷　明錢塘李詷孟言撰，號樗散生，從楊維楨學，賣藥於金陵市，賢而隱於醫。

脈經真指七卷本草集要十二卷　明錢塘方穀撰。

良方輯要　明海甯許相卿傳。

徐氏軒轅經解　明仁和吴瓚撰。

本草乘雅半偈十卷痎瘧論疏一卷摩索金匱九卷又傷寒金鎞鈔醫難析疑　明錢塘盧之頤子繇撰。文淵閣著録。

案：《乾隆志》以《本草乘雅》爲盧復撰，又脱「半偈」二字，無卷數。「《傷寒論疏鈔金鎞》」一條脱誤尤甚。今並據《四庫書目》改正。

傷寒證脈藥截江網一卷傷寒直格標本論一卷傷寒治例點點金一卷傷寒家祕的本一卷傷寒家祕殺車搥法一卷傷寒治例直指一卷傷寒瑣言一卷傷寒一撮金一卷傷寒明理續論一卷傷寒全書五卷傷寒六書六卷癰疽神驗祕方一卷又傷寒九種書九卷十段關一卷[一二]　明餘杭陶華尚文撰。永樂中，官本縣訓科。《一撮金》、《千頃堂書目》、《彙刻書目》俱

作《一提金》。〔一三〕

醫學大原廣嗣要語一卷 明南京太醫院判海甯俞橋子木撰。

傷寒活人指掌圖五卷又傷寒論賦 明太醫院御醫仁和吴恕如心撰，《浙江通志》引《仁和縣志》作錢塘人，今仍《乾隆志》。

傷寒藴要圖説 明太醫院判錢塘吴綬撰。

杏塢祕訣 明太醫院判錢塘葛林茂林撰。

醫學統旨 明太醫院判仁和葉文齡德徵撰。世宗御書『忠愛』額其堂。

雜病正傳傷寒祕問又醫性 杭州彭浩養浩撰。

飲食集十卷 明錢塘于彰闇之撰。

藎齋醫要十五卷 明錢塘陳諫直之撰。

醫燈續燄二十一卷 明錢塘潘楫碩甫撰。

醫準又脈旨舉要 明仁和朱天璧撰。

傷寒指掌十四卷明醫指掌圖後集 明仁和皇甫中雲洲撰。《四庫》附存目。《浙江通志》又作錢塘人。

産寶 明錢塘皇甫秦撰。與同邑孫鈍齊名。

生生直指八卷 錢塘沈太洽愚公撰。

拔萃類方四十卷 明錢塘劉均美閱耕撰。以醫名洪永間，後家金陵，與解揚諸公友善。一作二十卷。

試效集成 明仁和孫鈍公純撰。『公純』一作『公鋭』。

經驗良方 明雲和教諭富陽紹繼稷子才撰。

莫氏十三種醫書二十四卷 明仁和莫熺撰。

簡明醫彀八卷 明杭州孫志宏台石撰。《四庫》附存目。

祕方集驗 明仁和王夢蘭蕙子撰。

裴子言醫又删潤原病式 明海甯裴一中撰。見《海鹽續圖經》。

經驗良方 國朝錢塘張遂辰撰。

距竅堂診籍又傷寒捷書 國朝仁和陸圻撰。

素問靈樞集要節文又痘瘄啓微 國朝太醫院判仁和沈好問裕生撰。《浙江通志》作明人，今仍《乾隆志》。

靈蘭要典金液篇玉液篇 國朝蓬萊知縣海甯陳之遵靖菴撰。

靈素合鈔十五卷傷寒折中十二卷類證八卷 國朝仁和林瀾撰。

靈樞經集注九卷傷寒集注六卷又金匱集注本草崇原鍼灸祕傳侶山堂類辨 國朝錢塘張志聰隱菴撰。

素問直解九卷又醫學真傳 國朝錢塘高世栻士宗撰。

傷寒析義證治體原　國朝廩生海甯朱洵山音撰。

集驗方八卷　國朝海甯李士麟撰。

本草纂要　國朝御史錢塘閔珮玉蒼撰。

濟陰綱目十四卷　國朝錢塘汪淇瞻漪取武之望書箋釋。《四庫》附存目又有《保生碎事》一卷。

思濟彙纂醫説十卷神驗録四卷壽世精要四卷　國朝諸生海甯朱瑜忠不瑕撰。

藥性考痘疹全書小兒心藴　國朝監生仁和柴允鍠令武撰。

生原醫學　國朝仁和汪士桂森遠撰。

醫林指月　國朝諸生錢塘王琦琢崖撰。

醫論百篇　國朝餘杭孫揚美撰。

傷寒正宗醫事慧業　國朝仁和吴嗣昌懋先撰。

傷寒餘論　國朝海甯朱檠撰。

傷寒心印一卷治癚全書上下卷痘疹金鏡重磨三卷　國朝錢塘顧行敏三撰。

名醫類案一百二十卷　國朝大理寺評事海甯許勉焕陶初撰。

醫學七書　國朝海甯朱雝模撰。

四氣撮要　國朝海甯王愛力行撰。

傷寒直解一卷傷寒附餘一卷 國朝錢塘張錫駒令韶撰。

醫學精蘊叢書方歌袖鏡醫門撮要醫學辨難 國朝海甯林元撰。『撮要』，《海昌備志》作『提要』，今仍《乾隆志》。

續名醫類案六十卷 國朝布衣錢塘魏之琇玉横撰。文淵閣著録。

攻豎偶筆 國朝舉人海甯許甯基石榭撰，勉燉次子。

銀海金鎞 國朝諸生海甯陳克恕目耕撰。

醫林集腋十六卷養素園傳信方六卷祝由録驗四卷囊露集四卷本草話三十二卷串雅八卷花藥小名録四卷升降祕要二卷攝生閒覽四卷藥性元解四卷奇藥備考六卷本草綱目拾遺十卷 國朝錢塘趙學敏恕軒撰。總題《利濟十二種》。

百草鏡八卷救生苦海一百卷 國朝錢塘趙楷撰。

折肱隨録 國朝仁和張雯撰。

藥義明辨十八卷 國朝海甯蘇廷琬藴輝撰。

文堂集驗方四卷 國朝仁和何京東川撰。

雪道人脈纂 國朝舉人仁和陳嵇雪盧撰。

養生便易經驗 國朝錢塘毛世洪達可撰。

醫學隨筆四卷 國朝廣東巡檢錢塘孫日烈雨珊撰。

醫學摘錦醫學纂要 國朝諸生海甯朱實秀稻青撰。

外科易知二十卷 國朝諸生錢塘汪祝堯晝山撰。

證治要訣醫必本經集二卷 國朝同知海甯查奕芸石田撰。

方外奇書四卷 國朝海甯周宗林如山撰。

醫案節存三卷 國朝監生海甯江珩杏村撰。

醫學纂言 國朝諸生海甯管純三伊撰。

宇宙長春醫説 國朝海甯朱錦標撰。

平易方四卷 國朝杭州葉香侶輯。有嘉慶九年潘庭筠、邵志錕、楊日禮三序。香侶又字慕樵，佚其名。

天神真畧五十卷醫鑑四十卷金櫻小録八卷瘍科彙治五十卷 國朝仁和孫震元秋水撰。

再續名醫類案 國朝貢生海甯沈德孚文敷撰。

醫醫集 國朝海甯嚴綬止堂撰。

痧脹辨證 國朝海甯吴春照撰。

本草集説二卷藥字分韻二卷 國朝海甯陳堪卿撰。

免疫類方一卷 國朝海甯李口口撰。題《李氏免疫類方》。紫硤樵叟輯。不著撰人名氏。見《海昌備志》。

樹惠不瘛十六卷 國朝海甯許口口撰。見《海昌備志》，云：佚其名。

醫燈集餤二卷 國朝諸生嚴燮兼三撰。

本草考證四卷 國朝錢塘翁濟撰。

醫道心悟二卷 國朝貢生錢塘翁機撰。

理瀹駢文二卷 國朝錢塘吴尚先〔一四〕仗仙撰。

醫學易簡新編六卷 國朝錢塘龔自璋月川撰。

温熱經緯五卷四科簡易方四卷 國朝海甯王士雄孟英撰。

靈素經義六卷傷寒辨證抉微四卷澄園醫案十六卷鄭氏經驗方十卷驗方紀聞四卷 仁和鄭家學伯埙撰。〔一五〕

石雲選祕 國朝餘杭僧澈塵撰。

右醫家類

刻漏規矩一卷西國七曜歷一卷 宋臨安錢明逸撰。

熙甯奉元歷 宋錢塘沈括撰。

渾葢通憲圖説二卷圜容較義一卷 明仁和李之藻撰。文淵閣著録。

太乙奇書六十卷 明五官正靈台郎海甯郭極太乙撰。

太乙奇書補二十卷 明海甯郭凝之撰。

中星譜一卷步天歌周天現界圖 國朝通政使仁和胡亶保林撰。《中星譜》，文淵閣著録。

案：胡亶，《乾隆志》误作「吴亶」，今改正。

天象源委二十卷 國朝欽天監博士錢塘張永祚景韶撰。

測量全義新書二卷 國朝仁和袁士龍覺菴撰。見《疇人傳》。「士龍」一作「士鵬」。

訂正新步天歌十二宫恆星性情等第歌 國朝仁和諸殿鯤撰。

恆星形名指南一卷 國朝海甯朱兆熊撰。

星新經一卷 國朝禮部郎中海甯朱栻之仁山撰。

右天文算法類推步之屬

楊氏算法 宋錢塘楊輝謙光撰。案：楊氏書凡六種，詳解《九章算法》，附纂類，無卷數。《田畝比類》、《乘除捷法》上下卷。《算法通變本末》上卷，《乘除通變算寶》中卷，《法算取用本末》下卷。《續古摘奇算法》一卷。見《孯經室外集》及《宜稼堂叢書》。

九章算法考 明仁和吴敬撰。

同文算指前編二卷通編八卷 明仁和李之藻撰。文淵閣著録。

九章算法比類大全十卷　明錢塘吴信民撰。《算法統宗》作《九章比類算法》，注八卷。兹從《述古堂書目》。

句股引蒙五卷句股述二卷　國朝海甯陳訏撰。《句股引蒙》，文淵閣著録。《句股述》，見《四庫》附存目。

少廣補遺一卷方程申論六卷　國朝海甯陳世仁撰。《少廣補遺》，文淵閣著録。

少廣補遺發明一卷句股演法一卷　國朝海甯陳世佶撰。

九章蠡測十卷句股蠡測一卷　國朝貢生錢塘毛宗旦宸再撰，宗亶弟。

句股備題二卷　國朝錢塘毛元存撰。

算術隨録晉志摘録一卷疇人盛衰攷一卷割圜記摘録一卷珠算入門一卷景獻初編[一六]　國朝副貢海甯張豸冠神羊撰。

毖緯瑣言一卷　國朝天文生錢塘厲之鍔寶青撰。

借弧求正餘弦法　國朝錢塘范景福撰。

句股六術圖解一卷橢圓術一卷平三角和較術弧三角和較術又象數一原七卷　國朝國子監學正錢塘項名達梅侣撰。案：《象數一原》原書六卷，其第七卷爲錢塘戴煦所補纂。

演元要義一卷弧田問率一卷直積回求一卷　國朝仁和謝家禾撰。

求表捷術三種一對數簡法續對數簡法一外切密率一假數測圜[一七]九卷音分古義二卷廣

割圜捷法一卷船機圖説三卷四元玉鑑細草補重差圖説句股和較集成　國朝訓導錢塘戴煦鄂士撰，道峻次子。

句股集要一卷橢圓淺説一卷對數捷法一卷　國朝紹興府訓導仁和陸采葦生撰。

少廣縋鑿一卷洞方術圖解二卷致曲術一卷致曲圖解一卷又萬象一源視學簡法一卷　國朝錢塘夏鸞翔撰，之盛次子。

割圜新術求句股最捷法　國朝都察院都事錢塘諸可繼小滕撰。

方圓闡幽一卷弧矢啟秘二卷對數探源二卷垛〔一八〕**積比類四卷四元解二卷麟德術解三卷橢圓正術解二卷橢圓新術一卷橢圓拾遺三卷火器真訣一卷尖錐變法解一卷級數回求一卷天算或問一卷考數根法一卷**　國朝户部郎中海甯李善蘭壬叔撰。總題則『古昔齋算學十四種』。

算學蒙求中西約述　錢塘諸可繼撰。〔一九〕

疇人傳三編七卷　錢塘諸可寶撰。〔二〇〕

尖堆曲綫考八綫法衍四元術贅諸乘差對數説　刑部員外郎於潛方克猷子壯撰。〔二一〕

右天文算法類算書之屬

稽疑二卷　梁錢塘朱异撰。

葬書演一卷　明錢塘鄭圭撰。《千頃堂書目》作「鄭之惠」。

陽宅真訣一卷　明新城周繼志齋撰。見《千頃堂書目》。

陳氏葬説一卷　明錢塘瞿佑撰。

地理纂要　明海甯許聞至撰。《千頃堂書目》作「聞造」。

案：是書《乾隆志》重見地理總志之屬，今删彼録此。「聞至」作「聞造」，《海昌備志》定爲聞造撰，今[二二]從之。

風水鍼二卷　明海甯許令典撰。

星學樞要二卷星學總規一卷附歷合覽二卷　錢塘胡文焕撰。[二三]

遁甲演義二卷　明海甯程道生撰。文淵閣著録。

易林廣義　明諸生海甯朱嶼明生撰。

葬録　明海甯陳與郊撰。

地理纂要　明海甯周甸撰。

地理述八卷　國朝海甯陳詵撰。

命理要言十卷補遺一卷命理要旨六卷　國朝宏文院大學士海甯陳之遴素菴撰。

葬論　國朝海甯陳確撰。《海昌備志》有《葬書》四卷，疑即是書。

星平纂要四卷　國朝海甯張標撰。

地理存是　國朝顧澄撰。

葬書或問　國朝仁和吴震生撰。

皇極經世評注　國朝海甯陳之問撰。

易冒十卷　國朝錢塘程良玉元如撰。《浙江通志》作四卷，今仍《乾隆志》。

水鏡集四卷相宗纂要三卷　國朝海甯范騋文圃撰。

造命一卷地理邇言一卷地理演禽一卷羅經舉要一卷堪輿雜記一卷劉氏八局序評注一卷賈氏祖地記注一卷瑣言一卷韓家塔地或疑一卷　國朝海甯陳訏撰。

地理徑　國朝錢塘林遇岐宗撰。

星學纂要　國朝海甯陳世倌撰。

地理探源一卷　國朝海甯陳世侃撰。

灰隔葬法備參録一卷居喪質疑録一卷　國朝海甯范鯤撰。

天元發機二卷尚白元言一卷天元本義二卷天元外編一卷　國朝監生海甯沈軫先南雲撰。

平洋纂要　國朝海甯許勉焕撰。

地理名詮堪輿五篇　國朝海甯朱雝模撰。

尋龍圖説　國朝海甯吴烈文撰。

形家正鵠十卷羅經正鵠十卷　國朝諸生海甯張思閑日謙撰。

青囊解惑　國朝錢塘汪沆撰。

全履堂葬法祠墓圖記　國朝海甯吴正純撰。

諏吉便覽　國朝體仁閣大學士錢塘費淳筠浦撰。

墓事須知一卷　國朝海甯許養浩樸園撰。

慎終録要一卷　國朝諸生海甯王載宣恕幾撰。

形氣元珠山洋寶鏡　國朝麟遊知縣海甯許坤北墅撰。

葬經注　國朝貢生海甯祝雲九橋撰。

室法要論一卷　國朝景甯教諭海甯王星聯奎五撰。

青烏考原　國朝仁和朱文藻撰。

乾元秘旨一卷　錢塘舒繼英偶王撰。〔二四〕

地理述發明一卷　國朝監生海甯陳應麟椒厓撰。

葬書糾謬一卷　國朝歲貢海甯祝懋正東周撰。

地理擷華　國朝海甯徐均潮撰。

六壬十二集　國朝海甯周宗林撰。

形家輯要四卷 國朝海甯陸用霖芝塘撰。

焦氏易林解 國朝海甯陸奇撰。

地理真傳四卷 國朝州同海甯查有新銘三撰。

膏秣知方一卷氣運合參二卷 國朝海甯陳堪卿撰。

元空秘旨 國朝錢塘戴煦撰。

易冒纂注十卷 國朝仁和王凝厚撰。

堪輿雜説四卷 國朝錢塘楊文杰撰。

形氣辨二卷沙説一卷 國朝歲貢昌化方寶椿春木撰。

右術數類

畫評一卷 唐監官顧況逋翁撰。

飛白敘録一卷 宋錢塘錢惟演撰。

書畫補遺墨記 宋仁和張雯撰。

書小史十卷書苑菁華二十卷 宋陳思撰。文淵閣著録。

山水訣一卷 元黄公望撰。

法書類要二十五卷 元錢塘吴口撰。有黄溍序，云未詳其名。

墨娥小録十四卷[二五]　明錢塘胡文焕撰。《海昌備志》據《嘉禾獻徵録》[二六]作吴繼撰，今仍《乾隆志》。

書法離鉤十卷　明錢塘潘之淙撰。文淵閣著録。

畫髓元詮五卷　明仁和卓爾昌仲期撰。

竹嘯軒題跋　明海甯葛徵奇撰。

黄紀　明海甯陳之伸撰。《四庫》附存目。

獨指直嗤　明海甯查繼佐撰。《海昌備志》云論畫理。

畫鑑一卷　國朝海甯陳訏撰。

墨妙考　國朝海甯蔣岐昌撰。

畫録　國朝武舉人海甯沈傑立齋撰。

隱緑軒題識一卷　國朝海甯陳奕[二七]禧撰。

道古樓歷代書畫録六卷　國朝海甯馬思贊撰。

冬心先生隨筆一卷　國朝布衣錢塘金農吉金撰。

南宋院畫録八卷玉臺書史一卷　國朝錢塘厲鶚撰。《南宋院畫録》，文淵閣著録。

明畫姓氏編韻四卷　國朝廩生錢塘陳豫鍾浚儀撰。

六藝之一録四百六卷續編十二卷名世楷法書跋録八卷　國朝錢塘倪濤撰。《六藝之一録》及

《續編》，文淵閣著録。

飛白録飛白續録又弱翰延生録 國朝錢塘丁敬撰。

書譜書課 國朝海甯張光復撰。

法帖評五卷 國朝國子監學録海甯陳與焕若撰。

歷朝類帖考 仁和趙魏撰。〔二八〕

心寫軒學書管言一卷 國朝諸生海甯張溶容如撰。

畫跋二卷 國朝錢塘汪惟憲撰。

辨利院藏觀音畫像記一卷 國朝吴樹虚撰。

書畫所見録 國朝錢塘朱彭撰。

内廷書畫録四卷 國朝仁和關槐撰。

頻羅庵論書 錢塘梁同書撰。〔二九〕

畫載二卷 國朝仁和黄杓星橋撰。

慕園題跋二卷 國朝布政司經歷杭州朱輔地撫辰撰。

國朝院畫録二卷南薰殿圖象考二卷 國朝仁和胡敬撰。

書畫借觀録 國朝江蘇巡撫仁和汪日章首禾撰。

王右軍帖考注　仁和汪家禧撰。〔三〇〕

閣帖源流考證四卷　仁和趙家淦雁湄撰。〔三一〕

拜經樓書畫題跋二卷　國朝海甯吴壽暘撰。

賜硯齋題畫偶録又畫絮八卷　國朝錢塘戴熙撰。

畫品　國朝燉煌知縣仁和許乃穀玉年撰，乃普弟。

干禄新書　國朝仁和龔自珍撰。

法帖辨正　國朝海甯許光清撰。

松壺畫贅　國朝主事仁和錢杜叔美撰，琦第七子。

尺牘評語　海甯許楣辛木撰。〔三二〕

集帖目二卷　舉人仁和惠兆壬秋韶撰。〔三三〕

玉雨堂書畫記四卷　陝西鹽法道仁和韓泰華小亭撰。〔三四〕

臨池管見一卷　國朝知縣仁和周星蓮午亭撰。

鐘馗畫記一卷　海甯王鴻朗撰。〔三五〕

懸腕論一卷　國朝仁和孫玉檢撰。

翠雲仙館書畫題跋記　仁和鄭琦撰。〔三六〕

玉臺畫史 國朝錢塘汪遠孫繼妻湯漱玉撰。

右藝術類書畫之屬

棋訣一卷 宋錢塘劉仲甫撰。文淵閣著録。

學古編一卷 元錢塘吾邱衍撰。文淵閣著録，云《學古編》一卷原本二卷，今併爲一。專爲篆刻印章而作。

今考《浙江通志》，有古人《印式》二卷，疑即是書。

古印史 元吴福孫撰。

漢唐篆刻圖書韻釋 元錢塘葉森景修撰。

集古印譜 明杭州吴叡撰。見《小學考》引劉基撰墓志銘。

射義新書二卷 明海甯陳道生撰。《四庫》附存目。

琴譜 明諸生海甯沈瑞徵元圃撰。

種瑶居士印譜二卷 明海甯葛定功城武撰。

琴譜 明諸生海甯周應鵬〔三七〕白於撰。

文會堂琴譜六卷 明錢塘胡文煥撰。《四庫》附存目。

案：《乾隆志》誤作『國朝胡文蔚撰』，今據《四庫書目》改正。

太音正譜十卷 國朝錢塘徐伯齡撰。

印譜二卷　國朝海甯查璇繼撰。

兼山堂奕〔三八〕譜　國朝錢塘徐遠星友撰。

桃花泉奕〔三九〕譜　國朝海甯范世勳西屏撰。

賞延素心録一卷一角編　國朝諸生周二學幼聞撰。論裝潢法。〔四〇〕

春草堂琴譜　國朝錢塘蘇璟祐賢、曹尚絅炳文同撰。

印譜　國朝海甯韓韜玉美斯撰。

初陽印譜二卷續譜一卷　國朝海甯祝濬兼山撰。

自娱集印譜　國朝海甯祝翼良漢師撰。

衎齋印譜五卷　國朝海甯馬思贊撰。

友石居印畧　國朝監生海甯馬惟陽秋客撰。

四朝印史硯林印款一卷　國朝錢塘丁敬撰。

篆刻鍼度八卷篆刻示斯二卷篆體經眼二卷印人彙攷一卷存幾希齋印存二卷　國朝海甯陳克恕撰。

印譜一卷　國朝監生海甯周文在振之撰。

琴譜一卷棋譜一卷　國朝海甯陳萊孝撰。

吉羅居士印譜 國朝錢塘蔣仁山堂撰。

蒙泉外史印譜一卷 國朝錢塘奚岡鐵生撰。

秋影盦主印譜二卷 國朝錢塘黄易撰。

曉坡印譜二卷 國朝諸生海甯朱鑑紹九撰。

求是齋印譜一卷 國朝錢塘陳豫鍾撰。

種榆仙館印譜一卷 國朝江南海防同知錢塘陳鴻壽曼生撰。

奕〔四一〕理指歸二卷又續編 國朝監生海甯施紹闇定菴撰。

圖書譜一卷 國朝海甯錢馥撰。

銅香書屋印譜一卷 國朝海甯陳敬畏撰。

西園草堂印譜 國朝監生海甯蔣開徑三撰。

香雨印譜二卷 國朝諸生海甯金汝礪佩新撰。

棋經三卷 國朝錢塘汪衡誠夫撰。

骨董羹 國朝舉人海甯吴壽照小尹撰。

古銅印考一卷 國朝海甯吴壽暘撰。

子藍奕〔四二〕譜 國朝工部主事海甯朱蔚霞舉撰。

補讀樓印譜一卷　國朝諸生海甯徐家駒小魚撰。

補羅迦室印譜二卷　國朝錢塘趙之琛次閑撰。

龍泓山人印譜四卷　國朝諸生錢塘毛庚西堂編輯。

叔蓋〔四三〕印譜四卷　國朝仁和錢松撰。

績語堂印譜十六卷　國朝仁和魏錫曾撰。

雪樵印存二卷　國朝仁和余泰琛撰。

西泠〔四四〕八家印存八卷　國朝錢塘丁丙編。

巢盦印譜四卷　翰林院孔目錢塘鄭家德叔彝撰。〔四五〕

右藝術類琴譜〔四六〕篆刻雜技之屬

硯譜二卷　宋唐詢撰。又名《東海公硯録》。

忘懷録三卷　題夢溪丈人撰。或云即錢塘沈括記飲食器用種藝之方。

海棠譜三卷　宋陳思撰。文淵閣著録。

飲食須知八卷　元海甯賈銘撰。《四庫》附存目。

酒譜一卷　明臨安徐炬撰。《四庫》附存目。

案：《乾隆志》誤作『宋人』，兹據《四庫書目》改正。

硯譜一卷林下盟一卷 明仁和沈仕撰。

冠譜一卷 明錢塘顧孟容撰。《四庫》附存目。

古器具名二卷古器總説一卷〔四七〕 明錢塘胡文焕撰。《四庫》附存目。

廣古奇器録二卷 明錢塘徐象梅撰。

飲食集十卷 明錢塘于彰闇之撰。

居家宜忌一卷 明錢塘瞿佑撰。

養生内外篇 明錢塘鄭華撰。

茶疏一卷 明杭州許次紓然明撰。《四庫》附存目。

山居養志譜一卷煮泉小品一卷梅花新譜一卷 明錢塘田藝蘅撰。

花木韻譜一卷 明富陽王之獻撰。

丹魚譜一卷 明杭州陳子經引川撰。

食史一卷 明海甯許令典撰。一作《食譜》。

筍譜一卷梅譜一卷 明法華山僧真一撰。

石譜 國朝錢塘諸九鼎撰。〔四八〕

橘譜一卷 國朝監生錢塘諸匡鼎撰。

續泉志　國朝錢塘胡履泰道周撰。

草木春秋　國朝海甯朱爾邁[四九]人遠撰，嘉徵子。

初陽硯譜　國朝海甯祝濬撰。

硯譜　國朝海甯祝洵文稼文撰。

蜨史三卷　國朝仁和景星杓菊公撰。

蟹録　國朝監生錢塘項溶霜田撰。

湖船録一卷　國朝錢塘厲鶚撰。

文房四友譜八卷　國朝錢塘倪濤撰。

雞冠花譜紙録續墨史續湖船録　國朝錢塘丁敬撰。

烏衣香牒四卷春駒小譜二卷　國朝海甯陳邦彦撰。《四庫》附存目。

晴川蟹録四卷後蟹録四卷　國朝仁和孫之騄撰。《四庫》附存目。

奇花異木記一卷　國朝海甯陳奕[五〇]禧撰。

藥房心語一卷　國朝詹事府中允海甯楊中訥晚研撰，雍建子。

研輯一卷　國朝仁和嚴際昌撰。

苔譜六卷　國朝錢塘汪憲撰。《四庫》附存目。《乾隆志》作一卷，誤。

金絲録四卷 國朝錢塘汪師韓撰。《庭立紀聞》云説淡巴菰故實。

烹鮮要術一卷 國朝海甯陳存矩撰。

羅裙譜 國朝副貢海甯查昌圖天池撰。

硯譜一卷 國朝諸生海甯祝咸章懷南撰。

醯書二卷 國朝薦舉博學鴻詞仁和趙信意林撰，昱弟。

續茶經二十卷 國朝歲貢仁和潘思齊希三撰。

煙牋二卷古錢圖譜一卷歷代古錢品一卷古錢目録一卷豆腐譜 國朝海甯陳萊孝撰。

動植小識八卷 國朝海甯周廣業撰。

尺苑二卷陽羨名陶録二卷續録一卷 國朝海甯吴騫撰。

筆史一卷 國朝錢塘梁同書撰。

古錢考四卷 國朝監生仁和金忠淯硯雲撰。

名花譜一卷 國朝西湖居易主人撰，不著姓氏。見黄本驥《皇朝經籍志》。

問〔五一〕亭十友録一卷 國朝海甯史正義撰。

研録二卷雜録一卷萍譜菭譜金箔考 國朝仁和朱文藻撰。

湖船簫譜 國朝錢塘朱彭撰。

酒志二十八卷菊譜一卷　國朝夔州知府錢塘吴昇秋漁撰，顥子。《菊譜》，一名《九華新譜》。

墨源墨辨　國朝南滙知縣仁和徐鼒杉亭撰。

破鐵網一卷　國朝海甯胡爾滎撰。

知服軒錢譜十三卷　國朝海甯陳敬禮撰。

酒鑑　國朝海甯吴應和撰。

古泉叢話三卷　國朝錢塘戴熙撰。

鏡苑一卷泉文記一卷　國朝仁和龔自珍撰。

論墨元品　國朝江蘇巡檢仁和徐鴻模楷存撰。

蛇署三卷　國朝諸生仁和鎖成吟竹撰。

續湖船録一卷　國朝錢塘丁午撰。

衡蟬小録四卷　國朝仁和孫震元女蓀薏秀芬撰。

右譜録類器物飲饌草木禽魚之屬

校勘記

〔一〕原文作『褚』，據《〔民國〕杭州府志·藝文志》改。

〔二〕《〔民國〕杭州府志校勘記》作『訓蒙要語』。

〔三〕本條底本無，據《〔民國〕杭州府志·藝文志》補。

〔四〕本條底本無，據《〔民國〕杭州府志·藝文志》補。

〔五〕《〔民國〕杭州府志校勘記》作『涫村家誡』。

〔六〕本條底本無，據《〔民國〕杭州府志·藝文志》補。

〔七〕原文作『孫志祖』，據《〔民國〕杭州府志·藝文志》改。

〔八〕本條底本無，據《〔民國〕杭州府志·藝文志》補。

〔九〕《氾勝之遺書》又名《漢氾勝之遺書》。

〔一〇〕本條底本無，據《〔民國〕杭州府志·藝文志》補。

〔一一〕《〔民國〕杭州府志·藝文志》作『醫學要數一卷醫學權輿一卷靈樞心得二卷素問心得二卷食物本草二卷應急良方一卷』。

〔一二〕《〔民國〕杭州府志·藝文志》作『傷寒全書五卷癰疽神驗祕方一卷又傷寒九種書九卷十段關一卷傷寒全生集四卷』。

〔一三〕本句底本無，據《〔民國〕杭州府志·藝文志》補。

〔一四〕《〔民國〕杭州府志·藝文志》作『吴樽』。

〔一五〕本條底本無，據《〔民國〕杭州府志·藝文志》補。

〔一六〕《〔民國〕杭州府志·藝文志》本條無『景獻初編』。

〔一七〕《〔民國〕杭州府志·藝文志》『一對數簡法續對數簡法一外切密率一假數測圜』爲雙行小注。

〔一八〕《〔民國〕杭州府志·藝文志》作『垛』。

〔一九〕本條底本無，據《〔民國〕杭州府志·藝文志》補。

〔二〇〕本條底本無，據《〔民國〕杭州府志·藝文志》補。

〔二一〕本條底本無，據《〔民國〕杭州府志·藝文志》補。

〔二二〕《〔民國〕杭州府志·藝文志》作『當』。

〔二三〕本條底本無，據《〔民國〕杭州府志·藝文志》補。

〔二四〕本條底本無，據《〔民國〕杭州府志·藝文志》補。

〔二五〕《〔民國〕杭州府志·藝文志》其後有『書法三昧一卷』。

〔二六〕《嘉禾獻徵録》，疑爲《嘉禾徵獻録》之誤。

〔二七〕《〔民國〕杭州府志·藝文志》作『弈』。

〔二八〕本條底本無，據《〔民國〕杭州府志·藝文志》補。

〔二九〕本條底本無，據《〔民國〕杭州府志·藝文志》補。

〔三〇〕本條底本無，據《〔民國〕杭州府志·藝文志》補。

〔三一〕本條底本無，據《〔民國〕杭州府志·藝文志》補。

〔三二〕本條底本無，據《〔民國〕杭州府志·藝文志》補。

〔三三〕本條底本無，據《〔民國〕杭州府志·藝文志》補。

〔三四〕本條底本無，據《〔民國〕杭州府志·藝文志》補。

〔三五〕本條底本無，據《〔民國〕杭州府志·藝文志》補。

〔三六〕本條底本無，據《〔民國〕杭州府志·藝文志》補。
〔三七〕《〔民國〕杭州府志·藝文志》作『鴫』。
〔三八〕《〔民國〕杭州府志·藝文志》作『弈』。
〔三九〕《〔民國〕杭州府志·藝文志》作『弈』。
〔四〇〕《〔民國〕杭州府志·藝文志》作『一角編二卷賞延素心録一卷，諸生錢塘周二學幼聞撰』，入藝術類書畫之屬。
〔四一〕《〔民國〕杭州府志·藝文志》作『弈』。
〔四二〕《〔民國〕杭州府志·藝文志》作『弈』。
〔四三〕《〔民國〕杭州府志·藝文志》作『蓋』。
〔四四〕原文作『泠』，據《〔民國〕杭州府志·藝文志》改。
〔四五〕本條底本無，據《〔民國〕杭州府志·藝文志》補。
〔四六〕《〔民國〕杭州府志·藝文志》作『碁』。
〔四七〕《〔民國〕杭州府志·藝文志》作『古器具名三卷古器總説三卷名物法言二卷茶集二卷』。
〔四八〕本條底本無，據《〔民國〕杭州府志·藝文志》補。
〔四九〕《〔民國〕杭州府志·藝文志》無『邁』字。
〔五〇〕《〔民國〕杭州府志·藝文志》作『弈』。
〔五一〕《〔民國〕杭州府志·藝文志》作『閒』。

藝文四

子部下

兩同書二卷讒書五卷讒本三卷淮海寓言七卷 唐給事中餘杭羅隱昭諫撰。《兩同書》，文淵閣著録。

案：《兩同書》，《乾隆志》列類書，今據《四庫書目》改正。

擬江東讒書五卷 五代吴越錢塘千佛寺僧希覺撰。

夢溪筆談二十六卷補筆談二卷續筆談一卷清夜録一卷 宋錢塘沈括撰。文淵閣著録，不載《清夜録》。

古今砌語 宋餘杭施惠撰。

仕學規範四十卷 宋奉議郎錢塘張鎡功甫撰。文淵閣著録。

案：《乾隆志》列職官官箴之屬，今據《四庫書目》改正。

閒居録一卷 元錢塘吾邱衍撰。文淵閣著録。

湛淵静語二卷經子類訓二十卷集翠裘二十卷 元江浙儒學副提舉白珽廷玉撰。《湛淵静語》，文淵閣著録。

清容軒雜鈔 元吴福孫撰。

忍經一卷 元錢塘吴亮撰。《四庫》附存目。按：《千頃堂書目》云「字明卿，號蟾心，杭州人」。

案：《乾隆志》列儒家作《忍書》，今據《四庫書目》改正。

名物鈔 元錢塘莫維賢景行撰。

隨筆二卷 元慶元路治中錢塘邱世良子正撰。

北軒筆記 元錢塘陳世隆彦高撰。文淵閣著録。

學海遺珠 明錢塘瞿佑撰。

麓西雜言 明承天知府錢塘方九敘十洲撰。

東厓漫録二卷 明錢塘李旻撰。

遵生八箋十九卷 明錢塘高濂深父撰。文淵閣著録。

七修類稿五十一卷續稿七卷 明仁和郎瑛撰。《四庫》附存目。

楊園九畧 明錢塘田汝成撰。

南撰。

孤臣述 明海甯許令瑜撰。

窺測陳筌 明仁和宋應昌撰。

覽古評語五卷禪寄筆談十卷續談五卷 明永昌知府錢塘陳師思貞撰。《四庫》附存目。

案：《禪寄筆談》、《續談》，《乾隆志》列小説，今據《四庫書目》改正。

金牛隨筆四卷 明海甯許令典撰。

留青日扎三十九卷 明錢塘田藝蘅撰。《四庫》附存目。

案：《乾隆志》列類書，今據《四庫書目》改正。

窺豹録 明錢塘陸昂撰。

蔬齋靡語四卷 明錢塘處士沈大洽愚公撰。前二卷雜記，後二卷詩集。《四庫》附存目。

楊氏塾訓六卷 明仁和楊兆坊思説撰。《四庫》附存目。

案：《乾隆志》誤作楊廷筠撰，列儒家，今據《四庫書目》改正。

藏密齋筆記汲古齋雜記井寒子贅言 明仁和楊廷筠撰。

格致叢書五十卷[一] 明錢塘胡文焕撰。《四庫》附存目。

叩舷憑軾録一卷墨餘錢鏄一卷洗硯新録一卷瓠里子筆談一卷蓉塘紀聞一卷半村野人閒談一卷抱璞簡記一卷投甕隨筆一卷風月堂雜識一卷學圃餘力一卷 明仁和姜

山居代膺一卷枕流日劄一卷觀生手鏡一卷學稼餘談四卷耄餘迂志二十四卷徵吾隨筆記里門談贅運甓齋雜言　明海甯陳之伸撰。《山居代膺》、《枕流日劄》、《觀生手鏡》、《學稼餘談》，均見《四庫》附存目。

土室寱言録　明海甯張次仲撰。

玉唾壺二卷　明臨淄知縣杭州王槐撰。《四庫》附存目。

原齋雜言　明杭州凌載撰。

案：《乾隆志》是書重見儒家，今删彼録此。

諸子纂又仕學録　明錢塘葛寅亮撰。

使星堂纂　明海甯吴本泰撰。

西軒類編　明雲南布政使仁和丁養浩撰。見《千頃堂書目》。

癡翁臆説十卷　明仁和吴瓚撰。

見聞雜編二十卷　明錢塘吴博撰。

今用編猶古編　明錢塘陳雲渠撰。

清賞録二卷　明餘杭張翼二星與秀水包衡同撰。《四庫》附存目。

案：《乾隆志》列小説，今據《四庫書目》改正。

升堂日注家居筆記年譜紀事　明仁和錢喜起撰。

畱畱青六卷 明錢塘徐㵉升元舉撰。《四庫》附存目。

方洲雜言一卷 明海甯張甯撰。《四庫》附存目。

白室雜著 明海甯祝淇撰。

瓊林一得 明樂安縣丞海甯葛炳玉虹撰。

元壺雜俎八卷 明宣城知縣錢塘趙爾昌慶叔撰。《四庫》附存目。

豢龍子一卷 明海甯董穀撰。

皆師録 明海甯祝萃〔二〕撰。

明鏡録 明海甯祝守箴撰。

慕終録知非十言又從明五傳六論 明海甯董啟予撰。

玉華子四十篇 明海甯徐李韶鹿園撰。

貫城雜記 明海甯郭凝之撰。

筆道會通一卷 明諸生海甯朱象衡虞亭撰。

落箕篇一卷 明舉人海甯祝以庠果峯撰。

翊世元機繩樞約言清乘 仁和沈士逸撰。〔三〕

敬修堂同學出處偶記敬修堂弟子目録一卷記疑 明海甯查繼佐撰。

太平雜記 明海甯朱嶼撰。

福慧録迪吉録月會約一卷 明餘杭嚴武順撰。

山居漫録又疑夢編 明海甯周珽撰。

學圃録四卷 明海甯查繼雯撰。

迪穎新編 明海甯朱天禧撰。

蕉圃雜志一卷 明諸生海甯周文焲丙山撰。

蟫精雋十六卷又博物詳辨 國朝錢塘徐伯齡延之撰。《蟫精雋》，文淵閣著録。

棗林雜俎六卷棗林外索二卷棗林藝簣一卷 國朝海甯談遷撰。《棗林雜俎》，見《四庫》附存目。

新婦譜一卷西陵新語靈臺墨守 國朝仁和陸圻撰。《新婦譜》，見《四庫》附存目。

案：《新婦譜》，《乾隆志》列傳記總録，今據《四庫書目》改正。

俗誤辨一卷先世遺事一卷辰夏雜言一卷瞽言一卷山中約一卷補新婦譜一卷山陰語鈔 國朝海甯陳確撰。

補新婦譜 海甯查琪撰。〔四〕

問乘二卷又經史徵 國朝仁和徐汾撰。

尚論持平二卷析疑待正二卷事文標異一卷 國朝錢塘陸次雲撰。《四庫》附存目。

蕉園雜記三十二卷梧園雜志二十卷 國朝錢塘吴農祥撰。

匡林〔五〕**二卷格物問答一卷聖學真語二卷螺峯説録一卷辭細衷符慈勸詒家苞訓浙志別録讀書隨記別稱録支離餘筆擇摧命兒子語憺詞**〔六〕　國朝錢塘毛先舒撰。《匡林》、《格物問答》、《聖學真語》、《螺峯説録》四種俱見《四庫》附存目。

案：《格物問答》、《聖學真語》，《乾隆志》列儒家，今據《四庫書目》改正。

山林經濟策　錢塘陸次雲撰。〔七〕

仕的　錢塘吴儀一撰。〔八〕

元明事類鈔四十卷　國朝錢塘姚之駰撰。《四庫》附存目。

經史正譌乙酉日記一卷初白外書六十卷得樹齋雜鈔二十卷人海記二卷　國朝海甯查慎行撰。

庸言録六卷　國朝錢塘姚際恒撰。《四庫》附存目。

青縷雜筆一卷元音啟秀袁了凡功過格詳註　國朝海甯祝文彦撰。

彩露堂日記三十卷　國朝仁和丁文衡公銓撰。

聞見録　國朝錢塘施莊撰。

雪照堂雜志六卷　國朝錢塘朱之楝心瞿撰。

南窗書帶二十卷巾箱筆記二十卷　國朝錢塘李延澤撰。

讀書樂趣八卷　國朝舉人於潛伍涵芬〔九〕芝軒撰。《四庫》附存目。

皋蘭載筆二卷小名補録一卷陳子日記一卷含香新牘一卷 國朝海甯陳奕禧撰。

願圃日記 國朝錢塘顧豹文撰。

續意林二卷 國朝仁和沈佳撰。

楊子平生畧一卷 國朝懷柔知縣海甯楊璋禹如撰。

白石軒雜稿 國朝仁和柴紹炳撰。

梅窗餘緒四卷稼村偶見稼村緒論稼村雜説摭録屑金隨鈔雜俎選薈玉林説苑見聞隨録 國朝海甯沈珩撰。

寄園寄所寄十二卷 國朝仁和趙吉士撰。《四庫》附存目。

案：《乾隆志》列小説，今據《四庫書目》改正。

聞見録十卷 國朝諸生錢塘顧自後秀生撰。

遂生集十二卷丹麓雜著十種十卷檀几叢書一集五十卷二集五十卷 國朝仁和王晫撰。

《檀几叢書》，與新安張潮同撰。見《四庫》附存目。

讀書隨筆 國朝湘東司理仁和胡貞開循蜚撰。

南漳子二卷〔一〇〕 **枝語二卷晴川八識** 國朝仁和孫之騄撰。《南漳子》、《枝語》，均見《四庫》附存目。

案：《乾隆志》，《南漳子》列地理類山水之屬，《枝語》列譜録，今均據《四庫書目》改正。

查浦輯聞二卷 國朝海甯查嗣瑮撰。《四庫》附存目。

歸田録 國朝刑部侍郎海甯陳論丙齋撰。

治安日記一卷 國朝海甯陳黄永撰。

搶榆雜録二卷 國朝錢塘毛宗旦撰。

目擊録二十四卷榮古堂偶鈔四卷 國朝海甯查嗣珣撰。

鄂渚紀事一卷 國朝少詹事海甯查昇聲山撰，繇弟。

有九思齋雜鈔二卷時用集雜鈔四卷 國朝海甯陳訏撰。

金箱璧言 國朝仁和吴震生撰。

意軒隨筆 國朝内閣中書錢塘馬銓澄園撰。

讀譜雜記三卷 國朝海甯許禴撰。

兩間草堂雜志 國朝薦舉博學鴻詞錢塘徐林鴻大文撰。

詠歸録 國朝海甯查容韜〔一二〕荒撰。

蓬隱十二史 國朝海甯朱絲以陶撰。

傳信録 國朝貢生海甯陳奕昌子棨撰，殿桂子。

諸子褒異十六卷 國朝貢生海甯汪定國蒼舒撰。《四庫》附存目。

傭吹録注一百卷博敏彙編二卷 國朝錢塘倪濤撰。

見聞雜記　國朝海甯徐炳公威撰。

神往録　國朝海甯張曾裕撰。

讀書志　國朝海甯陳邦彦撰。

讀書管見一卷　國朝海甯陳世倌撰。

珠林十五卷補遺一卷營溪治績一卷　國朝績溪知縣海甯陳珣玉圃撰。

亦有齋劄記六卷續劄記六卷夜行燭疑義　國朝海甯張朝晉撰。

諤崖脞説五卷　國朝青田教諭新城章楹柱天撰。

仰編　國朝錢塘丁詠淇瞻武撰。

固窮遺則　國朝海甯朱應朝晉卿撰。

孺慕心聲　國朝海甯汪高景高撰。

自述一篇　國朝海甯查克贊堯賞撰。

多艱紀事　國朝海甯朱永康撰。

绛帳紀聞蓮池紀聞杏村紀聞　國朝錢塘王雲廷撰。

益古軒隨筆一卷白醉軒雜録一卷平昌識小録一卷　國朝海甯陳世修撰。

讀書録二卷游藝録一卷〔一二〕　國朝海甯陳世佶撰。

自翁自言 國朝諸生海甯沈端明則菴撰。

經史辨疑 國朝舉人海甯許勉燾光隅撰。

客窗偶筆三晉紀聞東野瑣言囈語一卷 國朝錢塘邵胡然撰。

怡園紀聞 國朝豐城知縣海甯周光斗在霄撰。

筆録十卷傔録一卷 國朝錢塘沈名蓀撰。

拒石子二十卷 國朝仁和陸繁弨儇胡撰。

肅松録 國朝郎中仁和汪璽樊桐撰。見《分甘餘話》。

羣書折衷二卷中説摘要一卷 國朝海甯許焻〔一三〕撰。

讀書録十二卷 國朝海甯查克念撰。

叩彈雜著句陳録 國朝諸生海甯查基履旋撰。

發潛録 國朝海甯許勉燉撰。

經史十參數十卷尚史七十卷燈燭光十卷 國朝海甯許道基撰。

窒村臆説 國朝内閣中書海甯查復見初撰。

清晤録 國朝仁和金甡撰。

岑陽偶録 國朝江浦知縣餘杭王舟瑶白虹撰。

蟲蠖軒筆記 國朝拔貢海甯張爲儒層芝撰，思問子。

述意二卷 國朝海甯朱治忠昆萬撰。

偶然録 國朝監生海甯查瀚樸莊撰。

蠡測録 國朝國子監典簿錢塘金焜以甯撰，志章長子。

格物考百衲琴清華録 國朝仁和黄樹穀撰。

虎林聞見録 國朝杭州徐繼稺撰。

羣書索隱 國朝仁和趙殿成撰。

考古編 國朝餘杭嚴錫綸撰。

素菴外紀 國朝海甯陳之遴撰。

日記一卷 國朝海甯范驤撰。

瑣録 國朝海甯查城秀方撰。

尊聞録 國朝貢生錢塘汪〔一四〕惟憲子宜撰。

海昌會話一卷 國朝海甯朱邇邁撰。

悔齋梱行記 國朝海甯許全可撰。

南齋紀聞四卷 國朝錢塘何玉梁撰。

韓門綴學五卷續編一卷坦橋脞説一卷談書録一卷清暉小志三卷 國朝錢塘汪師韓撰。

吟月軒雜鈔 國朝諸生海甯曹維心耕書撰。

牙後餘馨十卷 國朝海甯陸洪疇撰。

不教子孫書六卷 國朝監生海甯黄東野子肩撰。

考索集并辨録 國朝海甯祝淦撰。

道閑書屋雜識一卷 國朝會理知州海甯陳鏋存和撰，鱗子〔一五〕。『詩輯』作『河池州州同』。

金屑録 國朝仁和吴穎芳撰。

備忘録 國朝石灞知州海甯俞洲沙村撰。《詩輯》作北通州州同。

意蕊餘輝 國朝海甯林元撰。

盥蒙雜著四卷鑒古録十六卷 國朝仁和沈廷芳撰。

蜸〔一六〕**硯齋雜志** 國朝工部屯田主事海甯祝喬齡東瀛撰。

閒餘筆話一卷 國朝海甯吴嗣廣撰。

見聞隨筆 國朝景甯教諭海甯查祖香薈林撰，昌圖子。

蒜市雜記一卷經史質疑又亢宗録 國朝仁和杭世駿撰。

湖〔一七〕**山臆説** 國朝海甯許鯤飛撰。

見聞録四卷　國朝諸生海甯陳廷表西樸撰。

柑園小識一卷　國朝錢塘朱楓撰。

開便劄記　國朝海甯陸任知撰。

小眠齋讀書日札四卷湛華軒雜録四卷槐塘識小録一卷　國朝錢塘汪沆撰。

巢經閣讀古記二十卷　國朝海甯查岐昌撰。

春草園小志一卷　國朝薦舉博學鴻詞仁和趙昱谷林撰。

湛蘭書屋雜記　大理寺丞錢塘汪汝瑮滌原撰。[一八]

垂露菴雜記八卷　國朝監生海甯楊鴻逵大瀛撰。《詩輯》作餘杭人。

龍城札記四卷鍾山札記四卷又羣書拾補三十六種[一九]　國朝仁和盧文弨撰。

秋室學古録　國朝翰林院侍讀學士仁和余集秋室撰。

硯説筆談　國朝海甯陳克恕撰。

牧翁雜記一卷　國朝監生海甯查岳勝予[二〇]撰，祥從弟。

讀書脞録七録又風俗通佚文輯　國朝仁和孫志祖撰。

讀書説一卷松靄類説十五卷岑政録一卷桐陰隨録一卷困學偶筆一卷選材録一卷　國朝海甯周春撰。

隨園隨筆二十八卷　國朝江甯知縣錢塘袁枚子才撰。

不芳園雜俎一卷　國朝海甯查虞昌撰。

讀書正譌十七卷　國朝海甯郭夢元撰。一作十卷。

魯齋述得一卷　國朝諸生錢塘丁傳魯齋撰，敬子。

得真齋雜録四卷又望雲小辨學林隨筆　國朝錢塘丁仲夔齋撰。

備忘録十卷　國朝沭陽〔二二〕知縣海甯倪學洙敏修撰。

劍首一吷一卷　國朝貢生海甯張瑚香雪撰。

道樞書屋隨筆十卷　國朝錢塘何紀堂撰。

晝城日記一卷　國朝貢生海甯王昀汝梅撰。

藤薟軒雜録　國朝錢塘吴嶸撰。

經史説海　國朝錢塘沈景煦撰。

甯城行樂記一卷　國朝海甯陳萊孝撰。

渫堂筆談　國朝舉人海甯蔣奏平松岡撰。

花溪雜著　國朝海甯董夏方撰。

寄傲軒讀書隨筆二筆三筆四筆寒夜叢談〔二三〕　國朝仁和沈赤然撰。

符驗録　國朝建德教諭海甯王步雲青聯撰。

手披隨録二十卷　國朝處州教授海甯張駿荔裳撰。

淮南子高注校補　國朝錢塘諸以敦撰。

通俗編三十八卷　國朝仁和翟灝撰。

補校注馬總意林五卷逸文補篇二卷四部寓眼四卷時還讀我書録二卷循庭纂聞五卷三餘摭録三卷自治偶鈔四卷　國朝海甯周廣業撰。

貯月樓叢鈔　國朝錢塘吴錫麒撰。

吕子校補二卷瞥記七卷　國朝仁和梁玉繩撰。

寶甓齋札記二卷　國朝仁和趙坦撰。

桃溪客語五卷小桐溪録一卷小桐溪隨筆二卷尖陽叢書十卷尖陽載筆一卷槎客日譜六卷桐陰日省編　國朝海甯吴騫撰。

蛾子録三卷　國朝錢塘金文湆撰。

柳衣隨筆一卷　國朝諸生海甯管題雁杏橋撰。

經史析疑　國朝舉人錢塘曹延宗可堂撰。

看竹隨筆約畧語課兒日録　國朝仁和陳嵇撰。

瓶谷雜鈔六十卷窮愚挂漏編二十卷　國朝貢生杭州吴繩基其武撰。

經史纂要三卷夢蓮居隨筆四卷　國朝海甯祝咸章撰。

見聞録　國朝諸生海甯吴勳勤方撰。

學餘雜綴　國朝諸生海甯曹燦曉峯撰。

稗販八卷　國朝諸生仁和曹斯棟仙耨撰。

小言三卷　國朝陳芳生撰。

昔遊紀畧一卷　國朝監生海甯王龍蟠香潭撰。

讀書偶識〔一三〕　國朝海甯張豸冠撰。

入山録　國朝廪生錢塘諸以湻鄧門撰。

夢椽雜鈔八卷許田隨筆四卷梅窗小牘一卷橘林叢談二卷夢椽臆説二卷紹林紀聞二卷

日見札記一卷梓里瑣言一卷瓜廬紀異六卷　國朝海甯許良謨撰。

日貫齋塗説一卷直語補證一卷屬辭筐舉　國朝錢塘梁同書撰。

格物編詅癡蕞殘蟄夫碎録　國朝錢塘吴顥撰。

問奇備録　國朝海甯陳敬禮撰。

書城管見四卷　國朝錢塘陳智學撰。

藥齋雜記一卷　國朝監生海甯許倓書華撰。

東軒遺録碧溪叢鈔　國朝仁和朱文藻撰。

讀書記畧　國朝仁和汪震撰。

經傳質疑録　國朝諸生海甯朱治馨薌谷撰。

冬烘餘事四卷　國朝海甯查餘穀二餘撰。

莧園雜説二卷　國朝錢塘沈起潛撰。

充安齋雜著念舊録　仁和沈名滄撰。〔二四〕

小蓬廬劄記十八卷雜綴二卷辛壬日鈔二卷南山省墓録二卷闈事紀聞六卷　國朝海甯周勳懋撰。

槐陰雜著掌故舌學考訂辨證經史　國朝莘縣知縣錢塘鄒淦與曾撰。

讀書晰疑集醉疑語録　國朝訓導仁和周宗謨岫雲撰。

恒言廣證六卷松硯齋隨筆　國朝海甯陳鱣撰。

二梅日記　國朝海甯應履墀撰。

庭立紀聞四卷　國朝錢塘梁學昌、梁耆、梁眾、梁田同撰。

豔雪亭雜纂　國朝海甯王德浩撰。

雪林外紀三卷　國朝諸生海甯周利親析孫撰。

豔雪軒隨録六卷　國朝仁和龔守正撰。

四寸學六卷垂綏録十卷　國朝錢塘張雲璈撰。

疑鄭編　國朝仁和胡敬撰。

考古紀畧　國朝海甯朱實秀撰。

田居題掌録二卷榆村别墨七卷　國朝海甯許朝埰撰。

瀚海披沙十卷　國朝杭州武文斌質君撰。

硯田蒉稗十二卷　國朝錢塘顧震撰。

萬里長征記　國朝安平知縣餘杭沈曰掄卜子撰。

棘園隨筆二卷　國朝富陽朱絅撰。

桂萼軒雜誌　國朝諸生海甯李榕鏡湖撰。

尋樂齋偶鈔二卷　國朝兖沂曹濟道錢塘王朝梧蔗園撰，際華子。

止止軒雜誌　國朝諸生海甯吴煜三泰來撰。

方言韻編二十四卷　國朝泰興知縣仁和諸嘉樂秋士撰，以敦子。一名《證俗雜字彙編》。〔二五〕

顔氏家訓補注　國朝錢塘汪衡撰。

經史質疑録二卷 國朝海甯吴乙照撰。

客秦隨筆六卷 國朝海甯陳均撰。

惜陰日記 國朝仁和宋咸熙撰。

學餘日記 國朝海甯查世佑撰。

履思堂遊記 國朝餘杭章昶撰。

愛日同長録 國朝諸生仁和皇甫熖新菴撰。

曝書日記内外紀畧 國朝歲貢仁和宋振業杏洲撰。

家塾課蒙二十卷 國朝仁和錢林撰。

然糠録四卷 國朝錢塘鎖成撰。

真境巵言 國朝餘杭陸順豪撰。

永嘉聞見録二卷學福軒筆記 國朝仁和孫同元撰。

意林翼 國朝仁和汪家禧撰。

桑梓見聞記 國朝餘杭黄玉錕撰。

慕園小誌 國朝杭州汪士驤撰。

雨般秋雨菴隨筆八卷 國朝舉人錢塘梁紹壬晉竹撰，履繩孫。

攷證經史筆記又敬哀録一卷　國朝新城羅以智撰。

書倉編四卷　國朝海甯曹步垣辛浦撰。

藥勩談屑四卷　錢塘吴長卿更生撰。見沈濤《交翠軒筆記》。〔二六〕

涉聞梓舊蔛補隅録十四種　國朝海甯蔣光煦撰。

困學齋雜記學圃雜記學圃餘談　國朝仁和萬籛齡撰。

石林燕語集辨懶真子録集證　國朝太常寺博士仁和胡珽心耘撰。

黛雲館贅語三卷捫蝨瑣談二卷南湖避暑録四卷　國朝海甯曹宗載撰。

棗林雜俎補釋　國朝海甯潘德音撰。

高辛硯齋雜著二卷　國朝平江知縣海甯俞鳳翰少軒撰。

翏莫子雜識一卷　國朝優貢海甯俞興瑞吉暉撰。

書塾劄記　國朝諸生海甯金麟應介亭撰。

次憲齋筆記十二卷　國朝海甯查有新撰。

富春軒雜著二卷　國朝海甯吴壽暘撰。

學古粹編玉盤集小方壺日記　國朝廩生海甯徐紹曾慎初撰。

北窗囈語一卷白雲儔侶傳一卷　國朝海甯查奕慶撰。

習苦齋筆記一卷　國朝錢塘戴熙撰。

多聞闕疑録四卷巴山夜雨録八卷　國朝海甯陳堪卿撰。

今方言　國朝仁和龔自珍撰。〔二七〕

平生師友小記　國朝仁和龔自珍撰。〔二八〕

鱸鄉札記　國朝諸生海甯吴之湆錇和撰。

續日知録　國朝諸生海甯朱湘愚泉撰。

讀書雜識十二卷　國朝仁和勞格撰。

雪煩叢載二卷　國朝錢塘張道撰。

故舊述聞四卷湖山故事輯四卷　國朝錢塘張之杲撰。

海隅遺珠録丱兮筆記二卷一瓻筆存十卷屐霜雜識七卷花近樓叢書十四卷待清書屋雜鈔二十四卷　國朝海甯管庭芬撰。

退庵隨筆一卷　國朝韶州知府錢塘沈映鈐輔之撰。

無事爲福齋筆記　國朝陝西鹽道錢塘韓泰華小亭撰。

復堂日記　宿松知縣仁和譚獻仲修撰。〔二九〕

炳燭紀聞十六卷　國朝錢塘施鴻保撰。

海巘録一卷　錢塘諸可繼撰。〔三〇〕

盟鷗草亭筆記三卷　仁和鄭家學撰。〔三一〕

尊前話舊一卷　國朝海甯祝翼棐妻陸莘行撰。

清異三録　國朝餘杭陳紹翔女陳爾士撰。

右雜家類

熙甯姓纂六卷　宋臨安錢明逸撰。

家塾蒙求二十五卷宗室蒙求三卷幼學須知五卷　宋餘杭孫應符仲潛輯〔三二〕。

職官分紀五十卷　宋富陽孫逢吉輯。文淵閣著録。

古賢小字録七卷　宋陳思輯。文淵閣著録止一卷，無古賢二字，今仍《乾隆志》。

自號録一卷　宋錢塘徐光溥輯。

事偶韻語　元昌化凌緯輯。

詩學彙選二卷詩學字類二十四卷〔三三〕　明錢塘胡文焕輯。《詩學彙選》，見《四庫》附存目。

合纂類語三十二卷　明錢塘魯重民輯。

卓氏藻林八卷　明光禄寺署正錢塘卓明卿澂甫輯，一云署丞。《四庫》附存目。

圖書粹六十卷　明海甯吴太沖輯。

竹香齋類書三十七卷 明錢塘張墉輯。

事物攷 明海甯陳之伸輯。

通經類編二十卷 明海甯朱襄輯。

類苑雲箋要典一百卷 明諸生海甯張王綱、孟嘉輯。

韻史一卷 明海甯許令瑜撰。

雅俗通用珠璣藪八卷 杭州方口口輯。〔三四〕

教養全書四十一卷 國朝仁和應撝謙輯。《四庫》附存目。

案：《乾隆志》列政書通制之屬，今據《四庫書目》改正。《杭郡詩輯》『全書』作『全録』。

穀玉類編 國朝諸生仁和汪先舒今魏輯。

考古經濟類編十二卷 國朝仁和柴紹炳輯。《四庫》附存目。

案：《乾隆志》列政書通制之屬，今據《四庫書目》改正。

類林新詠三十六卷 國朝錢塘姚之駰輯。

墨林類纂 國朝海甯祝增撰。

廣羣輔録六卷 國朝仁和徐汾輯。《四庫》附存目。

案：《乾隆志》列傳記總録，今據《四庫書目》改正。

口譜二十四卷 國朝錢塘陸圻撰。

經世驪珠　國朝錢塘陸堦撰。

僻姓經見録三卷訂補宮閨小名録六卷　國朝海甯許勉燉撰。

韻材碎錦十卷　國朝監生海甯陳時敏學圃輯。

姓氏譜　國朝海甯查昇輯。

百家姓類音正聲一卷　杭州胡湞龍川輯。〔三五〕

同姓名録八卷　國朝錢塘王廷燦輯。《四庫》附存目。

藝餘類纂四十卷　國朝仁和杭機可菴輯。

格致鏡原一百卷　國朝文淵閣大學士海甯陳元龍輯。文淵閣著録。

子史備覽一百十卷　國朝海甯周諧輯。

韻府彙編一百卷賦彙題解十卷　國朝海甯陳世侃輯。

古人言行集腋十卷　國朝海甯陳麟輯。

格致韻言　國朝錢塘沈起潛輯。

説郛　國朝錢塘張遂辰輯。

奇姓編　仁和沈名滄撰。〔三六〕

廷獻先資四卷　國朝翰林院檢討海甯管式龍南棠輯，鳳苞從第。

蒼筤圃類書二十四卷　國朝諸生海甯陳埰孝薑畦輯。

儷語擷華　國朝錢塘馬銓輯。

續歲華紀麗十卷　國朝錢塘吴焯輯。

左傳事類賦一卷　國朝海甯陳世佶撰。

韻府珠船　國朝海甯查基輯。

藤溪叢書三百二十三卷　國朝諸生錢塘朱協廉簡亭輯。

集左氏類對　國朝海甯許甯基撰。

事類合璧八卷異聞合璧二十四卷　國朝錢塘倪濤輯。

天中記時物令序纂　國朝錢塘裘之容輯。

漢書蒙拾二卷文選課虚一卷　國朝仁和杭世駿撰。

文選難字　國朝海甯林元輯。

齊名類纂孝感事實　國朝貢生海甯沈廷琬六若輯。

詩文雜俎姓氏聯珠千文同聲　國朝海甯葛璇輯。

干支韻典〔三七〕　國朝海甯許良謨輯。

經史避〔三八〕名彙考四十六卷　國朝海甯周廣業輯。

歲時藻玉 國朝錢塘雷載輯。

慕庭類書臆纂二十四卷 國朝增生餘杭嚴肇起輯。

姓氏考 國朝貢生錢塘陳皋對鷗輯。

文章事類 國朝錢塘沈景煦輯。

三代姓原 國朝錢塘丁傳輯。

逸名類鈔 國朝海甯陳敬璋輯。

古今奇姓名録四卷 國朝海甯陳均輯。

太歲考一卷羣仙傳八卷 國朝錢塘黄超輯。

萬姓考畧 國朝海甯曹惟心輯。

事物異名録四十卷 國朝仁和關槐增纂，慈溪厲荃原輯。

經史要語二十卷文翰拾遺四卷 國朝海甯祝咸章輯。

駢語珠英 國朝錢塘吴錫麟輯。

廣五雜俎八卷 國朝諸生海甯周以澄秋水輯。

述古分韻聯珠六卷 國朝仁和朱鐘與上虞王曰睿同輯。

廣蒙求十六卷 國朝兵科給事中海甯查元偁又山輯。

詞苑珠叢　國朝海甯吴壽暘輯。

一百十千書六卷　國朝海甯陳堪卿輯。

月令萃編補遺　國朝仁和王言輯。

皇朝掌故類編三十卷　仁和鄭家學伯塤輯。〔三九〕

音韻纂組　國朝閏秀錢塘梁氏輯。

右類書類

南部新書十卷青雲總録一百卷青雲新録又洞微志十卷　宋翰林學士臨安錢易希白撰。《南部新書》，文淵閣著録。《補五代史藝文志》，《洞微志》一百卷，今仍《乾隆志》。

北窗炙輠録一卷　宋監官施德操撰。文淵閣著録。

繼潛録　宋張雯撰。

湘山野録三卷續録一卷玉壺野史七卷　宋杭州僧文瑩撰。文淵閣著録。『野史』一作『清話』。

稗史一卷　元溧陽教授錢塘仇遠仁近撰。

遂昌雜録　錢塘鄭元祐撰，一云遂昌人。文淵閣著録。〔四〇〕

山居新語四卷　元浙東道宣慰使杭州楊瑀元誠撰。文淵閣著録。

玉池談屑四卷　明海甯徐泰撰。

貽清堂日鈔 明吏部考功司郎中仁和錢養廉國維撰。《四庫》附存目。

案：《乾隆志》列傳記類，今據《四庫書目》改正。

碧里雜存一卷 明海甯董穀撰。

孝經集靈一卷 明錢塘虞淯熙撰。《四庫》附存目。

案：《乾隆志》列孝經類。《四庫書目》云：其書專輯《孝經》靈異之事，既不詁經，未可附於經解，退居小説，庶肖其真。今據改正。

剪燈新話四卷附録一卷又游藝録 明錢塘瞿佑撰。

秉燭清談五卷湖海奇聞五卷又剪燈餘話 明餘杭周禮撰。

增補鶴林玉露二十四卷 明杭州謝天瑞撰。《玉露》本十六卷，天瑞新增補八卷。見《千頃堂書目》。

松窗夢語八卷 明仁和張瀚撰。

説統增訂一百卷 明張懋撰。

據梧鈔二卷 明海甯許相卿撰。

琅嬛史唾十六卷 明錢塘徐象梅撰。《四庫》附存目。

偶語一卷 明錢塘鄭圭撰。

三徑怡閒録三卷 明錢塘高濂撰。

神事日搜二卷 明錢塘胡文焕撰。

纂異集四卷〔四一〕　明仁和吴瓚撰。

案：《乾隆志》重見別集類，今删彼録此。

枕上荒言　明諸生錢塘嚴敕無敕撰。

竹窗語録　明錢塘張右民撰。

癸未夏鈔四卷　明錢塘僧静福撰。《四庫》附存目。

冥報録二卷　國朝錢塘陸圻撰。《四庫》附存目。

漢世説二十卷　國朝恩貢錢塘章撫功仁黼撰，士斐次。《四庫》附存目作『十四卷』，今仍《乾隆志》。

南北朝世説二十卷　國朝錢塘章繼泳信園撰。

曠園雜志二卷　國朝錢塘吴陳炎撰。《四庫》附存目。

案：《乾隆志》列雜家，今據《四庫書目》改正。

聞見巵言五卷　國朝海甯祝文彦撰。

史唾增删六卷甌茗小記一卷醉鄉雜史一卷　國朝仁和吴兆隆撰。

山海經廣注〔四二〕　國朝仁和吴任臣撰。文淵閣著録。〔四三〕

案：《乾隆志》列地理類山川之屬，今據《四庫書目》改正。

壯非瑣言五卷江樵雜録四卷　國朝錢塘丁文策撰。

今世説八卷今世説補　國朝仁和王晫撰。《今世説》，見《四庫》附存目。

科名炯鑑　國朝海甯陳雲駿撰。

礪史一卷　國朝錢塘陸韜子容撰，彦龍嗣子。

黄腄漫志四卷　國朝舉人錢塘汪坤舍〔四四〕亭撰。

見聞瑣異鈔　國朝監生餘杭嚴曾榘定隅撰，沆子。

綀谷叢説一卷　國朝錢塘吴焯撰。

短檠隨筆五卷　國朝仁和楊楷撰。

山齋客談五卷〔四五〕　國朝仁和景星杓撰。

説瘧一卷　國朝錢塘汪沆撰。一名《瘧苑》。

叢殘小語一卷　國朝增生錢塘丁健誠叔撰，敬長子。

蕉窗日記　國朝工部主事海甯陳克鑑于人撰。

攬秀軒隨筆三卷　國朝仁和盧潮生撰。

雨窗紀聞　國朝錢塘范炳撰。

丱兮紀聞短檠綴言　國朝海甯張瑚撰。

新齊諧二十四卷　國朝錢塘袁枚撰。

談暇四卷　國朝海甯陳萊孝撰。

三衢可談録玉屑篋涉獵隨筆 國朝仁和翟灝撰。

扶風傳信録一卷 國朝海甯吴騫撰。

塗説四卷 國朝諸生錢塘繆艮蓮仙撰。

影談八卷 國朝海甯管世灝月楣撰，應祥從子。

芸窗閒遺編 國朝仁和萬籛齡撰。

警俗編 國朝海甯夏之時杏儒撰。

雨窗瑣談 國朝海甯董皓竹汀撰。

瑣談二卷 國朝仁和姚光晉撰。

宵雅隱語十二卷 國朝舉人海甯查傳蓉仙眉撰。

瓊花館近談 國朝錢塘施朝幹撰。

宋人小説類編四卷續編一卷 國朝大竹縣丞錢塘吴爲楫嘯雲撰，經世子。

息影偶録 國朝仁和張埏埴甫撰。

鷗巢閒筆三卷雪煩廬記異二卷 國朝錢塘張道撰。

右小説類

義記十二卷 唐天竺山僧法詵撰。

般若經品頌偈一卷破邪論一卷　唐杭州千頃山僧楚南撰。

華嚴經清涼疏一百五十卷華嚴經畧一卷　唐慈雲寺僧澄觀撰。

解宣律師法華序一卷評經鈔五卷　五代吴越杭州龍興寺僧可周撰。

簡正記二十卷　五代吴越杭州真身寶墖寺僧景霄撰。

增暉録三十卷易會釋記二十卷　五代吴越錢塘千佛寺僧希覺撰。

般若心經永新鈔又上生經暉理鈔又彌勒成佛經疏鈔又補猷鈔闕[四六]　五代吴越杭州龍興寺僧宗季[四七]撰，俗姓俞，臨安人。

高僧傳三十卷　宋餘杭僧慶祥撰。《四庫》附存目作『杭州龍興寺僧贊甯撰』，今仍《乾隆志》。

金剛辨惑一卷復宗二卷法華撮要一卷　宋上天竺山僧處咸撰。

金剛疏又十六觀小彌陀義疏又刪定尼戒本又資持記又濟緣記又行宗記又應法記又往法記又報恩記　宋錢塘僧元照撰。《刪定尼戒本》，《西湖高僧事畧》作《刪定律尼本》，今仍《乾隆志》。

金剛元解又圓覺畧説又仁王疏記[四八]又楞嚴元覽一卷又楞迦通義六卷又金錍義解又因革論又簡鏡十策又四部格言又宗教元述　宋上天竺山僧善月撰。

法界觀摭一要記四卷大乘止觀法門四卷　宋天竺山僧遵式撰。《法界觀摭一要記》，《文獻通考》作《法界摭要記》。

文殊般若經疏二卷析重鈔一卷般若心經疏一卷詒謀鈔一卷阿彌陀經疏一卷西資鈔二卷百非鈔一卷發源機要記一卷三德指歸十卷三種釋涅槃索隱記四卷表微記二卷二種釋光明元無量義經疏一卷摭華鈔二卷釋圭峯蘭盆疏闡義鈔二卷刊正記二卷釋觀經疏普賢行法經疏一卷不思議法門經疏一卷首楞嚴經疏十卷谷響鈔五卷龍王法印經疏一卷遺教經疏二卷四十二章經疏一卷瑞應經疏一卷垂裕記十卷釋淨名疏畧又顯性録釋金錍正義一卷釋不二法門又閒居編五十一卷　宋孤山僧智圓撰。

涅槃經注　宋杭州龍興寺僧皓師撰。

毘曇大義疏　宋於潛僧慧集撰。

律宗十二部經解又會正記十二卷　宋錢塘僧允堪撰。

圓事理説　宋天竺山僧元淨撰。

扶宗顯正論　宋淨慈寺僧善慶撰。

金光明護國儀又請觀音懺儀又往生淨土懺儀又熾盛光懺儀又小彌陀懺儀又法華三昧懺儀　宋慈雲寺僧式師撰。

淨土修證儀　宋淨慈寺僧瑛撰。

讀教記二十卷　宋天竺山僧法照撰。

元義文句止觀又金光明金錍論　宋慈光院僧晤恩撰。

指要鈔詳解二卷　宋杭州僧度師撰。

大慧普覺禪師語録三十卷又指源集又正法眼藏三卷宗門武庫一卷　宋徑山僧宗杲撰。

《文獻通考》作『《大慧語録》四卷』，《餘杭志》引《指月集》作『《禪師語要》二卷』。

靈隱勝和尚法要五卷　宋靈隱寺僧勝師撰。見鄭樵《通志·藝文畧》。

鐫峯語録十卷法舟語録二卷法舟和尚剩語一卷　宋淨慈寺道濟撰。

澹堂竹筒和尚語録　宋鹽官僧德明撰。

奏對録　宋錢塘僧德光撰。

草菴録　宋南湖僧因師撰。

天目禮禪師語録一卷　宋臨安僧文禮撰。

癡絶禪師語録　宋徑山僧道中撰。

宗鏡録一百卷　宋靈隱寺僧延壽撰。《乾隆志》云：『《咸淳志》作「一百二十卷」，誤。』

尼蒙求一卷釋迦如來成道記一卷　宋錢塘僧道誠撰。

傳法正宗記十一卷輔教編三卷又禪宗定祖圖　宋僧佛日契嵩撰。

五燈會元二十卷　宋靈隱寺僧普濟大川撰。文淵閣著録。

宗極論删定止觀　宋僧宗印撰。

三會語録　宋僧大訢撰。

楞嚴纂注　元徑山僧法本撰。

楞嚴徵心辨見或問一卷天目中峯和尚廣録三十卷一花五葉集四卷　元僧明本撰。

金剛經集注又心經注又仁王經如意輪咒經科　元上天竺僧性澄撰。

悦堂禪師四會語録　元淨慈寺僧悦堂撰。

寂照和尚四會語録八卷　元徑山僧行端撰。

慧文正辯佛日普照元叟端禪師語録四卷　元徑山僧法琳撰。

佛日普照慧辯楚石禪師語録十六卷　元徑山僧祖光撰。

大辨禪師語録　元徑山僧希齡撰，一作希陵。

心經茅鋤　明仁和宋應昌撰。

大藏搜奇　明錢塘翟佑撰。

楞嚴經輯注　明錢塘陳瓛撰。

寰有詮五卷　明仁和李之藻撰。

教外别傳十六卷又先覺宗乘又五家語録　明海甯郭凝之撰。

楞嚴經注釋　明海甯陳天佑〔四九〕撰。

雲棲大師傳　明錢塘虞淯熙撰。

金剛經注一卷心經注一卷楞迦經注四卷　明延恩寺僧如玘、天界寺僧宗泐同撰。

永明道蹟　明淨慈寺僧大壑輯。宋延壽禪師事蹟。

五燈法語二十二卷金剛三昧經注解一卷又涅槃會疏又法華意語又楞嚴臆説又思益梵天所問經解又宗門或問又慨古録一卷雲門湛禪師語録八卷　明徑山僧圓澄撰。

聯燈會要　明淨慈寺僧悟明撰。

報恩經解畧　明雲棲寺僧智願撰。

法華科注四卷大〔五〇〕明三藏法數十八卷　明上天竺山僧如一撰。《大〔五一〕明三藏法數》，《天台山方外志》作『五十卷』。會稽人修《永樂大典》命如一掌其事。

三時繫定儀文一卷楞迦引又天蓋論　明上天竺山僧明源撰。

三境圖論　明淨性寺僧並學撰。

彌陀經疏鈔四卷佛説遺教經論疏節要補注一卷沙彌律儀毘尼日用合參三卷菩薩戒義疏發隱五卷戒疏發隱事義一卷菩薩戒明辯一卷明名僧輯畧一卷雲棲志一卷七筆勾一卷禪宗十牛圖一卷禪學一卷禪警一卷禪考一卷禪偈一卷楞嚴模象記一卷西

方願文畧釋戒殺放生文一卷竹窗隨筆一卷二筆一卷三筆一卷正訛集一卷直道録一卷山房雜録二卷遺藁四卷雲棲共住規約四卷雲棲記事一卷孝義菴録一卷塔銘一卷緇門警訓續集一卷緇門崇仁録一卷僧訓日記一卷自知録二卷禪關策進一卷勸善録二卷普勸修行文一卷往生集三卷諸經日誦集要二卷答虞湻熙四十八問一卷　明雲棲寺僧袾[五二]宏撰，字佛慧，號蓮池。《楞嚴模象記》以下二十一種，總名《雲棲法彙》。

現果隨録一卷又佛法本草罷菴詩偈一卷　明靈隱寺僧戒[五三]顯悔堂撰。《現果隨録》，見《四庫》附存目。

雜華文表　明報國寺僧喬松撰。

證宗論又三教論　明靈隱寺僧清[五四]覺撰。

成唯識論自考　明蓮居寺僧大惠撰。

觀老莊影響論一卷憨山大師雙徑録一卷憨山緒言一卷　明徑山僧德清撰。《乾隆志》云：『《觀老莊影響論》闡明梵學，證以老莊之旨。』

毒峯語録　明錢塘僧本善撰。

愚菴禪師四會語　明徑山僧智及撰。

二會語録　明錢塘僧世愚撰。

三會語録　明淨慈寺僧紹大撰。

高峯大師語録一卷　明淨慈寺僧原妙撰。

敬菴莊禪師四會語録　明徑山僧敬菴莊師撰。

東谷語録又十緇頌又禪本草一卷　明海甯僧慧日撰。

會宗録　明仁和僧師範撰。

提金剛經十卷又金剛隨説又金剛别傳又金剛拈又心經句義又彌陀舌相又涅槃末後句又法華懸談又維摩饒舌又楞迦心印又楞嚴答問又圓覺聯珠又藥師燈焰又參智燈傳十卷又洞山价祖廣録又四教儀直指又梵綱戒光又唯識删繁又五雲頌古六卷又洞宗剛要源流頌又華嚴頌又學佛考訓又閱藏偶録　明雲溪僧淨智撰，《浙江通志》作『淨挺』，今仍《乾隆志》。

十地歌　明靈隱寺僧清覺撰。

講貫結偈　明僧永顧撰。

大德流光譜一卷　明海甯僧成禮撰。

七俱胝[五五]佛母準提陀羅經行法一卷經疏十種　明海寧僧受汰撰。

濟宗鼎禪師語録　明徑山僧鹽梅撰。

元微和尚頌旨一卷　明海甯僧妙用撰。

楞嚴四書合疏　國朝諸生仁和郎星友月撰。

楞嚴經注文又南華模象記　國朝舉人仁和張世犖寓椿撰。《楞嚴經注》，《輶軒録》作《楞嚴了義》，今仍《乾隆志》。

金剛經如是説　國朝諸生海甯沈籍阮又撰。

藕花居士金剛經集注　國朝海甯汪高撰。

大藏摘髓　國朝仁和吴震生撰。《杭郡詩輯》又作「吴穎芳撰」，今仍《乾隆志》。

金剛經注　國朝孝義知縣海甯陳肇開雨蒼撰。

唯識論直解　國朝吴樹靈撰。

五百羅漢志十二卷　國朝海甯周蓮撰。

大悲咒音義一卷佛爾雅八卷悉曇奥論三卷　國朝海甯周春撰。

三教通俗論一卷　國朝諸生海甯李宗豪人傑撰。

續五燈存稿十二卷箬菴禪師語録十卷磬室後録一卷　國朝理安寺僧通問箬菴撰。

案：《乾隆志》：《續五燈存稿》明理安寺僧通問撰，《箬菴禪師語録》國朝理安寺僧通問撰。考《理安寺志》通問號箬菴，著有《語録》、《磬室後録》、《續燈録》諸書，意《續燈録》即《續五燈存稿》，其爲一人所撰無疑，今據增改。通問生萬歷甲辰，卒順治乙未，故列國朝。

楞迦經記又佛祖綱宗四卷又飯戒儀放生儀二卷　國朝慈雲寺僧續法撰。

宗鑑法林七十二卷迦陵禪師語録二十卷又語要一卷指要一卷又雜毒海八卷　國朝理安寺僧性音迦陵撰。

正宗録六十一卷列祖提綱録四十二卷又梅谷禪師語録八卷　國朝理安寺僧行悦梅谷撰。

大覺國師語録十二卷　國朝崇福寺僧通秀玉林撰。

正法録一卷正訛録一卷濟水禪師語録一卷傳戒儀範二卷囘生訣顯正説一卷[五六]　國朝理安寺僧行洸濟水撰。

佛日禪師語録十二卷外集八卷　國朝理安寺僧明義佛日撰。

天竺禪師語録十二卷　國朝理安寺僧行珍天竺撰。

越鑑禪師語録一卷　國朝理安寺僧超徹越鑑撰。《理安寺志》作「二卷」，今仍《乾隆志》。

獨超禪師語録一卷淨土格言一卷　國朝理安寺僧超方獨超撰。

夢菴禪師語録八卷寶倫集二卷　國朝理安寺僧超格夢菴撰。

調梅禪師語録二十卷　國朝理安寺僧明鼎調梅撰。

曉菴禪師語録三卷　國朝理安寺僧行昱曉菴撰。

鹽官名德録二卷性善録　國朝海甯僧真照撰。

月新禪師語録二卷　國朝海甯僧月新撰。

金剛經指南　國朝海甯惠力寺僧慧幢[五七]撰。

禪關百物頌一卷 國朝海甯僧善安撰。

洪衍禪師語録一卷 國朝東林寺僧洪衍撰。

滄洲禪師語録 國朝準提菴僧實怡撰。

祖庭數典録 國朝海甯僧達受撰。

龍藏考證七卷三普銷文記七卷龍樹三椏記 仁和龔自珍撰。〔五八〕

心經畧解金剛經要解餘一録適言集西話集 國朝安國寺僧道昌撰。

遺戒十章規約十九則 國朝慶善寺僧明願德乘撰。

淨土連環偈 國朝安國寺僧通載撰。

右釋家類

老子義綱一卷老子義疏一卷夷夏論一卷 齊鹽官顧歡撰。《唐藝文志》作『《道德經義疏》四卷，《義疏治綱》一卷，《夷夏論》』。見《隋書・經籍志》。

性法自然論 梁朱世卿三議撰。世卿隱居靈隱山下。此書見《廣宏明集》，主莊老而排釋氏之説。

老子義疏一卷 陳鹽官顧越撰。見《南史》本傳。

默希子注文子十二卷通元真經十二卷元鑑五卷三洞要畧 唐錢塘徐靈府撰。默希子，靈府自號。

金丹口訣一卷修真詩解一卷 唐鹽官馬湘自然撰。

道德經疏二卷 宋襲開國男昌化章祖義撰。

莊子注 宋餘杭趙汝談撰。

老子解十卷 宋餘杭趙善湘撰。

莊子注 宋於潛洪咨夔撰。

沖虚至德真經解八卷 宋杭州學内舍生江遹進撰。文淵閣著録。

南華真經義海纂微一百六卷又老子集注列子集注 元吴山道士褚伯秀撰。《義海纂微》，文淵閣著録。

道書援神契一卷 元錢塘吾邱衍撰。

元林正集 元仁和陳虚白應修撰。

元品録五卷出世集三卷碧巖元會録二卷老氏經集傳幽文 元錢塘張雨撰，一云吴郡人。《元品録》，文淵閣著録。

南華經注道德經注 元洞霄道士阮日〔五九〕益鶴巖撰。

弘道集 明錢塘周思得撰。

黄庭經章注 明仁和邵穆生撰。

老子解一卷測莊一卷莊砭一卷 明錢塘鄭圭之惠撰。俱載《太朴山居穴編》。

道德經解蒙莊卮言 明錢塘許嶽撰。

老子指元二卷 明錢塘田藝蘅撰。

漆園通 明錢塘陳天策撰。

大元經輯注 明錢塘陸瓛撰。

元髓一卷類修要訣二卷又後言一卷續言一卷 錢塘胡文焕撰。〔六〇〕

道學統宗内外二傳 明海甯鄭良佐世忠撰。見《千頃堂書目》。

南華經注釋 明海甯蔣天祐撰。

太上感應篇注 明海甯徐季韶撰。

南華合注 國朝胡文蔚撰。

摘莊 國朝仁和吴震生撰。

南華妙諦 國朝杭州徐繼檉撰。

莊子續編 國朝仁和張世犖撰。

莊子約觀 國朝海甯茅復遠志撰。

長生公案 國朝海甯祝樵水〔六一〕撰。

讀莊解 國朝錢塘包濤撰。

參同契注三卷 國朝錢塘黄超撰。

莊子内篇順文 國朝錢塘戴煦撰。

金書撮要二十六卷 國朝仁和五界廟道士徐志默撰。

黄老指歸 國朝洞霄道士陳仁恩撰。

右道家類

校勘記

〔一〕《〔民國〕杭州府志·藝文志》本條作『格致叢書五十卷學海探珠一卷辟塵珠一卷諸子續要二卷寰宇雜記二卷』。

〔二〕《〔民國〕杭州府志·藝文志》作『萊』。

〔三〕本條底本無，據《〔民國〕杭州府志·藝文志》補。

〔四〕本條底本無，據《〔民國〕杭州府志·藝文志》補。

〔五〕《〔民國〕杭州府志·藝文志》作『稚黄子匡林』。

〔六〕《〔民國〕杭州府志·藝文志》其後有『諺説』二字。

〔七〕本條底本無，據《〔民國〕杭州府志·藝文志》補。

〔八〕本條底本無，據《〔民國〕杭州府志·藝文志》補。

〔九〕《〔民國〕杭州府志·藝文志》作『伍涵芳』，當爲『伍涵芬』之誤。
〔一〇〕《〔民國〕杭州府志·藝文志》本條無『南漳子二卷』。
〔一一〕《〔民國〕杭州府志·藝文志》無『韜』字。
〔一二〕《〔民國〕杭州府志·藝文志》無本條。
〔一三〕《〔民國〕杭州府志·藝文志》作『焞』。
〔一四〕原文作『江』，當爲『汪』之誤。
〔一五〕《〔民國〕杭州府志·藝文志》無『麟子』二字。
〔一六〕《〔民國〕杭州府志·藝文志》作『留』。
〔一七〕《〔民國〕杭州府志·藝文志》作『潮』。
〔一八〕本條底本無，據《〔民國〕杭州府志·藝文志》補。
〔一九〕《〔民國〕杭州府志·藝文志》作『卷』。
〔二〇〕原文作『子』，當爲『予』之誤。
〔二一〕原文作『沭陽』，據《〔民國〕杭州府志校勘記》改。
〔二二〕《〔民國〕杭州府志·藝文志》作『寄傲軒讀書隨筆二筆三筆四筆寒夜叢談三卷』。
〔二三〕《〔民國〕杭州府志校勘記》作『景獻初編讀書偶識』。
〔二四〕本條底本無，據《〔民國〕杭州府志·藝文志》補。
〔二五〕本條《〔民國〕杭州府志·藝文志》入小學類訓詁之屬。
〔二六〕本條底本無，據《〔民國〕杭州府志·藝文志》補。

〔二七〕本條《[民國]杭州府志·藝文志》入小學類訓詁之屬。
〔二八〕本條底本無，據《[民國]杭州府志·藝文志》補。
〔二九〕本條底本無，據《[民國]杭州府志·藝文志》補。
〔三〇〕本條底本無，據《[民國]杭州府志·藝文志》補。
〔三一〕本條底本無，據《[民國]杭州府志·藝文志》補。
〔三二〕《[民國]杭州府志·藝文志》作『撰』。
〔三三〕《[民國]杭州府志·藝文志》作『詩學彙選二卷詩學字類二十四卷姓氏類考二卷祝壽編年一卷』。
〔三四〕本條底本無，據《[民國]杭州府志·藝文志》補。
〔三五〕本條底本無，據《[民國]杭州府志·藝文志》補。
〔三六〕本條底本無，據《[民國]杭州府志·藝文志》補。
〔三七〕原文作『千支韻典』，據《[民國]杭州府志·藝文志》改。
〔三八〕原文作『選』，當爲『避』之誤。
〔三九〕本條底本無，據《[民國]杭州府志·藝文志》補。
〔四〇〕本條底本無，據《[民國]杭州府志·藝文志》補。
〔四一〕原文作『萃異録四卷』，據《千頃堂書目》(上海古籍出版社二〇〇一年版)第三三五頁改。
〔四二〕《[民國]杭州府志·藝文志》作『山海經廣注十八卷』。
〔四三〕本條《[民國]杭州府志·藝文志》入地理類山水之屬。
〔四四〕原文作『含』，據《兩浙輶軒續録》(浙江古籍出版社二〇一四年版)第二五〇頁改。

〔四五〕《八千卷樓書目》卷十四作『一卷』。《〔乾隆〕杭州府志·藝文志》作『八卷』。

〔四六〕『闕』字底本無，據《宋高僧傳》（中華書局一九八七年版）第一五六頁補。

〔四七〕原文作『李』，據《宋高僧傳》（中華書局一九八七年版）第一五五頁改。

〔四八〕原文作『説』，據《〔雍正〕浙江通志》卷二百四十五改。

〔四九〕原文作『祐』，據《〔民國〕杭州府志·藝文志》改。

〔五〇〕『大』字底本無，據《〔嘉靖〕太原縣志》卷二補。

〔五一〕『大』字底本無，據《〔嘉靖〕太原縣志》卷二補。

〔五二〕《〔民國〕杭州府志·藝文志》作『袾』。

〔五三〕『戒』字底本無，據《四庫全書總目》（中華書局一九六五年版）第一二四〇頁補。

〔五四〕原文作『静』，據《補續高僧傳》卷二十三改。

〔五五〕原文作『胝』，據《〔雍正〕浙江通志》卷二百四十六改。

〔五六〕《〔民國〕杭州府志·藝文志》作『正法録一卷正訛録一卷濟水禪師語録一卷傳戒儀範二卷回生訣顯一卷正説一卷』。

〔五七〕原文作『憧』，據《〔民國〕海寧州志稿·藝文志》改。

〔五八〕本條底本無，據《〔民國〕杭州府志·藝文志》補。

〔五九〕原文作『曰』，當爲『日』之誤。

〔六〇〕本條底本無，據《〔民國〕杭州府志·藝文志》補。

〔六一〕原文作『永』，據《〔民國〕海寧州志稿·藝文志》改。

藝文五

集部一

文翰集十卷　宋餘杭僧慧静撰。

顧歡集三十卷　齊鹽官顧歡撰。

詩賦雜著百餘篇　梁錢塘范述曾撰。

杜之偉集十二卷　陳大匠卿錢塘杜之偉子大撰。《南史》作『十七卷』，今據《隋書·經籍志》。

顧越集二卷　陳鹽官顧越撰。見《南史》本傳。

顧覽集五卷　隋鹽官顧覽撰。見《唐書·藝文志》。

諸導文二十餘卷詩賦碑集三十餘卷　隋錢塘天竺僧真觀聖達撰。

褚亮集二十卷　唐散騎常侍錢塘褚亮希明撰。

褚遂良集二十卷 唐愛州刺史錢塘褚遂良登善撰。

顧況集二十卷 唐鹽官顧況撰。

顧非熊集一卷 唐鹽官顧非熊撰。

章孝標集一卷 唐祕書省正字章孝標[一]撰。

袁不約集一卷 唐職方員外郎新城袁不約還湑撰。『還湑』一作『還朴』。

李端公詩一卷 唐侍御史餘杭李郢撰。

章碣集一卷 唐進士錢塘章碣[二]撰。

羅昭諫集八卷 唐餘杭羅隱撰。鄭樵《通志・藝文略》：隱《集》作『二十卷』，《江東後集》三卷，《淮南應用集》[三]三卷，《外集詩》一卷[四]，《啟事》一卷，《賦》一卷。文淵閣著録稱：原本散佚，僅存《甲乙集》四卷，此編乃康熙中張瓚[五]所輯。又案：《補五代史藝文志》作『《淮海寓言》七卷，《甲乙集》三卷，《江東後集》二十卷，《外集詩》一卷，《汝江集》三卷，《歌詩》十四卷』。《淮南應用集》又作『湘南』，今仍《乾隆志》。

羅鄴集一卷 唐餘杭羅鄴撰。

比紅兒詩一卷 唐餘杭羅虬撰，一云台州人。

宗元集[六]三卷附録元綱論一卷内丹九章經一卷 唐天柱山道士餘杭吴筠撰。文淵閣著録。《唐書・藝文志》作『十卷』，《浙江通志》又作『十一卷』。《[嘉慶]餘杭志》引《守元集》，『内丹』作『内外』。

靈一詩一卷　唐僧靈一撰。

歌詩二篇　五代吴越王臨安錢鏐撰。

正本集　五代吴越王臨安錢俶撰。

雜詩賦十五卷　五代吴越錢塘千佛寺僧希覺順之撰。《宋高僧傳》又有注林鼎《金陵懷古百韻詩》〔七〕、《雜體》四十章。

逍遥集一卷　宋錢塘潘閬撰。文淵閣著録，從《永樂大典》録出。

錢儼前集五十卷後集二十四卷　宋臨安錢儼撰。《補五代史藝文志》云：《後集》亦五十卷。

貳卿文稿二十卷　宋臨安錢昱就之撰，忠獻王長子。

錢昆文集十卷　宋祕書監臨安錢昆裕之撰，忠遜王子。

滑稽集四卷歌詩二卷　宋臨安錢易撰。《宋史》本傳有《金閨瀛洲西垣制集》一百五十卷。《通志·藝文略》：『《錢易集》六十卷。』《補五代史藝文志》作『《滑稽集》一卷』。

錢惟濬集二十卷　宋臨安錢惟濬撰，忠懿王次子。

擁旄前後集五卷伊川集三卷漢上集一卷西崑倡酬集一卷　宋錢塘錢惟演撰。《東都事略》有《樞庭集》。《宋史》本傳有《典懿集》三十卷。《通志·藝文略》有《錢文僖集》十卷。

錢惟治集十卷　宋臨安錢惟治世和撰，忠懿王長子。又有《賓子垂綬連環詩》。

玉季集二十卷　宋臨安錢惟濟嚴夫撰，忠懿王第九子。

諫垣集三十卷諫垣遺稿五卷　宋司諫臨安錢彥遠撰，昆子。

錢守讓集二十卷　宋臨安錢守讓撰，惟濬子。

大隱集五十卷　宋錢塘楊大雅撰〔八〕。

章安集二十卷西湖百詠一卷　宋知壽州杭州楊蟠公濟撰。一云台州人，誤。

愚谷集又中書制集銀臺集翰林制集　宋餘杭盛度撰。《〔嘉慶〕餘杭志》『愚谷』作『寓谷』，今仍《乾隆志》。

和靖詩集四卷　宋錢塘林逋撰。晁志作『二卷』。陳振孫《書録解題》作『《集》三卷，《西湖記逸》一卷』。文淵閣著録。

唐詢集二十卷杏花村詩一卷　宋太常錢塘唐詢彥猷撰。

詩賦文論二十卷　宋錢塘陸滋元象撰。

謝絳文集五十卷　宋富陽謝絳〔九〕希深撰。

玉堂集二十卷詩集十卷　宋翰林學士錢塘元絳〔一〇〕厚之撰。晁氏《讀書後志》有《元氏集》三卷。

長興集十九卷　宋錢塘沈括撰。陳振孫《書録解題》作『四十一卷』。文淵閣著録，云：原本殘缺，有文無詩。

西溪集十卷　宋翰林學士錢塘沈遘文通撰，括兄子。文淵閣著録。

雲巢編十卷　宋知華亭縣錢塘沈遼叡達撰，遘弟。文淵閣著録。

錢塘集十四卷又賦二十卷　宋主客郎中錢塘韋驤子駿撰。文淵閣著録，云：《錢塘集》原本十六卷，今佚前二卷。

强祠部集三十六卷　宋錢塘强至撰。文淵閣著録，云：從《永樂大典》録出。《書録解題》作『四十卷』。

盧楨詩一卷　宋錢塘盧楨撰。

會稽公集一百卷　宋侍讀學士臨安錢勰穆父撰，武肅王五世孫。

江湖堂詩集　宋知桂州軍錢塘元積中子發撰。

吴天秩文集五十卷　宋錢塘吴天秩撰。

清真集二十四卷清真雜著三卷操縵集五卷　宋徽猷閣待制錢塘周邦彦美成撰。《書録解題》又有《清真詞》〔一二〕二卷《後集》一卷，係樂府。

春嗔居士集　宋將作監富春李甡彦淵撰。

關博士集二十卷　宋錢塘關注撰。

猥稿四十卷竺溪集八卷　宋荆門守鹽官郭知運次張撰。

横浦集二十卷　宋錢塘張九成撰。文淵閣著録。

晦巖集十二卷　宋海甯沈清臣撰。

磐隱詩編又掖垣制草　宋臨安俞烈撰。

竹埜詩集　宋錢塘葉時〔一三〕撰。

南湖集十卷 宋錢塘張鎡撰。文淵閣著録，從《永樂大典》録出，《大典》原題誤作『湖南』。

南塘四六一卷南塘集九卷 宋餘杭趙汝談撰。《南塘四六》，《四庫》附存目。

青松居士集 宋臨安俞灝商卿撰。

趙清臣集三十五卷 宋餘杭趙善湘撰。

平齋文集三十二卷 宋於潛洪咨夔撰。文淵閣著録。

友山文集十卷奏議十卷内外制四時雜興衆芳集各一卷 宋昌化章鑑撰。

壺中遯稿十五卷 宋昌化章祖義撰。

梅南詩摘咸湆詩摘 宋錢塘曹良史之才撰。

信天巢遺稿一卷菊磵集十二卷附林湖遺稿一卷江村遺稿一卷疏寮小集一卷 宋錢塘高翥衍孫撰。《林湖遺稿》爲翥姪鵬飛之詩。《江村遺稿》爲翥父選叔邁之詩，又載高氏先世質齋遁翁之詩而佚其名。《疏寮小集》乃高似孫詩。文淵閣著録無《菊磵集》，僅於《信天巢遺稿》下云：『《菊磵集》二十卷，久佚不存。』

沈晦集 宋錢塘沈晦元用撰，遘孫。

月溪詩集七卷 宋杭州李宣子撰。

湖山類稿五卷水雲詩鈔一卷 宋錢塘汪元量大有撰。《湖山類稿》，文淵閣著録。《水雲詩鈔》，見《四庫》附存目。

趙暘集一卷 宋錢塘趙暘乂若撰。

芸居乙稿一卷 宋錢塘陳起宗之撰。

橘潭詩稿一卷 宋錢塘何應龍子翔撰。

漁溪詩稿一卷漁溪乙稿一卷 宋錢塘俞桂晞郄撰。

語溪文集十卷 宋大理丞仁和莫若沖子謙撰。

泝原集 宋錢塘陳必曾孝先撰，後名陳柔。

橘山四六二十卷洞霄詩集 宋夔州通判於潛李廷忠撰。《橘山四六》，文淵閣著録。《洞霄詩集》，見《宋詩紀事》。

静觀堂集 宋昌化章詡撰。

伯牙琴一卷 宋錢塘鄧牧撰。《成化志》有《雜文稿》[一三]，即《伯牙琴》。文淵閣著録。

詩文集一百卷 宋餘杭趙與懽撰。

洞霄九吟 宋餘杭吴昌裔撰。

籬菊吟 宋漢陽軍教授海甯張少良似之撰。

碧巖集四卷 宋錢塘高廣孝大純撰，翥孫。

待清遺稿 宋錢塘周肈允撰。

宫詞一卷 宋甯宗楊皇后撰。凡五十首，明毛晉合徽宗《宫詞三百首》編刻，題曰『二家宫詞』。文淵閣著録。

斷腸集十卷後集八卷 宋閨秀杭州朱淑真撰，鄭元祐爲之注。《四庫》附存目祇二卷。《浙江遺書總録》作『九卷』。别有《斷腸詞》一卷見後。

韓玉真集 宋閨秀錢塘韓玉真撰。

金麗卿集 宋閨秀錢塘金麗卿撰。

白玉蟾集 宋道士白玉蟾撰。

石室小隱集三十卷 宋餘杭道士陸維之永仲撰。

廬山集五卷英溪集一卷又西湖百詠二卷 宋錢塘道士董嗣杲明德撰。文淵閣著録：《廬山》、《英溪》二集從《永樂大典》録出。

洞霄詩集 宋道士孟宗寶撰。

南軒稿 宋洞霄道士龔大明若晦撰。

石洞霄詩集 宋洞霄道士石自方元矩撰。

竹菴詩稿 宋洞霄道士王思明撰。

金園集三卷天竺别集二卷天竺靈苑集三卷採遺一卷 宋天竺山僧遵式撰。

渚宫集三卷 宋錢塘僧文瑩道温撰。

竹菴集 宋錢塘僧可觀宜翁撰。

垂雲集 宋錢塘僧清順怡然撰。

寶月集 宋吳山寶月寺僧仲殊師和撰。

惟儼集 宋杭州僧惟儼撰。

道濟詩 宋淨慈寺僧道濟撰。

雲棲詩集一卷雲泉集 宋僧永頤山老撰。《雲棲詩集》，文淵閣著録。

參寥子集十二卷 宋於潛僧道潛撰。文淵閣著録。《乾隆志》作『錢塘僧』，蓋誤。

柹園集〔一四〕 宋鹽官僧守璋撰。一作《松園集》。

蒲室集十五卷 宋靈隱寺僧大訢撰。文淵閣著録。

聞聰禪師詩集 宋錢塘僧元敏撰。

知非子集 宋錢塘僧子温仲言撰。

北磵集十卷 宋徑山僧居簡敬叟撰。文淵閣著録。作『十九卷』〔一五〕。

崇遠上人湖居詩 宋西湖僧崇遠撰。

鐔津集二十二卷 宋靈隱寺僧契嵩撰。文淵閣著録。

潛夫集 宋錢塘瑪瑙陂僧智圓撰。

錦溪集 宋僧惟政撰。

楊仲宏集八卷 元推官杭州楊載仲宏撰。文淵閣著録。

竹素山房詩集三卷 元錢塘吾邱衍撰。文淵閣著録。

亦愚集 元錢塘葉李舜玉撰。

巴西文集一卷内制集又素履齋稿 元錢塘鄧文原撰。《巴西文集》，文淵閣著録。

養蒙先生集十卷 元侍講學士杭州張伯淳師道撰。文淵閣著録。

梯雲集六卷 元錢塘邱世良撰。

大癡道人集 元富春黄公望撰。

金淵集六卷山村集興觀集山村遺稿又山村遺集一卷附録一卷 元溧陽州教授錢塘仇遠仁近撰。《金淵集》，文淵閣著録，云：從《永樂大典》中録出。《山村遺集》一卷，乃項夢昶輯其散佚之作。

僑吴集十二卷 元江浙儒學提舉錢塘鄭元祐明德撰，一作遂昌人。文淵閣著録，云：《僑吴集》與《遂昌山人集》本各自爲書，明張習合爲一集。

雲槎集十卷 元富春吴復見心撰。

陳振集二卷 元錢塘陳振文舉撰。

江月松風集十二卷 元儒學副提舉錢塘錢惟善思復撰。文淵閣著録。

冰室集 元昌化凌緯撰。《昌化縣志》作《冰雪集》。今從《浙江通志》。

自得齋集 元浙江儒學提舉錢塘葉廣居居仲撰，一作仁和人。

瓦釜鳴集三卷 元錢塘葉森景瞻撰。

湛淵集八卷 元白珽撰。文淵閣著録。《千頃堂書目》作『《湛困文集》二十卷，又《詩集》二十卷』。

虎林高隱集一卷附録一卷 元錢塘方誼撰。《乾隆志》云：『《附録》皆同時人詩文。』

盧浩集 元錢塘盧浩養元撰。

朶目貫通集聯珠集選玉集 元博士杭州鮑完澤信卿撰。

滎祭酒遺文一卷 元國子監祭酒海甯滎肇子興撰。見《海昌備志》。

弦歌集 元閨秀錢塘曹妙清比玉撰。

自然道人集 元閨秀錢塘張妙淨惠連撰。

紫雲編三卷 元於潛道士陳渭叟撰。

霞外詩集十卷 元錢塘道士馬臻志道撰。文淵閣著録。

句曲外史集三卷集外詩一卷補遺三卷澗阿詩稿二卷貞居集五卷 元錢塘張雨撰。《句曲外史集》及《集外詩》、《補遺》均文淵閣著録。

章居實詩草 元洞霄道士章居實撰。

葉高行先生遺稿 元天觀道士葉林儒藻撰。

月溪稿　元九鎖山菴道士貝守一月溪撰。

石屋山居詩二卷　元石屋僧清珙撰。

白雲集三卷　元錢塘僧英實存撰。

中峯懷淨土詩一卷又梅花百詠　元錢塘僧明本撰。

閒居續唱　元仁和僧芳洲撰。

寒拾里人稿　元徑山僧行端景元撰。

山林清氣集一卷續集一卷　元錢塘僧德淨如鏡撰。《四庫》附存目。

古鼎外集　元徑山僧祖名古鼎撰。《［嘉慶］餘杭志》「祖名」作「祖銘」，今仍《乾隆志》。

瀑巖集　元徑山僧希齡西白撰。

長春集　元天竺僧餘澤天泉撰。

草閣集六卷拾遺一卷文集一卷　明國子監助教錢塘李曄[一六]宗表撰，門人唐光祖編。文淵閣著録。

筠谷詩一卷　明宜倫縣丞錢塘李轅公載撰。文淵閣著録。

樗隱集　明廣東市舶司令錢塘劉儼敬思撰。

壘山録三卷　明錢塘俞彧文域撰。

臨安集六卷　明臨安錢宰子予撰。文淵閣著録，云：從《永樂大典》録出。《浙江通志》作「十卷」。

雲濤萃稿 明杭州吴叡撰。見《小學考》引劉基所撰叡墓志銘。

學圃集一卷 明海甯許湆處厚撰。

陳潛夫集 明錢塘陳振祖撰。

廣莫子稿又和陶集 明錢塘莫維賢景行撰。

桂孟平文一卷又紫微稿 明谷府奉祀仁和桂衡孟平撰。

見心集 明海甯蔣傳一撰。

柘軒集四卷 明成都教授錢塘淩雲翰彦翀撰。文淵閣著録。

方洲集二十六卷 明海甯張甯撰。文淵閣著録。《乾隆志》作『四十卷』，今據改正。

斗南老人集六卷 明甯府教授海甯胡奎虚白撰。文淵閣著録。

自怡集 明訓導錢塘張時敏中撰。

阮齋稿 明進士仁和郗經仲誼撰。

希言集一卷 明錢塘陳世昌彦博撰。《檇李詩繫》作『希賢』，誤。『至正初由布衣入爲翰林修撰，洪武初徵入修禮樂書，授太常博士』，見《千頃堂書目》。

完軒集二卷 明仁和鄭璧伯規撰，洪武初孝子。張宣爲傳，孫環編次。見《千頃堂書目》。

西崦稾 明邵武訓導仁和高來良玉撰，本名奎。

壺父集　明刑部主事錢塘王謙自牧撰。

毅齋詩文集八卷附録一卷　明禮部主事錢塘王洪希範撰。文淵閣著録。一作《毅菴王先生詩》〔一七〕。

無類生詩集　明錢塘郎兆玉撰。

退菴集　明錢塘夏節文度撰。

香草自娱集　明海甯蔣彦琋撰。

陸介菴遺集一卷　明刑部侍郎海甯陸子孟養浩撰。

西崦詩集　明仁和周昉元亮撰。

松泉詩集　明灣頭巡檢餘杭趙良松泉撰。

遊仙詩集　明錢塘馬洪浩瀾撰。《千頃堂書目》作《續遊仙詩百首》。

節菴集八卷續集一卷　明宗人府經歷錢塘高得暘孟升撰。《四庫》附存目。『得暘』，《浙江遺書總録》作『得颺』。《浙江通志》又作『三卷』。

孫蕉田集　明錢塘隱士孫蕉田撰。《乾隆志》云名未詳。

雪崖集　明尚寶寺少卿海甯朱祚永年撰。

紀行集一卷　明太僕寺丞海甯朱禋與誠撰。《海昌備志》作《紀遊集》，今仍《乾隆志》。

蒙齋稾　明貢生富陽姚肇世初撰。《千頃堂書目》作『《蒙庵詩集》，官福建布政使』。

嗜泉詩存一卷附録一卷 明海甯李璋政虹撰。《四庫》附存目。

拙齋稾 明徽州府學教授錢塘楊昇孟潛撰。見《千頃堂書目》。

心學齋集 明侍講學士錢塘蔣驥良夫撰。

復菴集 明四川按察司僉事臨安高暐汝晦撰。

湖山游咏録又退庵集 明吏部主事杭州鄧林士齊撰，初名觀善〔一八〕，由新會謫居。見《千頃堂書目》。

聞北山集 明亳州知州海甯聞人嘉言聖謨撰。

大全堂集 明贛榆教諭海甯朱鵬南大撰。

董鏞文集三卷 明仁和董鏞孟聲撰。

螺城集四卷 明山東參政錢塘孫子良撰。《千頃堂書目》云：官武選郎中，出爲交阯參議。

存菴集 明錢塘彭清撰。

桂林集四卷 明禮部主事錢塘陳鏞叔振撰。

缶鳴集 明甯國教授海甯金肅撰。

徐琦文集六卷 明南京兵部尚書錢塘徐琦良玉撰。

于忠肅集十三卷 明錢塘于謙撰。文淵閣著録。《千頃堂書目》作『八卷《附録》一卷〔一九〕，字廷益，官兵部尚書，加少保，成化中贈太傅，謚肅愍，後改忠肅』。

虚車集三卷 明仁和鄭厚良載撰，子環編。

存齋樂全集二卷香臺百詠三卷詠物詩一卷又香臺集香臺續集香臺新詠興觀詩順存稿

存齋遺稿屏山雅趣 明錢塘瞿佑撰。

居學齋集六卷 明錢塘隱士徐遠文穆撰。

貫珠編貝集五卷 明錢塘沈行履德撰。《四庫》附存目。《千頃堂書目》云『《咏物絶句》〔二〇〕一卷，《咏雪集句》二卷，《咏梅集句》二卷』即此集也。《乾隆志》又收《白香集》，疑亦即此集，今删附識於此。

友竹詩集 明海甯朱良希村撰。

柳南稿 明舉人海甯陸中孚守信撰。

樂稼詩稿 明錢塘周子良撰。

涵素詩集三卷 明布衣錢塘胡鎮大甯撰。

南泉集 明刑部員外郎海甯沈友儒子真撰。

西塘詩集 明海甯朱木時榮撰。

醉桃佳趣二十卷舊雨堂稿二卷 明錢塘徐伯齡延之撰。

蘭埜集 明錢塘王逵志道撰。

涇陽詩草敬義堂文集 明諸生錢塘朱瑞成龍橋撰。

虛室集 明黄州同知錢塘白范以中撰。

東巖老人集 明錢塘孫適孟博撰。

魏文靖摘稿十卷 明錢塘洪鍾輯。見《千頃堂書目》。

同山集 明廣東按察僉事餘杭徐禮撰。

竹軒小草 明兩淮副使海甯王恩君錫撰。

松雨軒集八卷 明藤縣知縣仁和平顯仲微撰，一作錢塘人。《題雨齋集》〔二一〕，《浙江通志》作《松雨集》，今據本書。『謫戍雲南，沐黔國延爲西席』，見《千頃堂書目》。

西塍吟稿 明仁和孔克愚鈍夫撰。

湖山遊詠稿 明仁和張震撰。

玉岑集 明諸生仁和洪春遂初撰。

頤菴集九卷 明餘杭鄒濟撰。『永樂初薦舉，官少詹事〔二二〕，兼翰林院侍讀學士，贈太子少保，謚文敏』，見《千頃堂書目》。《成化志》云：詩文四卷，孫煜編次。

存齋稿二卷 明錢塘賀榮師垣撰。

鳳岡集 明霍邱知縣海甯陳中節守安撰。

起後集 明霍山知縣海甯陳中復守初撰。

風山全集 明海甯陳中漸風山撰。

拙菴集 明湖廣僉事餘杭沈慶仲會撰。

頤貞拙稿 明潮陽通判臨安童蒙吉子順撰。

西湖散人稿 明錢塘徐琪聯璧撰。《千頃堂書目》作「徐珙」。

園趣存稿 明仁和夏誠與誠撰，子建編。

白雲稿又卧雲稿 明錢塘楊甯撰，字彦謐，官南京刑部尚書。見《千頃堂書目》。

倪文僖公集一百六十卷 明南京禮部尚書錢塘倪謙克讓撰。文淵閣著録祗三十二卷，云：謙所自編，平生著作汰存六分之一。

俞人伯詩文集 明餘杭俞景宣撰。

志雲詩集 明錢塘方冕元服撰，正統中官翰林侍讀學士。見《千頃堂書目》。

何光禄詩集 明南京光禄寺丞海甯何熙撰。

從吾道人稿一卷 明海甯董澐撰。《四庫》附存目。

蚓鳴稿相字集贊元集靈基集又有世德録宣虞録 明諸生海甯董九思希睿撰，澐從孫。

鄰竹子集 明海甯賈勛思魯撰。

甕天集 明富陽俞膺古章撰。

退菴文集 明太常寺卿仁和王獻惟臣撰。

居敬齋詩集　明山東參政仁和江玭用良撰。

心雪稿又青瑣獻納稿　明錢塘金紳縉卿撰。

滋九齋漫草　明海甯吴文憲邦爲撰。

李昂文集四卷又奏議三卷　明仁和李昂撰，字文舉，官總督漕運右副都御史。見《千頃堂書目》。

恆菴稿　明兵部侍郎仁和何琮文璧撰。

吟窗涉趣　明錢塘陸昂元偁撰。又《窺豹録》，見《千頃堂書目》。

中林集二京三遊草　明福建副使海甯郭子直舜舉撰。

介眉集　明海甯陳與伯長野撰。

賓山詩集六卷又焦雪稿竹東小稿湖山詠録　明錢塘劉英邦彦撰。

雪溪漁唱　明賢良方正海甯蘇平秉衡撰。焦竑《經籍志》作『《雪溪集》六卷』。

雲壑集又自鳴集二十卷　明海甯蘇正秉貞撰，平弟。

蘭畹集　明海甯蘇直秉忠撰，平弟。

澹齋稿又叢桂堂集　明海甯周敬尚禮撰。《澹齋稿》，《海昌備志》作《澹齋迂叟集》。『尚禮』，《浙江通志》作『尚敬』〔一三〕。今俱仍《乾隆志》。

詩文雜稿　明袁州推官餘杭徐桂茂吴撰。

蒙菴集五十卷又自娱稿又容臺稿又觀園稿又撫安稿又歸田稿又和董嗣杲西湖百詠　明太常寺少卿錢塘陳贄維成撰。商輅序作餘姚人，今從《成化志》。

蘇菴集　明海甯陳許廷撰。

遐心集　明海甯祝以嵩幕亭撰。

讀史集北游詩稿　明餘杭周禮撰。

愛日齋稿　明南京刑部郎中仁和項麒文祥撰。

寅軒稿　明仁和汪諧撰。

慕菴稿　明四川僉事仁和邵琮敘璋撰。

栗菴遺稿二卷　明太常寺少卿仁和鄭環瑶夫撰。見《四庫》附存目。《浙江通志》作『環夫』，今仍《乾隆志》。

曜公詩存曜公雜集查舜才遺稿　明諸生海甯查允掄長白撰。

大滌山人集　明海甯陳之虹陽滌撰。

清溪漫稿二十四卷　明吏部尚書錢塘倪岳舜咨撰。文淵閣著録。

餘生草　明錢塘張德政平子撰。

醉陶集　明貴州參政海甯陳與相卜野撰。

許淮陽集八卷歸來吟又靈泉贏史集　明海甯許令典撰。

菊莊集又晚香集雪餘唱和集　明御史錢塘劉泰士亨撰。

省菴稿十二卷　明南京刑部侍郎仁和沈鋭文進撰。

青門上人集　明仁和沈仕撰。《千頃堂書目》作『《青門詩》一卷，字子登，杭州人，刑部侍郎鋭子』。〔二四〕

横山草堂稿音潮草堂稿　明青陽知縣海甯崔培元辰長撰。

菽園小集　明海甯查學禮二儀撰。

虚齋先生遺集十卷　明海甯祝萃撰。《四庫》附存目。《千頃堂書目》作『《嘉議堂集》，又《虚齋遺稿》，官陝西提學副使，字維貞』。

銓曹稿又春亭稿東川稿　明仁和江瀾撰，字文淵，南京禮部尚書，贈太子少保，謚文昭。見《千頃堂書目》。

醉陶詩集　明祠祭司主事海甯徐寬栗夫撰。《浙江通志》作『立夫』，今仍《乾隆志》。

履坦幽懷集二卷　明海甯祝淇撰。《四庫》附存目。《千頃堂書目》作『《履道集》，又《幽懷集》，字汝淵，萃子』。

東崖集四卷　明錢塘李旻撰。

西軒效唐集録十二卷　明仁和丁養浩撰。《四庫》附存目。

琴餘雜言　明於潛徐夢吉撰。

燕石存稿　明海甯徐晟撰。

茁齋集　明廣東參政仁和鄒虞天祥撰。

何檢討集　明吉州知州富陽何洽允仁撰。

應酬詩集　明舉人臨安盛杲啟東撰。

雲泉集　明柳州知府海甯董成龍希翔撰。

雙清堂集七卷　明錢塘顧汝學思益撰。見《千頃堂書目》：一《西湖草》，二《北征草》，三、四《白門草》，五《青山草》，六《上計草》，七《青山草》。

貽美堂集二十四卷　明府尹海甯祝以豳撰。

北屏存稿　明仁和惠隆從直撰。《千頃堂書目》作「從道」，「屏」作「平」。〔一五〕

德安行稿二卷太平寶慶雜稿二卷撫蜀雜稿一卷　明仁和胡世甯撰。

竹窗瑣語　明襄王府教授昌化戴經邦撰。

岦齋集〔一六〕**二卷**　明海甯查約撰。

解頤詩　明海甯查繪撰。

蔣方臺詩集三卷　明餘杭蔣灼撰。

端峯存稿二卷　明太僕寺卿仁和邵鋭思抑撰。

瑞石稿十卷　明工部右侍郎仁和江曉景熙撰。

案：《乾隆志》尚有《歸田録》十卷，已見傳記類，此删。

江樓遺稿 明巡撫南贛都御史錢塘錢宏可容撰。

白厓詩集五卷 明晉江知縣仁和張文宿拱辰撰。

存疑集 明仁和許仁撰。

碧里四存全稿又綵綫貫明珠秋檠集一卷漢陽集九卷菊花晚香集 明海甯董穀撰。《海甯縣舊志》作『《豢龍子四存》，又名《碧里四存前後稿》』[二七]。《漢陽集》，《傳是樓書目》作『十卷』[二八]，此據《海昌備志》。

亹叜子集二卷外集古文一卷 明仁和江暉景孚撰。《千頃堂書目》作『四卷，官河南按察司僉事』。

羹藜集 明仁和王澄天碧撰。

清塵集 明南京兵部員外郎海甯陳祖訓孝常撰。

誠齋文集二卷 明海甯施璜虹玉撰。

西湖雜詠 明諸生海甯朱一紵季宣撰。

過庭私録七卷外集一卷泉亭集六卷 明廣西布政司參議錢塘吴鼎維新撰。《四庫》附存目，無《泉亭集》。

雲村文集十四卷 明海甯許相卿撰。一本題『《黄門集》十二卷《附録》一卷《年譜》一卷』。《浙江遺書總録》云：『《黄門集》即《雲村集》。』文淵閣著録。

蔣青亭詩集二卷 明餘杭蔣國威撰。

濟美堂集　明翰林孔目海甯祝以應若虛撰。

一亭集　明錢塘金廷瑞信夫撰。

宏藝録三十二卷　明仁和邵經邦撰。見《四庫》附存目。所著《三宏集》，宏道，載道之文；宏簡，論史之學；宏藝，則所爲詩古文詞也。《千頃堂書目》又有《附録》十五卷。

退菴詩文集十卷餘集四卷　明海甯陸鈺撰。

浪吟二卷　明海甯曹履泰撰。

廢亭集　明錢塘嚴調御撰。

鑑湖集一卷　明錢塘方質學撰。

抱膝窩吟草十卷　明貢生海甯葛徵璠仁龕撰。

彙箋二卷　明當塗縣丞海甯余楙學士雅撰。

滄江集四卷　明諸生錢塘顧淵静卿撰。

田叔禾集十二卷　明錢塘田汝成撰。《四庫》附存目云：『全稿本名《豫陽集》，亦名《楊園集》，此集乃汝成晚年令其子藝蘅所編。』

丹泉集十六卷　明湖廣僉事錢塘楊祐汝承撰。《千頃堂書目》又有《興國集》二卷，《楊氏四集》十六卷。《分省人物考》云：『蘭溪人，所著有《端居》、《興國》、《西曹》、《鄄城》、《濟南》、《江西》、《湖上》、《荆南》諸〔二九〕集。』一作『丹泉』。

文似堂集 明海甯陳鼎新撰。

白岳遊吟又閲古隨鈔 明海甯查允先後之撰。

飛鴻亭集十二卷 明海甯吴鵬撰。

望仙集十二卷窮居集六卷 明舉人海甯張淶文東撰。

水部稿七卷漪堂稿十六卷 明錢塘許應元撰。《水部稿》，《浙江遺書總録》作『三卷』，今仍《乾隆志》。《漪堂稿》一名《茗山集》。

光州詩選二卷白雲山房集二卷又潁湖稿 明光州知州仁和高應冕文中撰。

新城詩集二卷 明新城知縣仁和高江撰，應冕子。

寤廬集江上篇歸隱東山詩又吹劍録 明諸生海甯查繼仲毅齋撰。

奚囊蠹餘二十卷續集二十卷 明仁和張瀚子文撰。又《松窗夢語》八卷，見《千頃堂書目》。

見滄先生集十五卷 明吏部左侍郎錢塘茅瓚邦獻撰。《四庫》附存目作《見滄文集》，今仍《乾隆志》。

覺菴存稿 明海甯查秉彝撰。《海昌備志》又作《近川蕪稿》。字世甫，官順天府尹。見《千頃堂書目》。

粤臺行稿二卷家藏稿五十二卷 明錢塘陳善撰。

董淞詩文雜稿 明海甯董淞撰。

真逸先生集四卷 明海甯朱瑞登撰，字禾仲，官按察副使。見《千頃堂書目》。

山居三集 明海甯褚相撰。

石屋存稿六卷 明刑部郎中錢塘許應亨叔夏撰。

方承天遺稿九卷 明承天知府錢塘方九敘禹績撰。一名《十洲集》。

春雨編 明海甯朱象衡撰。

小海存稿八卷 明福建按察使海甯馮覲晉叔撰。《四庫》附存目作『廣東按察使』，今仍《乾隆志》。

漱六吟 明諸生海甯祝翼莘無非撰。

純樸園稿三卷附録一卷 明海甯沈祐天用撰。『純』一作『湻』。

農山文集三十卷修餘堂集 明兩淮運判仁和卓爾康去病撰。見《千頃堂書目》。

素柳堂遺集十三卷 明庶吉士仁和胡胤子山撰。見《千頃堂書目》。

西巖集 明仁和顧言子行撰。

三洲詩膾四卷 明參政仁和沈淮澂伯撰。《四庫》附存目作『八卷』，今仍《乾隆志》。

簡園集 仁和沈士逸撰。〔三〇〕

松里集 明通政使仁和馬三才思贇撰。

敬修堂詩集十七卷粵遊雜詠一卷 明海甯查繼佐撰。

定菴文集又至友詩 明舉人海甯陳之暹次升撰。

九芝堂集 明南京太常寺少卿海甯吴遵公路撰。《千頃堂書目》云：字初泉。

仰崖集 明刑部主事海甯胡憲仲文徵撰。見《千頃堂書目》。

復生子稿 明錢塘陳師思貞撰。

貽閒堂集 明海甯董鯤撰。《千頃堂書目》：字少溟，「貽」作「詒」。

與鹿集十二卷 明通政使錢塘周詩興叔撰。

孫敬身詩文八卷 明仁和孫枝撰。

邗江集 明通州知州仁和諸夢環宇〔三二〕懷撰。

天津存稿皖城存稿又大參集十卷 明海甯查志隆嗚治撰。

峋嶁山房集雲遊稿農唱集 明世襲千户錢塘李元昭用晦撰。

珠山集又湖上篇閩中稿 明錢塘李奎伯文撰。

櫟邱集 明錢塘虞舜卿國賓撰。

卓光禄集十卷 明仁和卓明卿撰。《四庫》附存目祇三卷，又有《卓澂甫詩續集》三卷，今仍《乾隆志》。《千頃堂書目》作《卓徵甫集》。

詠年堂集二十卷 明舉人海甯葛定辰爰三撰。

逃禪吟 明舉人海甯葛定遠辰嬰撰。

近山集 明編修錢塘金璐美之撰。

南白外編 明錢塘聞華舜卿甫撰。

墨池初稿五卷湯太史逸稿 明海甯湯煥撰。

逸菴詩稿 明處士仁和徐恕叔勉撰。

審山樵漫草 明海甯唐俞聖言撰。又名《樵吟》。

竹矐吟寄愁吟 明建德教諭仁和江璞保若撰。

秋吟草 明海甯沈一鳴平叔撰。《海甯州志》作《秋草吟》。

固菴集 明揚州同知仁和江思令子九撰。

清雪堂詩文集 明漳浦知縣海甯沈兆昌聞大撰。

潄玉集放言集 明海甯宋瑛白珩撰。

晚峯集 明崇慶州判富陽邵琇佩之撰。

五寺山房集 明貢生仁和諸時寶伯茂撰。

玉芝集 明海甯董棟撰。

半山集 明諸生仁和諸元振麟倩撰。

隅圃集八卷〔三二〕**蘋川集**〔三三〕**八卷** 明海甯陳與郊撰。《四庫》附存目。

案：《乾隆志》有《黄門集》三卷。今遵《四庫書目》入奏議類。

許長孺集十卷　明海甯許聞造撰。《浙江通志》作《盈缶集》，《海昌備志》作《許侍御存笥稿》，今仍《乾隆志》。

蓬菴類稿　明瑞州知府錢塘湯之奇穉望撰。

大滌山人詩集十三卷　明錢塘徐桂茂英撰。《千頃堂書目》作『餘杭人[三四]，字茂吾，官袁州推官』。

蜀中草秦中草容忍軒稿　明餘杭姚懋繼撰。

快雪堂集六十四卷又西湖竹枝詞一卷　明國子監祭酒錢塘馮夢禎開之撰。一名《真實居士集》。

錢麓屏遺集十卷　明福甯知州仁和錢士鰲季梁撰。《千頃堂書目》又有《逍遥集》二十卷、《薄遊集》、《似僧草》、《搶榆集》、《退食吟》、《淮上篇》、《釋擔志遺文童子問附録》。

貽清堂集二十卷　明仁和錢養廉撰。

萍社草於止齋集　明海甯周珽撰。

偶吟草一卷　明海甯朱璿燦文撰。

武林稿又河上篇落花詩月令敘事詩　明錢塘許令譽撰。《千頃堂書目》作『仲譽』。

沈伯含集二十七卷又抱膝長吟賦一卷快士賦一卷　明仁和沈朝焕撰。《千頃堂書目》又有《亦適編》七卷、《泊如齋集》六卷、《馬曹稿》五卷、《勞人草》一卷、《渠陽小草》二卷、《田家雜咏》一卷、《和陶詩》一卷、《北臺賦》一卷、《入蜀詩》一卷、《鍾陵草》一卷。字伯含，福建參政。

拋瓦集蔗境集又菊花百詠 明布政司經歷臨安高鎮斗沖撰。

夷白齋轂音 明武昌同知仁和林杞夷白撰。

昦菴詩文集 明海甯姚黄翼明撰。

竹中一删集 明海甯郜鼎予大撰。

葛司農遺集又治安策造適集莞爾集 明錢塘葛寅亮撰。

清遠山人漫稿又擬古詩 明南贛巡道錢塘洪瞻祖貽孫撰，又作仁和人。《千頃堂書目》作「十八卷」。

許靈長詩集四卷 明推官錢塘許光祚靈長撰。《千頃堂書目》作「六卷，甯國府推官」。

時軒自怡集二十卷 明中書舍人錢塘洪鎡器之撰。

雪堂集十卷 明錢塘沈守正撰。《浙江通志》作「二十卷」，今從《浙江遺書總録》。

博雅堂稾 明仁和朱履撰。

公餘寄興 明富陽馬邦良撰。

始讀軒詩文集 明海甯查旦撰。

元文子内篇 明諸生海甯董長發元文撰。

閬閣詩一卷 明錢塘吴之鯨伯喬撰。

雲樵詩稾 明錢塘徐孟章子裁撰。

客渝吟稾二卷柴桑稾一卷遊記　明杭州沈朝華撰。

自娱齋集　明舉人錢塘聞啟祥子將撰。

煮鶴稾秋月菴稾　明副貢錢塘馮延年千秋撰。

蔬齋詩集二卷　明錢塘沈大洽撰。原附扉語，後見子部雜家類，今從《千頃堂書目》别著於此。

觀源詩集　明鳳陽衛經歷海甯朱履佐叔[三五]輔撰。

大風堂集　明山東參政海甯陳元暉無象撰。

冶城集　明錢塘張鏞撰。

武夷游草一卷　明副都御史海甯陳祖苞爾翔撰。

瞻園集　明錢塘金嘉會撰。

遲旭窩吟草　明舉人海甯裴應暘義馭撰。

勝遊草　明錢塘徐時泰撰。

容膝軒稾　明海甯談于庭撰。

資敬堂詩集　明揚州知府海甯徐伯徵孺臺撰。

思圃詩稾　明諸生海甯陳之美沖甫撰。

雅尚齋詩草二集二卷　明錢塘高濂撰。見《四庫》附存目。《浙江遺書總録》云初集未見。

超然堂集又讀書樓集　明海甯吕居恭撰。

田子藝集二十一卷　明錢塘田藝蘅撰。《四庫》附存目，一名《天植堂集》，一名《香宇集》。

山中甲子詩　明仁和邵穆生撰，字汝宣，經邦子。見《千頃堂書目》。

無芥詩文集　明諸生海甯莊維元無芥撰。

巏務山館集　明錢塘虞淯熙撰。《千頃堂書目》作『二十五卷』，又《德園全集》六十卷。

寓林集　明仁和黄汝亨撰。《千頃堂書目》作『四十二卷』，又《詩集》六卷，《寓庸子遊紀》九卷。

補菴遺稾二卷　明海甯陳枚撰。

吸月軒詩草　明富陽王之獻撰。《千頃堂書目》作『三卷』，又《續草》三卷。

山農詩集　明舉人餘杭何瑞圖義兆撰。

餘人集二十卷積分雜著百憶詩　明餘杭嚴武順撰。

東南生四部稾八卷　明富陽吴梯仲升撰。

東皋集　明諸生海甯王元愷叔獻撰。

集虚樓集　明副貢富陽周蒸嗣雲撰。

一經堂集二十卷　明海甯張次仲元岵撰。一作《待軒遺集》。

屺閣集　明諸生仁和馮融首川撰，延年子。

松侶自怡集 明舉人海甯吴杉文貫撰。《浙江通志》云：『自鹽官徙錢塘。』《千頃堂書目》作『文貫』。

秋鳴集 明諸生杭州黄偉人位中撰。

借園集十卷又非非集戔戔草枕中稾拊缶稾垤室稾停雲稾 明海甯祝守範更生撰。

光霽軒集 明諸生杭州江中柱爲石撰。

燕園集十二卷 明光禄寺卿海甯葛徵奇無奇撰。見《四庫》附存目。又《浙江遺書總録》有《葛光禄集》六卷，《海昌備志》有《遠鳴閣草》一卷。

息心窩全集三十卷 明錢塘吴太沖撰。

慧居遺集 明諸生海甯沈瑞徵靈繹撰。

愓非文集又茹荼録 明諸生海甯陳易愓非撰。

苕上吟 明海甯田徹道耕撰。

甯遠堂詩稾二卷爰始樓集一草堂集凭西閣長短句一卷 明海甯陸宏定綸山撰。

月隱先生遺稾 明海甯祝淵撰。

澄清堂學圃集〔三六〕 明海甯查崧繼柱青撰。後更名遺，字逸遠，號學圃。見《千頃堂書目》。

隱居詩集一卷讀易詩蔚廬草黎眉先生集 明海甯郭凝之撰。

元圃集二十卷 明錢塘陸運昌撰。字夢鶴，官吉水知縣。見《千頃堂書目》。

乘檻草四卷秣陵草花巢稾浣沙草十願齋稾問政餘業聲政行役春椽草婺中遺筆燕吟　明錢塘傅岩〔三七〕撰。又《花巢紀事》二十四卷。字野倩，義烏籍，徙錢塘，官江西道御史。見《千頃堂書目》。

花巢軼稾八卷　明錢塘傅齡文長質撰，巖子。

傅齡發詩草一卷　明錢塘傅齡發撰，巖子。

用拙堂詩文集　明海甯朱一琛爲若撰。

蘭悰篇　明遊擊海甯周夢鸞〔三八〕元度撰。

丱弁集壯遊集鴻谷集四寄篇　明新化知縣富陽何春畿汝萃撰。

是堂文集十卷　明仁和張振淵撰，字彦陵。見《千頃堂書目》。

幸笑館文集石梁草一集二集　明延慶州知州富陽周羔南甫撰。

海粟堂集十卷又續論語頌　明海甯吴本泰撰。《黄氏書目》作『《吴吏部集》十卷』〔三九〕。《杭郡詩續輯》有《秋舫箋》、《北遊》、《西征》、《東瞻》、《南還》、《嶽遊》〔四〇〕諸草，蓋即其集中子目。字美子，一字藥師，仁和人。見《千頃堂書目》。以文選主事改南禮部郎中。

轂音集　明錢塘黄徽季美撰。

横秋堂稾　明舉人臨安徐之瑞蘭生撰。一作錢塘人。

山品室集篛節齋集　明杭州許次紓撰。

樂志集十二卷 明諸生餘杭沈應元撰。

案:《乾隆志》是書兩見,一作明人,一作國朝人。今定爲明人,删彼存此。

影山樓詩集 明諸生海甯祝恂文眉老撰。

草元堂詩集 明錢塘姚奇穎有僕撰。

鞭心集 明桐鄉教諭海甯葛士奇撰。

竹齋小詠一卷 明諸生海甯郭時元升撰。

旃鳳堂集一卷 明行人仁和陸培鯤庭撰。《千頃堂書目》云南海知縣。

正誼堂詩集二卷金陵遊草 明海甯朱朝瑛撰,字美之,官旌德知縣。見《千頃堂書目》。

爲可堂詩集十六卷文集四十卷 明海甯朱一是撰。《乾隆志》作『《爲可堂集》十卷』,今從《海昌備志》。字近修。見《千頃堂書目》。

始讀軒遺集二卷 明海甯查旦撰。

容菴存槀三卷 明海甯許令瑜撰,字元忠,號之田,官仙遊令。見《千頃堂書目》。

扣缶集 明海甯王翰撰。

五石居詩草 明貴州僉事錢塘陳紹英生甫撰。《千頃堂書目》作仁和人。官貴州按察副使。

西園集 明海甯朱睿英袖撰。

述嘉集 明海甯蔣國光撰。

湇村集十卷 明海甯曹元方撰。

則百樓稾二卷又雜志二卷 明海甯周文爚撰。

樵窗遺稾二卷 明海甯周文烉撰。《杭郡詩續輯》作《北窗遺稿》，兹從《海昌備志》。

施古狂遺集 明錢塘施汝進古狂撰。

今年草 明錢塘顧圤琢公撰，一字山臣。見《千頃堂書目》。

仁山雜著三十二卷 明諸生海甯祝君壽萬年撰。

漉籬堂集 明仁和卓發之蓮旬撰，一字左車。見《千頃堂書目》。

蕊淵集十二卷蟾臺集四卷 明貢生仁和卓人月珂月撰，發之子。

懶翁詩集百梅詩賸 明布衣富陽朱萬式一甫撰。

春星堂集十卷 明錢塘汪汝謙然明撰。《杭郡詩輯》又有《松溪集》，《千頃堂書目》又有《聽雪軒集》、《綺詠》、《綺詠續集》、《夢草》、《遊草》、《閩遊詩紀》、《咏物詩》。

幽尋餘詠溪上間情柿舫小草益菴拙草 明錢塘陳光裕克承撰。

送老詩鈔十二卷 明丹徒知縣錢塘關鍵六鈐撰。

案：《乾隆志》是書兩見，一作明人，一作國朝人。今定爲明人，删彼存此。

春草堂集青霞軒詩集松嘯臺詩集 明海甯葛炳撰。

東皋文集十卷詩集八卷 明錢塘張右民撰。

息影廬詩文集 明諸生海甯王口口息影撰。《海昌備志》云佚其名。

壺中話一卷 明海甯朱口口質也撰。見《海昌備志》，云佚其名。

陳德懿遺稿四卷 明仁和李昂妻陳德懿撰。《甯邑藝文前編》作《陳懿典遺詩》。

琴瑟居詩稾 明仁和錢兆元妻孫夢芝撰。

朱桂英集 明閨秀錢塘朱桂英撰。《浙江通志》作仁和人。

曲江鶯囀集 明閨秀趙賽濤撰。《乾隆志》云：『居古杭清平山巷。』

鶴牖軒集 明仁和鍾天均妻錢莊嘉撰。

臥月軒稾一卷 明仁和黄茂梧妻顧若璞和知撰。《杭郡詩輯》云：『一名《繡餘吟稾》。』

半月樓遺稿 明仁和黄時序妻姚令則柔嘉撰。《千頃堂書目》作『黄羅扉』。

墨繡軒集 明錢塘茅瓚孫九仍妻梁孟昭彝素撰。

娛墨軒詩集 明仁和沈希珍妻黄修娟媚清撰。

静菴集十卷 明光澤教諭海甯周濟妻朱妙端仲嫺撰。《海甯州志》又作《自怡集》。

聚雪樓遺稿二卷 明海甯沈端妻高淙紈潔撰。

竹笑軒吟草又續稾 明海甯葛徵奇妾李因是菴撰。

蕊閣閒吟一卷 明海甯查繼佐妾蔣宜撰。

壼訓集　明海甯諸生查大讓妻朱氏撰。

長繡樓詩集梅花樓詩存二卷　明海甯查崧繼妻鍾韫眉令撰。《杭郡詩輯》作『《梅花園稾》一卷』，兹從《海昌備志》。

宏道集一卷又附録一卷　明錢塘道士周思得養真撰。

焚餘集　明海甯陸宏定妻周鎣西鑫撰。『鑫』一作『鑫』。

松居詩集　明洞霄宫道士詹道誠撰。

澹居稿　明虎邱寺僧至仁行中撰。見《千頃堂書目》。

徑山集三卷　明本山僧宗净撰。

蒲菴集十卷　明靈隱寺僧來復撰。《徑山志》又有《淡遊集》。

懶齋别集十四卷　明硤石僧通門撰。見《四庫》附存目。

德完集　明上天竺寺僧應完敬修撰。

真相寺大悲閣唱和詩集　明真相寺僧口口撰。《海昌備志》云佚其名。

遐觀樓詩集　明硤石僧宏道撰。

桐嶼集四卷　明徑山僧錢塘德祥麟洲撰，一作仁和人。見《四庫》附存目。

夢觀集六卷　明靈隱寺僧富陽守仁一初撰。

支離集七卷 明天竺寺僧富陽如蘭古春撰。

泊川文集五卷 明净慈寺僧廷俊用章撰。

兩軒集八卷 明上天竺寺僧傅洽南洲撰。

竹菴外集 明錢塘僧懷渭清遠撰。《乾隆志》云：「自鐘山退居錢塘。」

樸園集 明靈隱寺僧元瀞天鏡撰。

天柱稾 明净慈寺僧大同一雲撰。《尤氏藝文志》有《竺菴集》二卷。

山居詩一百首 明净慈寺僧普仁德隱撰。

和永明山居詩 明錢塘僧雍布衲撰。

雪江集二卷 明錢塘勝果寺僧明秀撰。

香山夢寐集 明安隱寺僧宗林大章撰。

朝野賡歌又山居偶和集缶音集 明上天竺寺僧永顧本源撰。

吴詠又遷塔詩一卷西湖三潭放生詩一卷 明净慈寺僧大壑撰。

幻寄集又和永明詩 明錢塘僧梅雪撰。《海昌備志》作《梅雪詩草》。

山堂漫稾 明雲棲寺僧袾宏撰。見《净慈寺志》。

石公詩選 明雲棲寺僧仁和大璸石公撰。《杭郡詩輯》作《石公新舊稾》。

南澗集一卷山居詩一卷 明理安寺僧契靈仲光撰。

巢枸集 明皋亭山僧通蘊靈章撰。

蝶菴集 明靈隱寺僧月用撰。

語風稾 明徑山僧圓信雪嶠撰。《乾隆志》云：『自武康雙髻峯居徑山。』

照元上人詩集 明壽甯寺僧照元撰。《乾隆志》云：『寺在仁和萬松嶺。』

全室外集九卷續集一卷 明天界寺僧宗泐撰。文淵閣著録，云：有《西遊集》一卷，不見傳。

晴江草 明雲溪僧超徹撰。

西溪百詠二卷 明僧大善撰。

右别集類六朝唐宋元明人

校勘記

〔一〕原文作『張孝標』，據《〔民國〕杭州府志・藝文志》改。

〔二〕原文作『張碣』，據《〔民國〕杭州府志・藝文志》改。

〔三〕《〔乾隆〕杭州府志・藝文志》作『湘南應用集』。

〔四〕《通志・藝文略》中并未查考到《外集詩》一書，此處或爲他書竄入。

〔五〕引文原作「纘」，據《四庫全書總目》（中華書局一九六五年版）第一三〇三頁改。

〔六〕原文作「宋元集」，據《〔民國〕杭州府志·藝文志》改。《〔民國〕杭州府志校勘記》作「守元集」，似誤。《〔嘉慶〕餘杭志》引《守元集》見卷三十五「内外九章經一卷」條，該頁同時著録有「宗元集三卷」。

〔七〕原文作「金陵懷古詩百韻」，據《宋高僧傳》（中華書局一九八七年版）第四〇三頁改。

〔八〕原文作「集」，據《〔民國〕杭州府志·藝文志》改。

〔九〕原文作「絳」，當爲「絳」之誤。

〔一〇〕原文作「絳」，當爲「絳」之誤。

〔一一〕引文原作「清真集」，據《直齋書録解題》（上海古籍出版社一九八七年版）第六一八頁改。

〔一二〕「時」字底本缺左半邊，據《〔民國〕杭州府志·藝文志》補。

〔一三〕《〔成化〕杭州府志》卷四十五、卷五十七均作「維文稿」。

〔一四〕原文作「柿園集」，據《〔民國〕杭州府志·藝文志》改。

〔一五〕據《〔乾隆〕杭州府志·藝文志》，「作十九卷」當爲「《浙江通志》作十九卷」之誤。

〔一六〕《〔民國〕杭州府志·藝文志》作「李煜」。《四庫全書總目》（中華書局一九六五年版）第一四七四頁作「李昱」。《四庫全書簡明目録》（上海古籍出版社一九八五年版）第七六八頁作「李曄」。

〔一七〕原文作「穀菴詩」，據《〔民國〕杭州府志·藝文志》改。

〔一八〕《千頃堂書目》（民國《適園叢書》本）卷十八作「規善」，《千頃堂書目》（上海古籍出版社二〇〇一年版）第四七六頁作「觀善」。

〔一九〕《千頃堂書目》（民國《適園叢書》本）卷十八作「于肅愍公集十卷附録一卷」，《千頃堂書目》（上海古籍出版社二〇〇一年版)第四八六頁作『于肅愍公集八卷附録一卷』。

〔二〇〕引文原作『咏物集句』,據《千頃堂書目》(上海古籍出版社二〇〇一年版)第七七六頁改。

〔二一〕《題雨齋集》未見。《〔萬曆〕杭州府志・藝文志》卷五十三、《〔康熙〕杭州府志・藝文志》卷三十八均作『松雨齋集』。

〔二二〕『事』字底本無,據《千頃堂書目》(上海古籍出版社二〇〇一年版)第四九〇頁補。

〔二三〕據標點本《〔清雍正朝〕浙江通志》(中華書局二〇〇一年版)第六九三三頁,應爲《浙江通志》引《海寧縣志》作『尚敬』。《〔雍正〕浙江通志》卷二百四十九引《海寧縣志》作『尚敏』。

〔二四〕《千頃堂書目》(民國《適園叢書》本)卷二十四無『刑部侍郎鋭子』一句。《千頃堂書目》(上海古籍出版社二〇〇一年版)第六〇六頁作『刑部郎中鋭子』。

〔二五〕《千頃堂書目》(上海古籍出版社二〇〇一年版)第五三三頁作『北屏存稿』。

〔二六〕《〔民國〕杭州府志・藝文志》作『瑟齋集』。

〔二七〕《海寧縣志》中未查考到《豢龍子四存》一書。該書《〔光緒〕海鹽縣志》有著録。

〔二八〕《傳是樓書目》中并未查考到《漢陽集》一書。

〔二九〕引文原作『詩』,據《分省人物考》卷五十三改。

〔三〇〕本條底本無,據《〔民國〕杭州府志・藝文志》補。

〔三一〕原文作『字』,當爲『宇』之誤。

〔三二〕《隅圃集》未見。《四庫全書總目》(中華書局一九六五年版)第一六一三頁作『隅園集十八卷』。

〔三三〕《〔民國〕杭州府志・藝文志》作『蘋川集』。

〔三四〕《千頃堂書目》（民國《適園叢書》本）卷二十五作『餘姚人』。《千頃堂書目》（上海古籍出版社二〇〇一年版）第六二四頁作『徐茂吾詩集十三卷……餘姚籍』，注文引盧文弨校語作『餘杭籍』。

〔三五〕原文作『最』，據《〔民國〕海寧州志稿·藝文志》改。

〔三六〕《千頃堂書目》、《〔乾隆〕杭州府志·藝文志》均作《澄清堂集》，《〔民國〕杭州府志·藝文志》作《澄清堂集學圃集》。

〔三七〕原文作『巖』，據《千頃堂書目》卷二十七改。

〔三八〕《〔民國〕杭州府志·藝文志》作『鷺』。

〔三九〕《〔乾隆〕杭州府志·藝文志》作『《黄氏書目》作《吴吏部集》十二卷』。

〔四〇〕《明别集叢刊》第五輯第一五册《吴吏部集》（黄山書社二〇一五年版）第六六六頁作《白嶽遊》。

藝文六

集部二

橐林集十二卷北遊録八卷西游録二卷 國朝海甯談遷撰。

乾初道人詩集十二卷文集十八卷别集十九卷 國朝海甯陳確撰。

浥露堂集 國朝錢塘黄機撰。

湛清軒集 國朝景陵知縣餘杭王紹貞約園撰。

瀛洲草 國朝詹事府庶子仁和卓彝密嚴撰。

粤游草 國朝烏程教諭海甯查煊子宣撰。

闗隴集維揚集客堂集 國朝睢陳道錢塘姜圖南真源撰。

林卧遥集三卷萬青閣全集八卷雜感集 國朝仁和趙吉士撰。《林卧遥集》、《萬青閣全集》，見《四庫》附存目。

三餘漫詠　國朝中書科中書海寗陳之遴立菴撰。《海昌備志》作『《三餘集》四卷』，兹從《杭郡詩輯》。

[田翏]城寓言又陶菴詩集宿草餘音一卷　國朝拔貢餘杭嚴[二]津陶菴撰，沆從弟。

樊村集深甯齋近稾肅肅軒稾北窗小草　國朝霍邱知縣海甯查詩繼愚溪撰。

臨城雜詠怡我集怡雲集　國朝臨城知縣新城袁之龍雲從撰。

問心堂遺詩　國朝徽甯道海甯黃懷玉闇叔撰。

天台覽勝詩雁蕩紀游詩一卷　國朝漕運總督錢塘徐旭齡元文撰。

浮漚集十三卷約菴詩選十卷文集十卷　國朝仁和胡文蔚撰。

畱素堂詩集五十卷文十卷塞翁編　國朝海甯蔣薰撰。

浮雲集十一卷浮雲續集十二卷百一稾八卷旋吉堂集　國朝海甯陳之遴撰。《浮雲集》，見《四庫》附存目。

旅堂詩選[三]　國朝仁和胡介彥遠撰。初名士登，錢塘學生，見《千頃堂書目》。

蜀中草一卷　國朝峨嵋知縣海甯朱昇子旦撰。

清貽堂存稾　國朝太僕寺少卿仁和王益朋鶴山撰。

春早堂詩集　國朝揚州同知仁和俞灝可菴撰。

鹿苔山房稾　國朝教諭仁和鄭吉士有章撰。

永和樓集　國朝嘉定知縣餘杭趙昕雪乘撰。

玉禾堂文集　國朝湻安教諭海甯徐元粲道力撰。

鍪存集三十卷湛花樓詩三十卷小杲篇十卷山圖别集四十卷　國朝諸生錢塘徐元倬爲章撰，《浙江通志》作海甯人。

皋園詩文集四卷醽發堂詩文集四六集蘧知集古秋堂集燕臺詩集灞亭詩選　國朝餘杭嚴沆撰。

稽畱山人集二十卷采菽堂集二十四卷牀頭集三十卷擬李長吉詩三卷前集十卷　國朝諸生錢塘陳祚明允倩撰。《稽畱山人集》見《四庫》附存目云：『亦名《敝帚集》。』《采菽堂集》一作『《采菽堂詩集》二十卷《文集》三十卷』。《千頃堂書目》云仁和人，字嗣倩。

采菽堂季子詩畱　國朝諸生錢塘陳晉明康侯撰，祚明弟。

蹠冰詩十二卷　國朝錢塘陳曾蓺叔毅撰，祚明子。

倫敘堂詩集　國朝錢塘章日躋式九撰。

愛日堂文集二十卷默菴集得閒草一卷　國朝海甯范驤撰。

卒吐篇燕朝一作歌**柯竿集質亡集**　國朝三原知縣餘杭俞嘉言臣聽撰。

東山詩集　國朝將樂知縣錢塘褚陸玫冬生撰。

虹映堂集二十卷詩筏二卷北遊詩一卷　國朝海甯郭濬撰。

張卿子集四卷　國朝錢塘張遂辰撰。分《湖上》、《蓬宅》、《白下》、《衰晚》四編。

瞻雲文集七卷又詩集　國朝仁和陳廷會際叔撰。

藥園詩集十二卷藥園文集二十二卷　國朝仁和丁澎撰。一作『《扶荔堂集》、《信美軒集》』。

雁樓集　國朝仁和徐士俊野君撰。

秦〔三〕亭山人集十三卷　國朝仁和張綱孫祖望撰，後改名丹。《四庫》附存目作『十二卷』，今仍《乾隆志》。《杭郡詩輯》又作《張秦亭集》。

花影亭集十二卷　國朝錢塘章士斐撰。

樸菴集三十二卷　國朝南和知縣錢塘吴百朋錦雯撰。《杭郡詩輯》作《娱暉堂集》。

威鳳堂集一卷　國朝錢塘陸圻撰。

白鳳堂集十卷　國朝錢塘陸堦撰。《杭郡詩輯》作『《白鳳樓集》十四卷』，今仍《乾隆志》。

丹鳳堂集三卷　國朝諸生錢塘陸坒左墄撰，運昌第三子。

善卷堂四六十卷善卷堂集四卷小賦雜著二卷詩續二卷　國朝仁和陸繁弨撰。《善卷堂四六》，見《四庫》附存目。

愛日堂文集粤游草　國朝錢塘沈蘭先撰。

思古堂集四卷潠書八卷小匡文鈔四卷東苑文鈔二卷東苑詩鈔一卷蕊雲集一卷晚唱集一卷　國朝錢塘毛先舒撰。見《四庫》附存目。又《浙江遺書總録》作『《思古堂集》三十五卷』，《杭郡詩輯》作『《思古堂集》二十四卷』，更有《毛馳[四]黄文集》八卷，蓋即《小匡文鈔》、《東苑文鈔》之合刻，卷數適符，又《稚黄子文洴芝塢集》未刊。

湑山前後集八卷　國朝諸生錢塘陸敏樹蕙畝撰。

詩集簡存一卷園亭瞽作一卷　國朝錢塘朱里撰。

棣蕚堂文集　國朝錢塘汪玉立與可撰。

歲寒堂存稾十二卷　國朝諸生仁和林璐玉逵撰，一云錢塘人。《四庫》附存目作『一卷』，今仍《乾隆志》。

澄江集一卷北墅緒言五卷　國朝錢塘陸次雲撰。《四庫》附存目，《澄江集》無卷數，今仍《乾隆志》。

辛齋詩鈔十卷問豫堂文鈔十二卷　國朝海甯陸嘉淑撰。《海昌備志》作『《辛齋遺稿》二十卷』。

銕菴集又樂清集　國朝錢塘諸九鼎駿男撰。

説詩堂全集二十六卷　國朝錢塘諸匡鼎虎男撰，九鼎弟。《四庫》附存目祇《橘苑詩鈔》十一卷，云是《説詩堂集》之一種。

慎齋詩存　國朝杞縣知縣仁和王典備五撰。

兩間草堂詩文集四十卷　國朝錢塘徐林鴻撰。案：《乾隆志》作『十卷』，今從《海昌備志》。

潛齋詩文集三十卷　國朝錢塘應撝謙撰。

京山文苑十卷又萬卷樓集 國朝仁和徐汾撰。

世經堂集三十卷 國朝連平知縣錢塘徐旭旦西泠[五]撰。

塞翁集 國朝仁和吴山濤岱觀撰。

寵壽堂集三十卷 國朝諸生仁和張競光覺菴撰。《浙江通志》作『二十四卷』，今從《浙江遺書總録》。『競光』又作『兢光』。

魚川集魚川二集巴餘集南肅堂詩稾 國朝錢塘李式玉撰。

碧臺文集煙艇雜編 國朝錢塘汪麟孫仁遠撰。

東江集鈔九卷東江別集一卷 國朝仁和沈謙撰。見《四庫》附存目。《浙江通志》『九卷』作『八卷』。

省軒文鈔十卷詩鈔二十卷 國朝錢塘柴紹炳撰。見《四庫》附存目。《杭郡詩輯》又有《青鳳軒詩》十卷。

與袁堂詩集十卷文集四卷 國朝高州推官海甯陳殿桂長生撰。

止溪文集二十卷詩三十卷道游堂詩集四卷川南紀遊詩八卷兩硤紀遊一卷又玉臺後詠家庭唱和集 國朝海甯朱嘉徵撰。

深柳堂詩文集 國朝松滋知縣海甯徐晉階康侯撰。

六宜樓詩賦草 國朝海甯盛起撰。

敬恕堂詩文集 國朝海甯李顧玉撰。

南樓詩存 國朝諸生錢塘孫宏衛郊撰。

怡安堂集 國朝漢陽知縣仁和金漸臯怡安撰。

雪嘯軒集紀游草 國朝御史仁和吴雯清太漣撰，一云字方漣。

洧盤山人集珠囊集 國朝錢塘王蔚章撰。

孤山草堂集又東郊草堂集 國朝仁和張壇撰。

西湖竹枝詞 國朝諸生錢塘謝起蛟睿恩撰。

西湖竹枝詞 國朝諸生仁和蔣漢紀波澄撰。

堂策檻遺詩 國朝歲貢杭州郎濬次山撰。

春江詩鈔又方舟集又豔詩 國朝監生錢塘沈用濟方舟撰。

景疏樓文集十卷弗過軒詩集九卷自怡集一卷 國朝海甯楊雍建撰。又名《以齋集》。

世美堂集二十四卷 國朝錢塘顧豹文撰。

初山草堂雜著八卷七柳軒集十卷 國朝江山訓導錢塘沈子如宣子撰。

霞舉堂集三十五卷 國朝仁和王晫撰。《杭郡詩輯》作《淡成堂集》，今仍《乾隆志》。

蕭遠堂集十二卷 國朝教諭錢塘王修玉倩修撰。《浙江通志》作『王倩修修玉』，今仍《乾隆志》。

宜齋詩四十卷文集八十卷南歸集十卷雪鴻集八卷流鉛集四十卷嘯臺就正稾二十六卷金陵集十卷心蘇集五十卷秋鈴集十卷南羽集三十二卷綺霞集二十四卷未忘集八卷京江集四卷 國朝錢塘吴農祥撰。《海昌備志》有《嘯臺集》二百四十卷，蓋其全集之總數。又《杭郡詩輯》有《梧園詩文集》。

來菴存稾 國朝諸生錢塘吴農復敦仲撰，農祥弟。

銀臺存稾四卷 國朝通政使錢塘胡亶保林撰。

高寄軒詩集三卷 國朝錢塘丁文策撰。

魯齋集 國朝富陽陳天麟天石撰。

焚餘集 國朝錢塘陸彦龍驤武撰。

孫宇台集四十卷 國朝仁和孫治鑒菴撰。

南園詩 國朝仁和沈承爵撰。

貞白齋詩集集陶杜詩各一卷 國朝仁和徐介狷庵撰。

桐溪詩草 國朝諸生海甯馬遇知槐村撰。

采菽堂詩集 國朝錢塘陳麗正菴撰。

鐵函集 國朝海甯許𤊹撰。

罍齋集　國朝諸生杭州郎璧金躬府撰。

鶡嗁集六卷　國朝諸生杭州錢儼武元可撰。

樹北詩鈔二卷粤東紀行詩一卷　國朝海甯陳萱永樹北撰，之仲子。

紫薇軒詩草二卷　國朝監生海甯朱願爲不爲撰，一是子。

粟園詩草　國朝錢塘錢覲波齋撰。

適齋詩草一卷　國朝諸生海甯蔣作楫韓方撰。

抱青吟詩集　國朝青浦知縣錢塘程章含譽撰。

東圃詩鈔　國朝嘉興教授仁和沈洪瑞介菴撰。

悔岸詩集　國朝湖廣兵備道錢塘汪繼昌悔岸撰。

静鏡齋集　國朝副貢仁和卓天寅亮菴撰，珂月子。

巨門詩文集　國朝副貢錢塘沈璇巨門撰。

鳳巢前後集漱六草堂集　國朝歲貢海甯黄鰲崙玉撰。

霜林寤歌集　國朝湖廣推官仁和胡貞開瑟庵撰。

狂吟集　國朝錢塘汪用成濟懷撰。

澹草七卷　國朝錢塘馮軾士式撰。

雲亭編年詠　國朝錢塘仲恒道久撰。

續南華詩文稾　國朝錢塘李潁考叔撰。

冰雪草蟋蟀吟病草磊菴畫中詩焦桐草磊菴雜詠山居詩　國朝諸生仁和沈洪芳椒羽撰。

墨巢詩鈔　國朝仁和郭紹孔伯翼撰。

渴日樓詩　國朝仁和吴兆隆撰。

薇水亭集　國朝海甯王澐子雲撰。

思可堂詩集　國朝廩生海甯徐南珍紫岡撰。

兩峯樓集江行草　國朝錢塘張振孫祖定撰，綗孫弟。

聽松樓詩　國朝錢塘孫忠楷獻葵撰，治從子。

吴山草堂集十六卷　國朝錢塘吴儀一撰。

奕文堂集　國朝諸生錢塘張適我持撰。

補廬詩　國朝錢塘馮遵京屺章撰。

雲深草堂集　國朝諸生仁和宋琦玉山撰。

蔗山近稾　國朝錢塘孫興宗雲成撰。

近青堂詩集　國朝仁和卓爾堪撰。

思齋詩鈔　國朝仁和卓允域永瞻撰，天寅長子。

鶴崖詩集　國朝諸生杭州程光縉鶴崖撰，章子。

一瓻樓集　國朝湯溪教諭杭州程名高甑山撰，光縉子。

漱石堂集　國朝雷州推官海甯祝翼亮秋湄撰。

飽墨堂吟草　國朝海康知縣海甯吴啟熊二岑撰。

馳驛詩鈔　國朝甘涼道餘杭壽以仁静若撰。

幾亭集　國朝貢生海甯祝文襄天孫撰。

環山樓文集　國朝錢塘吴岩茂念溪撰。

栝遊草一卷　國朝增生海甯朱藻子昭撰。

蒼源剩草　國朝增生錢塘馮夢祖召系撰。

過園集　國朝諸生錢塘李式璉待斯撰。

究游集觀花雜詠　國朝海甯許楹撰。

兼山詩集　國朝海甯祝潛撰。

菊莊二集　國朝海甯張王綱撰。

松月樓吟槀四卷　國朝諸生杭州周宗樞紫藩撰。

崇善堂詩文集四十卷 國朝海甯查嗣馨撰。

明霱堂文集一卷詩集二卷 國朝海甯張標撰。

歲也紀吟集西疇草堂全集 國朝海甯沈藩撰。

悔園詩集 國朝諸生海甯周明依仙佩撰。

問義堂詩集十卷 國朝海甯許蛟横塘撰。

倦遊草 國朝工部員外郎海甯郭演寅谷撰。

玉海堂集 國朝饒九南道海甯查培繼王望撰。

漢園遺詩 國朝海甯查雍撰。

華煙初集 國朝諸生海甯袁揆燮漁山撰。

芥舟詠史詩三卷 國朝海甯祝定國撰。

漱玉集 國朝海甯宋自均撰。

碎金集一卷 國朝海甯祝文彦撰。

孤亭集 國朝海甯查嗣庾二京撰。

鶺鴒哀鳴編 國朝海甯許楷撰。

山子吟蘂淵堂集 國朝諸生海甯陳宏世喦山撰。

坎坎吟 國朝福清教諭海甯葛定鼎象也撰。

綺星居集 國朝歲貢海甯袁祩丹六撰。

愛吾廬詩鈔 國朝諸生海甯朱秀士穎薰撰。

介堂文集 國朝諸生海甯朱輿思子孟撰。

晉游草 國朝諸生海甯徐忠振子大撰。

醉白遺稾一卷 國朝諸生海甯查繼昌得全撰。

楚歸吟一卷村居漫興一卷前後梅花二百詠 國朝錢塘李南遂初撰。

方山集嚴氏合稾拙尊堂集 國朝餘杭嚴渡撰，調御子。

豫游草東甌游草 國朝寶應知縣海甯楊廷棟豫楨撰。

耿巖文選曉寒六子初二集慧居兩生草栖遲草宏詞朝投閒草耿巖集拾遺甲辰策稿 國朝海甯沈衍撰。《耿巖文選》，見《四庫》附存目。

斗虹集八卷 國朝翰林院編修仁和沈筠開平撰。

陸冠周詩鈔四卷 國朝錢塘陸寅冠周撰，圻子。又名《玉照堂集》。

似齋詩存八卷 國朝錢塘王廷燦撰。

友石居詩集十二卷白雲山房詩十卷 國朝廣東學政仁和翁嵩年康飴撰。

解春集十四卷樊中集十卷山雌集 國朝監生錢塘馮景山公撰。

梵夾集八卷蛾術堂文集十卷退翁詩一卷冰脂集四卷青燈竹屋詩三卷 國朝仁和沈名蓀撰。

田居詩稿十卷詩續三卷 國朝仁和龔翔麟撰。一作『十二卷』。

敬業堂集五十卷續集六卷 國朝海甯查慎行撰。文淵閣著録無《續集》，《海昌備志》作『《敬業堂文集》四卷』。

壺山草堂詩一卷 國朝諸生錢塘吴嘉枚介庵撰。

清嘯堂詩集二十卷文集十卷 國朝錢塘章撫功撰。

思綺堂四六十卷又思綺堂詩集 國朝翰林院庶吉士錢塘章藻功豈績撰，士斐第三子。

静業堂詩集十卷 國朝仁和翁菁仁倩撰。

愛吾廬文集十卷 國朝御史海甯張曾裕昆詒撰。

花笑軒集三十四卷寒石詩鈔十二卷 國朝諸生錢塘沈紹姬香巖撰。

德聚堂集醖發堂文集燕臺詩草 國朝餘杭嚴曾榘撰。

雨堂詩集客年詩壬戌詩己庚詩 國朝餘杭嚴曾槷撰。

延芬堂集二卷 國朝翰林院庶吉士錢塘汪鶴孫雯遠撰。

白雲集十七卷錢塘二子詩集 國朝錢塘張賁孫繡虎撰，綱孫弟。

亏山詩鈔 國朝歲貢錢塘錢塘張穎荀叔明撰，右民子。『亏山』一作『方山』。海甯人。

澹園詩文集 國朝石門訓導錢塘沈謨顯静宸撰。

時用集二卷 國朝海甯陳訏撰。見《四庫》附存目。

巢青閣集十卷 國朝永嘉教諭錢塘陸進蓋思撰。

延芳堂集 國朝州判錢塘陸雋升璜〔六〕撰。

拜鶻堂集 國朝錢塘潘問奇雲程撰。一作『拜鵑』。

水雲詩集 國朝餘杭王舟瑶撰。

沈宏度集 國朝錢塘沈叔竑宏度撰。《杭郡詩輯》作《芙蓉軒詩草》。

皋亭集 國朝諸生錢塘周鰲升伯撰。

嶽表堂北遊集玉岑堂詩 國朝舉人錢塘葉大緯緯如撰。

黄門續集二卷紀恩詩一卷 國朝海甯陳黄永撰。

猶愛集二十卷 國朝海甯祝翼上道載撰。

名山集四十卷 國朝廩生海甯陳奮永寄齋撰，之遴子。

夢餘吟草 國朝仁和朱兆震㞒子撰。

河西草堂集又香臺集 國朝仁和傅冠似穀撰。

坦庵詩稿　國朝諸生錢塘朱式曾子循撰。

魯齋詩稿　國朝錢塘朱戴曾子敬撰。

明農草堂集　國朝杭州陸甗苹元撰。

韓江游草　國朝錢塘李世衡甸南撰。

迢遥吟　國朝仁和郁志文簡成撰。

有懷堂集　國朝諸生錢塘王道甯志安撰。

湖上集西江集燕行集海陵遊草倦還草　國朝貢生仁和張晉祺覲宸撰。

張丹山集　國朝諸生仁和張孫鳳覺西撰。

淇園文集十卷編年詩鈔八卷　國朝王仲恒撰。

一溉園詩集秀餐軒集　國朝海甯陳春永息園撰。

梅磵文集　國朝舉人海甯祝翼恒豹臣撰。

所見集　國朝海甯鄒直夫撰。

蓮峯集　國朝海甯朱協廉撰。

就莊集三卷　國朝海甯陳謙撰。

寶樹堂集　國朝仁和傅棫菁遥集撰。

觀雛草堂集　國朝諸生錢塘周世傑沛甌撰。

晚雷詩鈔又東野詩鈔五卷　國朝歲貢生海甯楊嗣震東野撰，雍建從子。

醉六堂詩文集　國朝真定知縣海甯朱肇楨幹齋撰。

棲霞草堂詩集二卷别集五卷　國朝兵部主事海甯陳邦懷尚一撰。

雪巖詩鈔　國朝錢塘張渢禹臣撰。

藥園吟稿　國朝舉人海甯沈廣業履嘉撰。

碧桐軒小稿　國朝進士海甯祝詒静方撰。

平山堂集西山詩集扶桑閣詩集十四卷文集四卷　國朝海甯朱爾邁撰。

渚山樓集　國朝海甯潘廷章撰。

麗宗簡存因是編最古園皋嘯集　國朝温州訓導錢塘葉生又生撰。

金粟集　國朝海甯錢德震武子撰。

嘉惠堂集　國朝海甯陳世倌撰。

間間廬初集六卷湖上間漁集也堂釣餘集　國朝海甯朱達撰。

潔華齋詩文集　國朝海甯李士麟撰。

舒嘯軒集　國朝海甯傅感丁撰。

得雲樓集 國朝海甯徐元彪撰。

木青園予汝集 國朝錢塘徐林駿、徐林鳫撰。

嘯雲軒集 國朝海甯沈籍撰。

石丈詩古文辭十二卷 國朝諸生海甯查嗣琪肇五撰。

雪芽詩鈔 國朝海甯朱綵撰。

丙齋全集又賜硯齋詩集 國朝海甯陳論撰。

毅庵集 國朝上虞教諭海甯徐剛振芝川撰。

野雁齋詩集 國朝海甯陳奕昌撰。

畏庵零綴集一卷 國朝海甯徐炳撰。

拊缶堂詩玉杯堂詩 國朝副貢餘杭董宗元老泉撰。

了園詩存八卷果思堂文集八卷又吟廬集 國朝海甯祝翼權撰。

一經堂集 國朝廣東提學僉事海甯張英仲張撰。

秋水堂詩集 國朝主事錢塘何裔雲曾園撰。

備德堂集 國朝舉人仁和楊聯蕚椒園撰。

何求集 國朝溧陽知縣海甯張曾禔冰畦撰。

問山堂集　國朝海甯張曾衸寒松撰。

甯固堂文集　國朝監生海甯查元在宸撰。

託園詩文集　國朝仁和吴任臣撰。

餐霞軒吟稿一卷　國朝諸生海甯陳懷永寅文撰。

自鳴集　國朝海甯陳煌世撰。

艾軒詩集一卷　國朝鹿邑知縣海甯楊中相公山〔七〕撰。

吟野樓吟草　國朝海甯沈傑撰。

一草亭藝花詩　國朝望江知縣仁和傅先遇松巖撰。

盛無疆遺詩一卷　國朝海甯盛逸無疆撰。

待後集　國朝海甯沈昇撰。

蜜香齋樓詩集　國朝海甯陸棫爾咸撰。

偶吟草　國朝於潛伍涵芬撰。

澹遠詩稿又静學齋詩集扈從南巡五瑞詩一卷　國朝海甯查昇撰。

澄園集　國朝中書錢塘馬銓澄園撰。

晚研齋詩集又叢桂集　國朝海甯楊中訥撰。

花外樓集 國朝拔貢仁和沈謙益哀齋撰。

清貽堂詩存 國朝武義訓導仁和王士駿秋渚撰，益朋次子。

石農遺集 國朝海甯陳口口石農撰。《海昌備志》云佚其名。

玉禾堂存稿 國朝翰林院編修海甯查嗣韓荊州撰。

永思樓詩文集又茅春雜詠 國朝海甯張朝晉撰。

安雅堂詩集 國朝海甯朱景辰撰。

古雪堂詩選一卷 國朝監生海甯湯可宗古田撰。

懷古堂詩集 國朝諸生仁和沈元琨珠亭撰。

瑞石山房稿 國朝錢塘陸韜子容撰。

一經堂文集 國朝諸生海甯查鼎洪受撰。

矜删十二種文集 國朝監生海甯祝翼夔憩軒撰。

南湖集 國朝海甯張迂用中撰。

錢塘懷古詩一卷 國朝諸生錢塘徐畱沛師撰，汾弟。

潦園集 國朝諸生錢塘汪志道冷松撰。

寫意八卷 國朝諸生新城羅志倫彝正撰。

尚志堂文集六卷漸江詩鈔十二卷漸江文鈔二卷彈箏集江漢詩集 國朝海甯查容撰。

寤廬集 國朝諸生海甯查繼仲寤五撰。

閬仙吟稿 國朝餘杭嚴曾業撰。

寓齋偶存 國朝常山訓導仁和邵九皋鶴田撰。

鴻遠堂集 國朝錢塘郎龍有潛長撰，璧金子。

激鳴集四十卷 國朝海甯董振整維撰。

履無咎齋詩集四卷 國朝海甯陳麟撰。

存齋吟稿一卷 國朝海甯陳世倕撰。

觀復堂詩草 國朝諸生海甯陳燾淡園撰，之伸孫。

耘業堂遺稿 國朝錢塘項溶撰。

寶言堂集 國朝諸生錢塘王元斌滄洲撰，修玉子。

倚劒樓詩鈔八卷東阿詩草〔八〕**一卷** 國朝海甯葛泠向高撰。

疑山詩集 國朝錢塘陳清鑑也堂撰。

紅蓮詩草〔九〕**一卷鴛湖偶草式玉堂詩存** 國朝海甯查㬎止齋撰。

寶復堂詩稿 國朝諸生仁和褚彤弓一撰。

雪堂詩鈔 國朝仁和沈兆乾御六撰。

春及堂前集續集 國朝諸生錢塘陸鳴皋鶴亭撰。

慎餘堂文集十卷塞外紀行草二卷 國朝海甯管鳳苞撰。

東岡遺稿三卷 國朝舉人海甯周奕屺瞻撰。

張翰林遺稿 國朝翰林院〔一〇〕檢討海甯張珍播芳撰。

沁雪堂詩鈔 國朝貢生仁和趙沈壎漁村撰。

雲起堂稿 國朝監生錢塘錢璜他石撰。

存素齋詩草 國朝諸生海甯何之鯨觀瀾撰。

種書田稿一卷 國朝海甯陳世佶撰。

尋初堂詩集 國朝諸生錢塘張松霞北嵒撰。

數峯遺稿一卷 國朝廩生海甯張美文子韶撰，標子。

泛香亭集 國朝錢塘朱璆遠公撰。

亦廬雜詠 國朝舉人海甯楊〔一一〕中發懷日〔一二〕撰。

問心堂集十二卷 國朝慶元教諭海甯許維棣鄂園撰。

耕餘稿 國朝諸生海甯鄭世元亦亭撰。

寤言類稿寤言别録　國朝海甯查克敏撰。

玉章稿　國朝海甯吴琦文玉章撰。

盱游雜記　國朝定海教諭仁和趙嘉楫西村撰。

紀恩詩鈔　國朝鳳翔知府海甯查克建用民撰，慎行長子。

廉讓堂詩集三卷半硯冷雲集北游南還草　國朝湖州教授海甯曹三才廉讓撰。

丹井[一三]**山房集十硯齋集**　國朝電白知縣仁和顧之珽茶園撰，豹文子。

查浦詩鈔十二卷　國朝海甯查嗣瑮撰。

若愚堂集　國朝諸生海甯高許棟柱峯撰。

天鑒堂詩文集小學詠真味詩録　國朝錢塘沈近思撰。

致軒詩鈔六卷　國朝平凉知府海甯楊守知次也撰，中訥子。《杭郡詩輯》作『《致軒集》二十卷』，今仍《乾隆志》。

東山偶集　國朝内閣中書海甯曹三德日亭撰。

墨廬小稿一卷春暉堂集　國朝海甯陳邦彦撰。

榮古堂集一卷金陵詩四卷　國朝海甯查嗣珣撰。

亦快閣集屏山集西征集燕邸前後集　國朝高縣知縣錢塘許田昌農撰。

晚香堂集　國朝興化同知錢塘吴煥快亭撰。

完吾賸稿　國朝遂安教諭海甯曹璡白[一四]友撰，三德子。

日永堂稿甯遠堂存稿三樹堂稿　國朝海甯陳世侃撰。

學村詩鈔十二卷平昌詩鈔一卷因樹樓詩文集　國朝海甯陳世修撰。

平昌紀游集　國朝海甯周逢吉撰。

澹菊堂集　國朝辰州同知錢塘沈元曾月帆撰。

雲在詩鈔九卷　國朝海甯查祥撰。

資事堂詩鈔　國朝汀州知府海甯俞敦仁易齋撰。

小樹軒集錦溪游草　國朝蒲縣知縣錢塘金虞長孺撰。

松源集又雜文　國朝仁和孫之騄撰。見《四庫》附存目。

今是草堂詩集　國朝宣平教諭海甯祝秉貞德園撰，翼權子。

大雲樓集十二卷天全六番稿　國朝海甯張韜撰。

青桂堂集　國朝仁和丁灤天庵撰。

静山詩鈔　國朝錢塘蔣淑令儀撰。

五柳園稿　國朝仁和蔣宏道雪樵撰。

珠舟集　國朝海甯沈軫先撰。

緑筠齋詩集和梅村詠物詩一卷　國朝監生海甯許惟槐常村撰。

蒼筤園詩集　國朝海甯陳埰孝撰。

焕吾集　國朝海甯陳世仁撰。

滇遊集粤遊集　國朝監生仁和邱京稼堂撰。

鷟峯遺稿　國朝諸生錢塘戴熙鷟峯撰。

晚亭詩鈔一卷　國朝海甯朱湑亦大撰。

西湖攬勝詩　國朝諸生仁和蔣芑豐有撰。

菊存園偶存稿　國朝監生錢塘王求皇雄飛撰。

凝霜閣詩　國朝諸生錢塘毛宗亶山頌撰。

籜園詩鈔　國朝錢塘梁文泓撰。

玉壺集　國朝廩生錢塘周經邦理齋撰。

觀我堂詩文集　國朝海甯許勉燾撰。

可亭詩一卷　國朝副貢海甯查克宏可亭撰。

樗莊文稿十卷詩稿二卷嫁衣集二十卷　國朝諸生仁和沈維林楚堂撰。

潁州集　國朝潁州知州錢塘孫寅柏堂撰。

公餘集　國朝甌甯知縣仁和陳朝儼望庵撰。

澹若集　國朝濮州吏目錢塘龔茂基培源撰。

枕上吟　國朝諸生仁和金日燦玉書撰。

菉濱詩鈔　國朝錢塘丁詠淇菉濱撰。一作《二須堂集》。見《四庫》附存目。

雲怡詩文集十四卷　國朝諸生海甯陳克鬯雲怡撰，確孫。

古秋堂詩集　國朝餘杭嚴啟端撰。

修吉齋集燕喜樓詩集苫次偶存　國朝諸生海甯楊景璉瘦仙撰，雍建從子。

漫興詩集　國朝監生海甯楊觀誠至軒撰，中訥子。

改齋詩文鈔　國朝蘭溪訓導餘杭嚴啟耀撰。

問天集卧游軒稿　國朝諸生錢塘汪衣善怡亭撰。

歷年游草　國朝仁和孫永謀介亭撰。

閒情詩草　國朝錢塘李濤東來撰。

瑞石精舍詩稿又石田集　國朝諸生錢塘王孫華龍山撰。

螺齋詩鈔　國朝監生仁和傅廷標半村撰。

娛老集三卷　國朝監生仁和俞長纓遜庵撰。

懷謝山房集　國朝諸生餘杭鮑庭堅虹川撰。

雲畱集　國朝錢塘周豐伯遷撰。

柳塘詩集四卷　國朝華亭知縣海甯陳克鎬芑豐撰。

紫峽山人詩鈔八卷　國朝海甯沈惟基撰。

霞軒詩鈔　國朝海甯李肇開撰。

蟲獲軒詩文集　國朝海甯張爲儒撰。

咄咄吟蘭畦詩稿　國朝海甯沈陳綱松厓撰。

柿畦集二卷又柿畦詩次編　國朝海甯沈周世自怡撰。

居易齋集　國朝海甯倪祖喜雲逸撰。

存耕詩一卷　國朝諸生海甯周初允開撰。

餘閒堂草　國朝海甯何洪文適亭撰。

雲璈詩鈔　國朝諸生海甯李琯和律陽撰。

退思軒詩草一卷　國朝諸生海甯許掞仲溪撰。

南畇詩鈔　國朝諸生仁和許大綱民則撰。

燕植堂詩稿　國朝錢塘桂成章朗亭撰。

卧雲詩鈔　國朝錢塘仇瀾卧雲撰。

詩古文二卷　國朝海甯朱詒忠撰。

灌梧集四卷　國朝海甯陳克鋑全初撰。

寒鳴偶編八卷次編四卷　國朝海甯茅復撰。

葵陽集　國朝惠來知縣海甯查曾榮春谷撰。

清風集　國朝太常寺卿海甯陳齊永大年撰，之逖子。

月軒詩集　國朝仁和潘雲赤夏珠撰。

玉巖樵唱　國朝宣平教諭海甯聖謨昭平撰。

枯吟集　國朝仁和張勿長韜撰。

亦政集　國朝諸生海甯高伯宗中庵撰。

百哀吟　國朝拔貢海甯陳高永元亮撰，之遵子。

愛今草　國朝仁和顧彝德庵撰。

平昌雜録滇游詩草　國朝諸生錢塘凌紹英烟客撰。

蠹蝕餘集　國朝仁和施鵬撰。

自怡集 國朝海甯查嗣易天行撰。

綏帶樓雜詠 國朝海甯陳源子遠撰。

對山詩草 國朝諸生海甯祝興祚蒼阜撰。

溉齋詩賸 國朝錢塘沈如焴〔一五〕溉齋撰。

天門遺草 國朝諸生仁和沈廣開天門撰，謙孫。

秋谷遺稿 國朝海甯張蘭秋谷撰。

編年詩鈔 國朝諸生海甯潘義和敬翁撰。

獻虞詩文集 國朝諸生海甯祝文琯室庵撰。

嚴師堂遺稿 國朝諸生海甯徐拔慧子開撰。

灌餘吟一卷 國朝杭州高鳴驥撰。

初游稿 國朝諸生仁和單元宰毅庵撰。

綠蕉庵稿一卷 國朝諸生仁和邵學球文叔撰。

永言堂詩文集 國朝嵊縣教諭海甯陳炎牧初撰。

南村集 國朝教諭海甯楊守遴撰。

友槐堂集 國朝海甯張朱芾撰。

萬石堂詩草 國朝海甯董雋子蓳撰。

耕嚴詩鈔 國朝海甯查克峻尊聞撰。

容庵詩稿十卷辛卯集一卷 國朝錢塘孫爽子度撰。見《四庫》附存目。

唐田詩稿 國朝海甯孫克傳撰。

春華閣詩鈔四卷 國朝刑部廣西司郎中仁和黄鐘鐵庵撰。

粤游草一卷 國朝雷瓊道仁和黄錚嚴谷撰，鐘弟。

菊堂詩鈔一卷 國朝海甯管鳳岡菊堂撰，鳳苞從弟。

瞉音集 國朝滎縣知縣錢塘黄正維萊堂撰。

過秦草二卷又題畫詩 國朝諸生錢塘藍深謝青撰。

村居遺草 國朝海甯許養恬撰。

竹簃文集六卷雜著六卷 國朝諸生海甯許惟相輔宜撰。

辰峯小鈔 國朝舉人海甯陳世鵰〔一六〕雲若撰。

藜照堂詩集 國朝莆田知縣海甯陳武嬰志范撰。

蓮輝堂詩集 國朝諸生仁和蘇啟鉽静庵撰。

成都游稿 國朝仁和趙廷桂燕山撰。

玉鑑堂詩鈔一卷　國朝海甯張嘉論撰。

授拂齋詩存　國朝監生海甯查克承寄材撰，慎行子。

蕭然詩鈔二卷雜著四卷　國朝諸生海甯李式賢思齊撰。

閒吟録豫游漫草　國朝諸生錢塘鄭廷臯疇占撰。

桑者居吟草　國朝海甯殷際盛方來撰。

適適齋稿明心堂詩文遺稿課餘草　國朝貢生海甯李時夏緣聞撰。

雪鳴詩鈔　國朝諸生海甯沈明俊竹堂撰。

養微詩集　國朝海甯馬之復心陽撰。

眷春詩集　國朝海甯馬之履元考撰。

省齋詩稿二卷　國朝諸生海甯馬之咸積高撰。

翠軒詩鈔一卷　國朝永甯知縣海甯陳履祥朗亭撰。

再吟老人集　國朝錢塘黄元嘉再岑撰。

藻玉軒集　國朝諸生仁和陶錢浩巨源撰。

琪樹堂集　國朝諸生錢塘趙荃佩芳撰。

層雲書屋草　國朝錢塘俞尚焜晚多撰。

薇垣集二卷 國朝海甯管式龍撰。

鶴峯集十五卷 國朝仁和許維新撰。

寶墨齋詩 國朝錢塘李夢本懷堂撰。

紫山集 國朝貢生餘杭郎宏道允修撰。

迂村漫稿 國朝諸生錢塘周凖欽萊撰。

文長詩稿 國朝海甯翁彬凝遠撰。

十丈蓮花亭吟卷 國朝仁和龔原穆堂撰。

因樹亭詩鈔 國朝錢塘吴奐藝門撰。

震山雜詠 國朝海甯查嗣鏞樸也撰。

漱六詩存 國朝歸仁司巡檢仁和陳良謨漱六撰。

繡畦草堂雜著 國朝諸生仁和陳王謨半村撰。

慎踰集左旋詩鈔 國朝海甯查樞撰。

演溪集 國朝海甯徐在皆山撰。

遠齋集 國朝餘杭邵錫申天自撰。

德不爽齋集 國朝仁和繆之濬龍光撰。

拙存稿 國朝仁和沈三畏竹堂撰。

宏訓堂集 國朝仁和朱瑋佩庵撰。

東皋集 國朝仁和沈國佐爾大撰。

東苑集 國朝錢塘沈叔培御泠撰。

霧齋雜稿 國朝杭州李軾完車撰。

青霞集 國朝諸生餘杭許晉明康侯撰。

聽蛩吟 國朝晉江知縣錢塘王執禮曲臺撰。

倦游草忍庵集 國朝諸生仁和李坤忍庵撰。

紅雨樓遺集 國朝廩生餘杭俞彦來勝佀撰。

積雪堂詩鈔蒼山詠滇游草曰歸吟 國朝餘杭鮑栻撰。

寸心集 國朝主事錢塘孫士寅書城撰。

三餘堂集十卷 國朝翰林院編修仁和潘沐新彈撰。

江上草吾家吟 國朝衢州教授仁和卓元基履齋撰，天寅子。

琪樹堂集金臺草 國朝錢塘趙蒼璧撰。

谷湖詩鈔望遠集 國朝海甯王廷獻撰。

威鳳堂稿　國朝翰林院侍讀學士海甯黄龍眉海撰，鼇子。

濯纓詩集金臺旅草海游草自吟草篪吟草　國朝餘杭鮑楹撰。

四宜堂詩集　國朝甯波教授新城高曰時皆庵撰。

養中堂詩集四卷　國朝績溪知縣海甯陳峋玉圃撰。

澹初堂詩稿八卷　國朝翰林院侍讀學士海甯沈翼機西園撰。

見滄山房詩稿　國朝舉人錢塘潘兆新茳圃撰。

寓巖稿四卷　國朝宣平教諭海甯沈甯遠静師撰。

紅杜村莊詩稿　國朝西甯道海甯楊汝楩青眉撰。

片間吟芝庭集　國朝澧州州同仁和郎庭謨芝庭撰。

然石草　國朝貢生仁和汪鳴瑞白史撰，用成子。

未然吟草一卷　國朝羅田知縣海甯查遴宸銓撰。

復初集　國朝户部侍郎錢塘王璣玉亭撰。

磷秋閣詩草　國朝武義訓導海甯沈翼世古愚撰。

慕齋詩賸　國朝懷柔知縣海甯楊璋禹如撰。

慎餘集　國朝貢生新城徐士晉天湇撰。

愛閒堂題畫詩　國朝建德教諭海甯朱自恆北山撰。

樂志堂詩稿　國朝石門訓導仁和沈楷步宣撰。

委蛇詩草　國朝甘肅提督海甯許雲龍南州撰。

蓮溪草堂集　國朝舉人錢塘汪元文乾茗撰。

慶芝堂詩集　國朝齊河知縣仁和戴亨遂堂撰。

餘蔭堂詩集　國朝宣化知縣臨安胡玠介庵撰。

一諤吟稿　國朝大足知縣海甯查昌朝一諤撰。

叩壺集　國朝諸生仁和吴欽允哲撰。

紀年草　國朝諸生海甯姜曰儁同水撰。

彩曦軒詩草　國朝諸生錢塘查嗣爵令修撰。

閒亭詩草　國朝諸生海甯鄭許捷神文撰。

西疇草堂集　國朝諸生海甯周文熷子昭撰。

鑑閣近集　國朝廩生餘杭嚴渤撰。

寶田堂集　國朝錢塘吴模撰。

古照堂詩集　國朝諸生錢塘奚大武美成撰。

適意吟 國朝諸生海甯朱翰思子懷撰。

耐園吟稿 國朝廩生海甯朱洵山音撰。

藏業堂詩集 國朝海甯朱思誠東原撰。

愚齋詩鈔梅花百詠 國朝國子監學正海甯楊德建東野撰。

朗巖詩稿 國朝廩生海甯朱梅素培撰。

穌園詩删 國朝諸生錢塘徐吴昇庚來撰。

漁隱集 國朝諸生海甯朱廷樞東澗撰。

吹雲集 國朝海甯查玧撰。

視堂詩集 國朝監生海甯朱祥視堂撰。

道濟詩集 國朝諸生海甯朱濟任又莘撰。

二畱堂集 國朝增生仁和顧蘭芝侶撰。

槩堂集 國朝增生錢塘周禹吉撰。

天慵齋詩集 國朝諸生海甯朱思任公紱撰。

琴山集 國朝錢塘陳青髫牧撰。

客槎詩集 國朝海甯朱朝度遠之撰。

思園遺稿 國朝諸生海甯陳之美仲甫撰。

蘭雪齋集 國朝海甯陳雲驤撰。

右别集類國朝人一

校勘記

〔一〕『嚴』字底本無，據《〔民國〕杭州府志·藝文志》補。

〔二〕《〔民國〕杭州府志·藝文志》作『旅堂詩選四卷』，《千頃堂書目》卷二十七作『旅堂詩集』。

〔三〕原文作『奏』，據《〔民國〕杭州府志·藝文志》改。

〔四〕『馳』，疑爲『稚』之誤。

〔五〕原文作『泠』，據《〔民國〕杭州府志·藝文志》改。

〔六〕原文作『墳』，據《〔民國〕杭州府志·藝文志》改。

〔七〕《〔民國〕海寧州志稿·藝文志》作『楊中楠公三』，《〔民國〕杭州府志·藝文志》『相』作『枏』。

〔八〕《〔民國〕杭州府志·藝文志》作『詩集』。《兩浙輶軒録》作『詩草』。

〔九〕《〔民國〕杭州府志·藝文志》作『詩集』。《兩浙輶軒録》、《〔乾隆〕海寧縣志》、《〔乾隆〕海寧州志》作『詩草』。《〔民國〕海寧州志稿·藝文志》作『詩鈔』。

〔一〇〕原文作『翰院』，據《〔民國〕杭州府志·藝文志》改。

〔一一〕《洪昇集》作『李』。

〔一二〕原文及《〔民國〕杭州府志・藝文志》作『日』，據《兩浙輶軒録》（浙江古籍出版社二〇一二年版）第八六六頁改。

〔一三〕原文作『并』，據《〔民國〕杭州府志・藝文志》改。

〔一四〕原文作『日』，據《〔民國〕杭州府志・藝文志》改。

〔一五〕《〔民國〕杭州府志・藝文志》作『焞』。

〔一六〕原文作『鵰』，據《〔民國〕杭州府志・藝文志》改。

藝文七

集部三

信安行草麗江行草 國朝錢塘莫維新且言撰。

竹齋小詠 國朝諸生海甯郭時原可庵撰。

宜橋詩鈔 國朝監生海甯郭鳳鳴研圃撰。

清江游草 國朝諸生海甯周宏基孝穆撰。

仰觀俯察集 國朝諸生海甯朱蕙斯年撰。

適魯集 國朝諸生海甯周恕可村撰。

梅岩詩草 國朝諸生海甯祝咸臨行中撰。

西湖詩草 國朝諸生仁和朱從龍飛章撰。

愚亭詩鈔六卷 國朝海甯祝澐撰。

六田詩存 國朝諸生海甯查昌時文剛撰。

文杏堂稿 國朝貢生海甯錢灝聖呼撰。

粤游草秦中草 國朝海甯查昺宜亭撰。

雅裕小草 國朝監生海甯曹人彪綸宣撰。

春及草堂詩文集 國朝諸生海甯朱廷彬位瀛撰。

花堰主人集 國朝貢生海甯查君翰叔紫撰。

囂囂野吟集 國朝雲和訓導海甯袁朝儀一撰。

悔初居士詩集四十卷 國朝諸生海甯朱容雍然撰。

樵雲詩草 國朝諸生海甯楊正烜禮耕撰。

梅閣詩集 國朝海甯朱昌辰撰。

漱六堂文集 國朝諸生海甯朱協咸蕺園撰。

耕雲堂集 國朝海甯施溥放儒撰。

硯香齋詩鈔 國朝仁和諸璧發礎貞撰，匡鼎子。

逸莪集二卷〔一〕**石臣詩鈔又錢塘竹枝詞百首盛京竹枝詞百首** 國朝陝西道〔二〕御史錢塘顧肇修

石臣撰。

叢桂堂偶詠 國朝錢塘徐泰元交侯撰。

梅軒偶刻 國朝仁和沈純中穆如撰。

漣漪堂遺稿二卷 國朝副貢仁和沈峻曾窳庵撰。見《四庫》附存目。

學山堂詩集 國朝貢生富陽闕全美去非撰。

先月樓集 國朝諸生仁和柴世疆士容撰，紹炳子。

豳居梅花詩歙遊雜詠又題法華塢諸禪舍又移居詠 國朝仁和施相撰。

桂山堂偶存 國朝錢塘王嗣槐撰。

休園集 國朝貢生仁和卓回方水撰，明卿孫。

時升堂集又詩存 國朝錢塘顧自俊撰。

復齋詩文集十二卷又樂府中聲蒼野集 國朝仁和沈佳撰。

岕老編年詩鈔十三卷又己未詩删么鳳詩庚申詩删又雜著 國朝錢塘金張撰。《岕老編年詩鈔》，見《四庫》附存目。

松崖集 國朝諸生錢塘金柱立天撰，張從子。

戒庵詩存一卷戒庵文存 國朝仁和邵遠平撰。《戒庵詩存》，見《四庫》附存目。

滌煙樓集 國朝諸生杭州俞泰次寅撰。

同岑草廬學堂南歸[三]　北征録平齋偶存　國朝吏科給事中錢塘汪煜寓昭[四]撰。

清照堂打包賸語二卷夢覺集除豪集　國朝翰林院侍讀學士錢塘陳恂相宜撰。

躬厚堂詩集　國朝海甯祝增撰。

春靄堂集十八卷虞州集十卷續集二卷秋雨齋集一卷笑門集一卷緑陰亭集一卷含香新續　國朝海甯陳奕禧撰。

東籬草堂詩集北游集豫游集粤行集嶺南集　國朝錢塘茅兆儒撰。

因簪得閒集　國朝錢塘朱有志浩齋撰。

盧質存詩四卷　國朝常甯知縣錢塘盧漣獻華撰。

警曙齋詩二十卷　國朝福建道御史仁和柴謙存抑撰。

錦川集　國朝諸生仁和柴升舜聞撰。

涵春堂集　國朝景甯教諭仁和宋鼎銓士衡撰。

椒吟詩草一卷　國朝海甯陳師曾撰。

培元集　國朝海甯鍾禹成敬修撰。

樊圃吟一卷　國朝松陽訓導海甯郭亮工維寅撰。

二愚吟稿　國朝海甯吴如江學海撰。

湧輪居文集 國朝錢塘王延年撰。

生洲詩集二卷 國朝進士餘杭葛曙蘇門撰。

懷清堂集二十卷 國朝吏部侍郎仁和湯右曾西厓撰。文淵閣著録。

蒓鄉葉居集 國朝貢生仁和湯學顯宜齋撰，右曾子。

沈峙公詩集 國朝監生錢塘沈垺峙公撰。

四古堂文鈔石甑山房詩集石倉存稿石倉箋奏東堂雜録 國朝錢塘吴允嘉撰。

藥〔五〕**園詩集二卷蟬花集二卷魚睍軒集四卷陸渚鴻飛集一卷** 國朝錢塘吴焯撰。

愛日堂集二十七卷 國朝海甯陳元龍撰。《四庫》附存目。

存古堂詩集十二卷 國朝貢生錢塘施瑞麟儀吉撰。

東山近草 國朝思南知縣錢塘翁世庸用公撰。

雁聲集 國朝仁和秦世進撰。

桐村集 國朝錢塘翁必遠超若撰。

晚晴軒集四卷 國朝諸生餘杭嚴烺曙升撰，曾采子。

詹詹集 國朝相城知縣錢塘汪振甲昆鯨撰。

夕秀齋詩鈔 國朝絳縣〔六〕知縣錢塘汪援甲〔七〕鱗〔八〕先撰。

重閬齋集 國朝翰林院編修錢塘汪德容雲尺撰，振甲弟〔九〕。

克齋詩文集 國朝孝豐教諭錢塘汪龍甲廣思撰。

一燈樓文集四卷詩集八卷 國朝章繼泳撰。

勉耘詩文集十七卷查學庵詩稿二卷 國朝禮部主事海甯查雲標學庵撰。

日堂詩鈔二卷日堂文鈔 國朝海甯盧軒撰。

愛吾廬稿 國朝昌化王洲翁撰。

艾堂集 國朝知縣餘杭嚴錫綬撰。

香巖詩文集 國朝知縣餘杭嚴錫紞撰。

二酉遺詩 國朝餘杭嚴嘉栗撰。

瑶草園初集十三卷詩一卷 國朝杭州吴霖甫撰。

夢緑山莊詩十三卷 國朝仁和沈星輝撰。

客中吟一卷 國朝貢生餘杭沈灝載梁撰。

繩武堂遺稿 國朝諸生昌化章昜我朋撰。

桐陰詩集 國朝諸生海甯朱培忠昌五撰。

晦堂詩鈔五卷又春風録 國朝諸生海甯許燦衡紫撰。

南溪草堂集 國朝湯溪訓導昌化徐中煒廷輝撰。

乳香堂集 國朝諸生仁和元坊嗣奇撰。

滌山詩文集 國朝錢塘顧澄撰。

秋吟稿 國朝諸生錢塘吴容端公撰，農祥子。

韋齊詩稿 國朝桐廬訓導錢塘吴祖謙鹿柴撰，農祥從子。

屈翁詩文稿 國朝諸生海甯朱升南珊銘撰。

貽穀堂詩草 國朝監生海甯許德基嘯軒撰。

籐閣新吟 國朝安邑知縣仁和邵錫蔭越森撰，遠平子。

就山堂集二峯集西江游草 國朝安義知縣仁和邵錫榮景恆撰，遠平子。

爾爾吟飄輪剩咏種瑶草 國朝禄勸知州仁和邵錫光克大撰，遠平子。

遠亭詩鈔 國朝州同海甯陳鈞定國撰。

潔堂近詩選近文選 國朝錢塘俞星留掌天撰。

毛建平集五卷 國朝錢塘毛宗文建平撰，先舒從孫。

俟秋草詩集四卷 國朝錢塘毛宗旦撰。

心傳老人吟稿十卷 國朝海甯周其恕心傳撰。

結廬詩鈔閩游草花市吟南平集　國朝山東道御史錢塘范允鏋用賓撰。

江右集江東集北征集聊復集　國朝錢塘吴陳炎撰。

德星堂文集八卷續集一卷河工集一卷詩集五卷　國朝海甯許汝霖撰。見《四庫》附存目。

麐可齋集七卷　國朝上猶知縣海甯葛惠保邇周撰。

燕游草任城草　國朝仁和俞森撰。

拙齋集五卷介亭詩草　國朝海甯朱奇齡撰。

白石山房集　國朝諸生錢塘詹夔錫允諧撰。

快雪堂詩集　國朝泰州知州錢塘馮念祖文子撰。

見山亭集　國朝諸生仁和章昞天節撰，一作『炳』。

涵翠堂集　國朝錢塘沈二庚撰。

雕篆集　國朝海甯沈田信南撰。

西溪日吟　國朝錢塘張芬子漸撰。

振古堂集　國朝貢生錢塘趙端又吕撰。

顧雋公集　國朝兵部主事仁和顧英雋公撰。

松風集松鱗集　國朝仁和孫大志廣其撰。

東皋草堂詩集　國朝諸生錢塘徐旭升上扶撰，旭旦弟。

百一吟　國朝餘杭嚴勅撰。

石鏡山莊詩東閣閒居草宛槎集鶴田詩集凝翠軒詩集　國朝興化知縣臨安盛宏邃紫翰撰。

蜀遊集歸田集漱芳集　國朝臨安高崧撰。

稗畦集七卷續集二卷補遺一卷　國朝監生錢塘洪昇昉思撰。

野航詩文集　國朝中書科中書錢塘王丹林赤抒撰。

嘯竹堂詩賦全集十六卷〔一〇〕　國朝諸生仁和王錫百朋撰。

菊公詩五十卷坳堂詩集十卷醉翁詩二卷坳堂文十六卷文虀一卷　國朝仁和景星杓撰。

潛莊詩鈔　國朝崇仁縣丞錢塘俞佩季瑮撰。

平干〔一一〕偶集　國朝仁和鄭滋羽詵撰。

海門集柳煙集劍鴻集鷓鴣集醉愁吟　國朝諸生錢塘鄭景會慕韓撰。

漁山草堂集　國朝濟甯知州仁和吴樫岸青撰。

菽旨堂文集十四卷寫山樓題畫詩集　國朝監生仁和顧升隅東撰。

含亭病餘録十卷村樂堂文集五卷詩集八卷悔人草三卷　國朝舉人仁和汪坤大隅撰。

攸好德堂集　國朝翰林院庶吉士錢塘陳成永元期撰。

遜志堂文集又烈山遺稿五卷　國朝内閣中書錢塘姚廷益撰。

舒嘯堂集十卷　國朝諸生錢塘汪岳二如撰。

晚榆軒詩文集又莘城酬唱集一卷　國朝海甯許勉燉撰。

詹詹集　國朝鴻臚寺少卿富陽邵喜允令如撰。

金山詩草　國朝昌化葉藩撰。

攜園草　國朝昌化潘岷禹侯撰。

春柳堂詩集四卷　國朝仁和盧之翰書蒼撰。

滋蘭堂詩集十卷文集四卷〔一〕　國朝文昌知縣仁和沈元滄麟洲撰。

吴越野民集　國朝錢塘馮文昌硯祥撰。

餘清堂稿　國朝仁和柳葵清公撰。

寄聞詩草　國朝仁和楊模子式撰。

翠影齋詩存五卷　國朝諸生杭州任應謙谷庵撰。

甜餘吟稿四卷　國朝杭州任懋謙撰。

彩露堂文集十卷乃清詩集十六卷四六五卷一家言二卷采采吟一卷且吟二卷集唐詩四卷　國朝仁和丁文衡撰。

草堂集選　國朝錢塘王復禮撰。

今雨堂集　國朝諸生仁和金德麐趾振撰。

桐乳齋詩集十二卷後洋書屋集二卷補遺一卷欠伸餘句一卷鳴盛集一卷　國朝歲貢錢塘梁文濂次周撰。《桐乳齋詩集》，見《四庫》附存目。

司空奏議又詩集　國朝工部尚書仁和趙殿最奏功撰。

錢塘懷古詩一卷　國朝錢塘王德琳撰。

何艮齋集　國朝兵部員外郎錢塘何石雲岱霑撰。《杭郡詩輯》作《鄂韡堂集》，今仍《乾隆志》。

黃雪山房詩四卷　國朝錢塘徐逢吉撰。

論古堂詩　國朝舉人仁和王臾晉三撰。

西湖竹枝詞鑑湖竹枝詞秦淮竹枝詞蘇臺竹枝詞　國朝錢塘謝聖堅睿庵撰。

曉窗詩文集又蛾術草　國朝仁和嚴城璙〔一三〕蒼撰。

毛睿中詩集四卷　國朝錢塘毛元存撰。

嶼青詩稿六卷　國朝仁和柴潮生禹門撰。

清卿集蘭言録漱芳詩鳴　國朝太常寺少卿海甯許維模立巖撰，汝霖子。

味菜軒詩集二卷南臺集八卷又寄生子集　國朝工部營繕司主事海甯許維枚鐵山撰。

竹所集 國朝内廷供奉錢塘王宸集竹所撰，丹林子。

浩氣集 國朝韶州總兵仁和王濤浩疆撰。

審是齋詩集十卷 國朝諸生錢塘楊知誨仲撰。

東壁書莊集 國朝仁和吴廷華撰。

杏樓詩剩 國朝長沙經歷錢塘虞宏武進撰。

筠谷詩鈔七卷又續鈔書帶草堂詩鈔三十卷文集八卷賦四六共一卷析酲録三卷粵東紀遊一卷 國朝仁和鄭江撰。

春及堂集四十三卷 國朝吏科給事中錢塘倪國璉穟疇撰。見《四庫》附存目。

孤石山房詩集六卷 國朝貢生仁和沈心房仲撰，元滄子。見《四庫》附存目。

半舫集 國朝潮州同知仁和汪泰來陛交撰。

且存稿 國朝錢塘馮準治次萊撰。

槑林集 國朝錢塘王德璘文昌撰。

案：《乾隆志》誤作王清瑛撰[一四]。今據《兩浙輶軒録》改正。

繼述堂集 國朝錢塘張良樞天木撰。

楚游稿 國朝錢塘張辰樞石紘撰。

四木詩 國朝錢塘胡吉豫子藏撰。

萍舫偶草 國朝錢塘曲映台上公撰。

月查詩鈔二卷 國朝諸生錢塘蘇輪子傳撰。

日涉園稿 國朝錢塘朱霖沛蒼撰。

澄園詩鈔 國朝錢塘翁鼎業允大撰。

怡雲集 國朝諸生錢塘趙泰魯瞻撰。

秋吟稿 國朝諸生錢塘徐秉仁友士撰。

江左集上谷集滁陽集 國朝錢塘蘇雄鎮岱宗撰，一作『雄振』。

介亭遺稿 國朝錢塘趙大槐位公撰，時敏弟。

東來草 國朝杭州謝涫樸先撰。

燕市偶吟 國朝仁和沈寬碩庵撰。

粤游詩草 國朝黄巖訓導錢塘張纘孫宗緒撰。

霻音集 國朝錢塘汪文孫孝獻撰。

南礀詩鈔三卷 國朝副貢錢塘吴可馴驥調撰。

秋葉軒集四卷 國朝錢塘張琳佩嘉撰。見《四庫》附存目。

愓庢小稿 國朝諸生錢塘應重華惠來撰，撝謙從子。

一鳴吟 國朝仁和湯涵叔容撰。

帶星草堂集 國朝錢塘周兆白西仲撰。

積山先生遺集十卷又水蓮吟稿 國朝仁和汪惟憲撰。

大秀山人集 國朝涫安教諭錢塘成廷楫桂舟撰。

秋吟集 國朝武進士錢塘袁宏譽伊望撰。

西塞雜詠 國朝河南布政使仁和徐聚倫永思撰。

漱石草堂詩文集 國朝訓導錢塘許宏祚貽豐撰。

香雪堂詩 國朝諸生仁和吴學濂曦洲撰。

静中吟 國朝監生仁和王夢熊渭師撰。

拙存堂詩文稿 國朝仁和姜思睿撰。

漁村詩集又閒庭小醉詩一卷紅藥山房詩一卷寒中詩集四卷皆山堂詩 國朝海甯馬思贊撰。

寒螿詩集寶頴堂詩鈔 國朝觀城知縣海甯馬翼贊叔静撰。

不窺園集 國朝武舉人臨安鄭耿静宜撰。

鏡山詩鈔又知非集　國朝貢生臨安鄭應麟毓萃撰。

夢碧軒詩文集又使蜀集　國朝瑞州知府錢塘陳士璠魯齋撰。

孟晉齋集二十四卷　國朝錢塘陳章授衣撰。

吾盡吾意齋詩集　國朝錢塘陳臯對鷗撰。

愛日堂稿十六卷　國朝仁和趙昱撰。

秀研齋稿　國朝仁和趙信辰垣撰。

賞雨茅屋集春鳧〔一五〕小稿雪泥紀游稿半春倡和稿　國朝户部主事錢塘符曾幼魯撰。

南漪遺集　國朝仁和張熷撰。

冬心先生集四卷題畫記四卷三體詩一卷〔一六〕　國朝錢塘金農冬心撰。《冬心集》，見《四庫》附存目。

碧岑山房集　國朝同知仁和高儀鳳敬思撰。

茶毘賸稿二卷　國朝雲和教諭仁和許大綸初覲撰，田子。

舊雨齋集八卷　國朝監生錢塘施安竹田撰，一作仁和人。

矢音集十卷　國朝大學士錢塘梁詩正薌林撰。

南香草堂詩　國朝翰林院編修錢塘梁啟心首存撰，文濂子。

江聲草堂詩集八卷　國朝仁和金志章撰。見《四庫》附存目。

陳玉几詩集三卷　國朝徵士錢塘陳撰楞山撰。見《四庫》附存目。

无〔一七〕**悔齋集十五卷**　國朝州同錢塘周京穆門撰。見《四庫》附存目。

龍泓館詩文集又越游小稿　國朝錢塘丁敬撰。

晴山詩草　國朝仁和沈濬心韶撰。

静便齋集十卷　國朝諸生仁和王曾祥麟徵撰。

樊榭山房集十卷續集十卷文集八卷游仙詩三卷續游仙詩三卷　國朝錢塘厲鶚撰。正集、續集，文淵閣著録。

蓀溪草堂集　國朝副貢錢塘姚炳寄輝撰。

道古堂詩集二十六卷文集四十八卷梅花百詠一卷全韻梅花詩一卷　國朝仁和杭世駿撰。

澄齋詩選　國朝錢塘姚廷傑升聞撰。

學稼軒詩文集十卷又慕迂齋詩文集　國朝海甯許焻撰。

賢鑑堂詩存一卷齠齔吟四卷　國朝錢塘何玉梁撰。

虚生近稿北軒存稿息颿賸稿馴鶴堂稿雪煩初稿編年存稿　國朝國子監學録海甯張思問雪煩撰。

瓶笙集　國朝長子知縣新城高藹南村撰。

消寒集一卷又式微吟 國朝内閣中書海甯楊正講畸甫撰。

松泉文集二十卷詩集二十六卷 國朝協辦大學士錢塘汪由敦松泉撰。文淵閣著録。

使滇集歸覲集古藤書屋集 國朝左副都御史仁和趙大鯨學齋撰。

梅嶼詩存四卷 國朝錢塘包濤撰。

雙峯詩集六卷 國朝海甯查克念撰。

書山文鈔十卷書山詩鈔 國朝錢塘吴國梁撰。

疏寮集茸湖詩鈔薊門游草 國朝舉人錢塘王路清賓遠撰。

雲樵雜稿 國朝拔貢於潛伍炳日旦華撰，涵芬子。

道盥齋集 國朝副都御使錢塘孫灝虚船撰。

惺庵存稿 國朝舉人海甯曹猶龍九乾撰。

寓庸堂集 國朝翰林院編修海甯沈爲儀〔一八〕存中撰。

浣雲堂詩鈔三卷 國朝新城章楹撰。

桂亭存稿 國朝嘉興教諭錢塘朱奕〔一九〕曾桂亭撰。

吾堂詩鈔二卷 國朝舉人海甯周璟吾堂撰，奕子。

松月樓文集 國朝仁和周助瀾撰。

越中草茸城集北站偶存 國朝保甯知府錢塘蔡朱澄新儒撰。

春疊文集運木集 國朝錢塘程川撰。

爾爾軒集 國朝蘭溪教諭錢塘陳常時夏撰。

前後出塞集 國朝縣丞錢塘龔之鑰半帆撰。

楷癭齋稿 國朝仁和黄樹穀撰。

吾匏亭詩鈔 國朝武陟知縣海甯查開香雨撰，嗣瑮子。

東岡詩鈔 國朝諸生海甯周永銓昇逸撰。

雪堂偶存二卷 國朝諸生錢塘諸朝棟雪堂撰。

白雲自怡集 國朝仁和余國士養素撰。

集唐詩初二集 國朝諸生錢塘柴才卯村撰，允鋒子。

亦政堂詩 國朝甯遠知縣海甯俞良模楷存撰。

隱翠軒集 國朝諸生杭州鍾彝鼎子韶撰。

燕山游草江左游草江右游草滇游草粤游草 國朝監生錢塘范肇新容安撰。

筠軒詩存 國朝監生錢塘吴一楨志行撰。

存庵遺草一卷 國朝諸生海甯程鋐存庵撰。

正誼堂詩集 國朝諸生餘杭董廷鐸覺斯撰。

珊珊軒詩二卷 國朝諸生錢塘徐夢元徐村撰。

聽鸝亭詩集 國朝鹽課司大使錢塘戴廷熺珠淵撰。

即是深山館集 國朝諸生仁和汪繹辰陳也撰。

欖腴詩稿 國朝諸生仁和田嘉穗欖腴撰。

涵青閣詩蘭垞遺稿詠物倡和詩一卷 國朝諸生海甯施謙蘭垞撰。

金臺散録再録 國朝監生錢塘汪立恒代門撰。

玉蘭軒集 國朝諸生仁和汪曾萼韡堂撰。

執軒偶刊 國朝諸生杭州朱允治子功撰。

石亭集 國朝重慶經歷錢塘朱世恩俊超撰。

今古堂詩存 國朝同知錢塘褚國輪撰。

花厂詩鈔 國朝海甯許奎冠奎撰。

蕉陰書屋詩 國朝舉人仁和胡龍友宸瞻撰。

恂齋詩集六卷 國朝詹事府左中允仁和陸嘉穎恂齋撰，豊子。

寓書堂集 國朝恩貢杭州沈鉽玉亭撰。

椒馨書屋文鈔 國朝仁和錢在培撰。

半畝園詩草 國朝歲貢生仁和邵宗元泉貽撰。

珂月文稿五卷種書堂詩稿三卷 國朝歲貢海甯徐容珂月撰。

幔亭詩集又與古齋稿 國朝婁縣知縣仁和龍培學幔亭撰，培序弟。

遠行草四卷 國朝州同錢塘殳玉璞齋撰。

偶畱小草 國朝仁和楊博羣撰。

倚樓集病己集 國朝錢塘汪熷次顔撰。

兩間書屋集唐詩 國朝太倉知州錢塘張思宏稡登撰。

臼夢吟又續吟 國朝仁和王君顯莿園撰。

對床風雨集愛吾盧吟稿 國朝貢生仁和汪浚蔗塘撰，沆弟。

佇興小草 國朝諸生仁和丁鵬南達莊撰。

閒中草 國朝州判仁和黄泓慕鴻撰，鐘子。

未篩稿 國朝仁和黄澐學癡撰，鐘子。

秋山書屋詩存二卷 國朝仁和嚴文旭晚耘撰。

蘿溪詩草 國朝諸生仁和項鵬蘿溪撰。

海樵題畫詩 國朝海甯朱檠撰。

菊隱閒吟 國朝長蘆鹽課司大使海甯羊廷機心元撰。

愋齋詩草 國朝舉人海甯朱申愋齋撰。

買癡集 國朝冕甯縣丞新城方汝珪錫禹撰。

南陔集 國朝青田教諭海甯祝荃仲良撰。

存素堂集二十卷 國朝太僕寺卿錢塘陳兆崙星齋撰。一作《紫竹山房詩文集》〔二〇〕。

人齋先生文集二卷詩集二卷 國朝海甯祝淦撰。

蔭庵詩鈔 國朝舉人海甯祝咸敘仕初撰。

柳漁詩鈔十二卷 國朝給事中錢塘張湄鷺洲撰。見《四庫》附存目。

明致軒詩文集二十卷粵吟一卷冬隰吟一卷春隰吟三卷靡至吟一卷歸舟百絶一卷 國朝海甯許道基撰。

見山堂詩鈔一卷 國朝舉人海甯沈廷薦上猷撰，翼機子。見《四庫》附存目。

香樂居士詩集十卷 國朝副都御使錢塘張暎辰星指撰。一作《露香書屋詩集》。

自怡集法喜篇 國朝諸生錢塘周雯雨文撰。

稽古林遺稿 國朝諸生錢塘周霽雨疇撰。

香雨軒集　國朝兵部武選司主事周雷雨坪撰。

宜園雜稿　國朝貢生錢塘周霦雨孚撰。

龍山夜雨集四卷出關草二卷九日文集粤游草二卷　國朝舉人海甯祝華鼎洵文撰。

竹篠詩集　國朝海甯許荄撰。

清餘堂學古文四卷　國朝翰林院侍讀海甯陳詮楊〔三二〕對撰，世侃子。

邵晴牧集　國朝副貢仁和邵雋開先撰。

鳴鶴軒詩草留耕堂四六　國朝諸生仁和姚麟祥孔書撰。

太上吟　國朝仁和吴震生撰。

書潤屋稿老眉集未然小稿　國朝監生海甯林元蓮山撰。

海上吟棄餘偶識消寒草新春雜占只可自悦香外更無詩　國朝仁和戴清問渠撰。

鶴程行草雙清草堂集　國朝諸生錢塘柯一鶚帝夔撰。

策甫詩鈔花蕚集　國朝户部郎中錢塘柯一騰蘭墀撰，一鶚弟。

魯山閒詠　國朝諸生仁和沈泰心舒撰。

偶鳴集　國朝諸生錢塘金標成治撰。

長春堂集　國朝錢塘吴文謨彦輝撰。

儒齋淨土集 國朝監生錢塘傅士坊子儀撰。《杭郡詩輯》作『皇甫士坊撰』，今仍《乾隆志》，以俟攷。

硯北詩集 國朝海甯祝喬齡撰。

素峯詩鈔一卷 國朝海甯陳存矩撰。

查客詩鈔 國朝海甯查昌圖撰。

北亞山人詩鈔一卷 國朝海甯錢宏祖撰。

世經堂詩文集八卷選石山房吟稿滇南紀游 國朝錢塘何熊撰。

松秀集 國朝錢塘倪泓放廉撰。

處囊集 國朝諸生錢塘沈渭鴻舉撰。

秋水堂合刻 國朝杭州孫泰履安撰。

蘭皋集 國朝仁和沈聖昭宏宣撰，謙子。

罶雲集 國朝仁和沈聖時會甯撰。

儂自有閣初稿 國朝海甯查祖香撰。

吟翠盧詩稿五卷 國朝監生海甯賈秉忠可成撰。

雪鴻外集 國朝諸生錢塘馮國佐東巖撰。

芷閣詩集 國朝錢塘王溶鷺瀾撰。

北溟山房遺稿 國朝錢塘龔之鏐繼武撰，之鑰弟。

隴雲初集 國朝貢生仁和王德祺瞻菉撰。

閩游草一卷 國朝海甯陳克鑑撰。

聽緑軒稿又柴村詩選 國朝新野知縣錢塘周本治念修撰。

漱石齋詩箋 國朝錢塘劉允升子上撰。

沙村吟草 國朝仁和徐繼稺撰。

薙餘草它山蟲語隱學軒集樂趣集 國朝仁和沈濟焘撰。

葦間草堂集二卷和南宋雜事詩一卷 國朝歲貢海甯周思樂天撰。

退宜詩集二卷 國朝海甯陳克復撰。

桑弢甫集八十四卷 國朝錢塘桑調元撰。見《四庫》附存目。

上湖分類文編十卷文編補鈔四卷上湖紀歲詩編四卷續一卷 國朝錢塘汪師韓撰。

鑒茲堂四六鑒茲堂文 國朝兵部尚書錢塘陸宗楷健先撰，堦孫。

白雲詩集七卷别集一卷 國朝恩貢錢塘盧存心敬甫撰。見《四庫》附存目。

月巖集 國朝海鹽教諭錢塘陳士珖懷珍撰，士璠弟。

澄齋詩稿六卷記存録詩鈔 國朝海甯馮騏撰。

江籬草一卷　國朝海甯陸鳳翎桐村撰。

牧翁詩鈔　國朝海甯查岳撰。

容安詩草　國朝錢塘胡榮撰。

研雪山房集　國朝錢塘陳景鐘撰。

蓮州偶草　國朝諸生錢塘周二學蓮如撰。一名《漸於集》。

瑞石山房集　國朝錢塘張暘撰。

遠村吟稿〔一三〕　國朝貢生錢塘陳鑑以三撰。

日堂詩存劍巢四六　國朝知縣錢塘程餘慶敬直撰。

静廉齋詩集二十四卷　國朝仁和金甡撰。

咸齋文鈔七卷　國朝海甯查魏旭撰。見《四庫》附存目。

案：《乾隆志》作『查祥撰』。攷《四庫書目》云：『《咸齋文鈔》，海甯查旭撰，字咸齋。』康熙癸酉副貢選舉卷有『魏旭，海甯人，桐鄉學，復姓查，改名魏旭。』祥乃旭子也。《浙江遺書總録》以《咸齋文鈔》爲祥撰。《乾隆志》蓋仍其誤，今改正。

臨江鄉人詩四卷　國朝仁和吴顥芳撰。

槐塘文稿八卷槐塘詩稿十六卷　國朝仁和汪沆撰。

石齋遺稿　國朝錢塘吴嶸撰。

肋戀集一卷　國朝諸生仁和潘璟鐵梅撰。

觀樹堂詩集十四卷[二三]　國朝澤州知府錢塘朱樟鹿田撰。見《四庫》附存目。

排山集　國朝錢塘朱楓撰。

梅庵文集　國朝監生海甯曹澄梅庵撰。

松靄吟稿八卷松靄詩鈔十五卷曇花小稿一卷覲鄉草一卷黃髮集一卷松靄文略六卷駢體文一卷修海甯志議一卷　國朝海甯周春撰。

蒿庵遺集二卷尋樂詩鈔八卷　國朝海甯朱芹忠撰。

學坡詩文稿不饑集　國朝海甯潘洪疇撰。

申浦詩鈔　國朝海甯曹有成玉汝撰。

白燕樓集　國朝副貢錢塘周崧岑年撰。

息鯨吟　國朝諸生錢塘周浩春江撰。

南塘吟稿　國朝副貢仁和周錚鐵士撰。

鹿柴詩存十二卷書臺文稿一卷　國朝安南知縣仁和柴景高行之撰，潮生子。

浣浦詩鈔十八卷碧山樓古今文稿玉堂蠹餘　國朝錢塘范咸撰。

梅屋詩鈔一卷　國朝海甯張景筠撰。

甘村詩集八卷 國朝監生海甯俞棠省原撰，良模子。

覆瓿稿一卷 國朝海甯黄東野撰。

隱拙齋集五十卷 國朝仁和沈廷芳撰。

力行堂集 國朝諸生仁和沈廷懷孟公撰。

麯農遺稿 國朝仁和金湆撰。

緑桑軒詩鈔 國朝錢塘金顧斐爾受撰。

味村詩文集八卷 國朝錢塘嚴際昌撰。一作《存存堂集》。

東潛文稿二卷趙勿藥詩集二十卷 國朝仁和趙一清撰。

秋聲館吟稿一卷 國朝廩生錢塘符之恒聖幾撰。

春及堂文鈔一卷詩鈔三卷西湖百詠一卷 國朝諸生海甯陳若蓮問渠撰。

亦政軒詩鈔 國朝海甯張溶撰。

十駕齋集 國朝監生錢塘施廷樞北亭撰。

配松齋詩集四卷 國朝錢塘吴城敦復撰。一作《鷗亭小稿》。焯子。

東柯草堂集 國朝副貢仁和吴萬濬亦哲撰。

竹嶼詩鈔六卷 國朝溆浦知縣海甯許鎮玉渠撰。

激提集 國朝諸生錢塘洪簡辟支撰。

柳門集 國朝諸生錢塘馮法唐柳門撰。

河東詩鈔 國朝副貢錢塘柳溥德洋撰。

柳亭詩鈔 國朝錢塘莫栻撰。

妙明書屋遺集三卷 國朝錢塘金焜撰。

經濟齋詩集十卷文集八卷穿珠集八卷續集二卷 國朝仁和金文湆撰。一作《垤進齋詩集》。

西清集浮槎集度遼集含香集南雍集 國朝襄陽知府錢塘陳鍔養愚撰。

菊畦草堂詩 國朝諸生杭州陳元震又沂撰。

十誦齋詩六卷〔二四〕 國朝仁和周天度撰，經邦子。一作錢塘人。

松岡集寶墨齋詩稿 國朝海甯蔣奏平撰。

逗雨齋詩集十卷 國朝望江知縣海甯許肇封州山撰。

省吾文集素園詩稿 國朝安化典史海甯朱繡紹文撰。

居易居詩文集 國朝海甯吴有榆蒼培撰。

存齋遺稿 國朝監生錢塘金肇鑾羽階撰。

青桐書屋學語四卷 國朝諸生錢塘桑繩球夔石撰，調元子。

菲泉書屋學語八卷 國朝諸生錢塘桑繩篪軒竹撰，調元子。

竊餘集十二卷 國朝諸生仁和沈超贊思撰。

嶺雲集跖餘集 國朝諸生錢塘孫健卓如撰。

墁畫集珠江集 國朝仁和邱峻撰。

高方壺遺詩 國朝宣平訓導錢塘高山介如撰。

頻迦偶吟 國朝仁和張世犖撰。

振綺堂存稿 國朝錢塘汪憲撰。

小巢壺集十卷 國朝諸生仁和鮑善基致高撰。

蘭佩軒詩 國朝監生錢塘沈鶴夢飛撰，一云秀水人。

桐溪詩鈔二卷 國朝錢塘沈鵬振飛撰，一云秀水人。

三農外集詩鈔四卷 國朝海甯朱雝模撰。

施价藩詩集 國朝錢塘施坤价藩撰。

蘭陔草堂詩 國朝訓導仁和高繩武啟新撰。

養素草堂稿 國朝諸生錢塘王溥容大撰。

桂堂詩稿 國朝錢塘潘思齊〔二五〕撰。

順餘齋集　國朝阜陽知縣仁和潘世臣廷獻撰。

淺山堂集　國朝永順知縣錢塘趙賢端人撰。

爽籟山房集二卷　國朝通判仁和程之章撰。

友梅閣詩四卷涵暉集三卷潞河望屺歷下灤源和聲集各一卷出塞入塞詩　國朝滎經知縣錢塘施養浩静波撰，一字茗柯。

蘭陔詩文集春暉寸草集　國朝甯波教授海甯周大業存齋撰。

寶日軒詩集四卷　國朝錢塘王德溥撰。〔二六〕

聽香閣古文二卷荔園詩鈔五卷續鈔四卷　國朝海甯張駿撰。

九橋吟草敬一堂文集　國朝海甯祝雲撰。

蓬盧詩鈔二十二卷蓬盧文集八卷　國朝海甯周廣業撰。

春涯老人詩文稿四卷　國朝仁和湯楷撰。

松門詩稿　國朝諸生錢塘桂琦文濤撰。

元雅堂文集汴游草　國朝貢生仁和張崙田毓撰。《杭郡詩輯》作『張琨撰』，今仍《乾隆志》。

春雨詩鈔四卷　國朝泰興知縣錢塘黄大齡與三撰。

南皋詩草四卷　國朝諸生仁和張濟川東之撰。

拙巢詩文稿　國朝貢生海甯吴霖西臺撰。

蘭支集染雲集吹山集苫凷集海上集界上集台南歸來集紀日詩園梅詩都門倡和集　國朝錢塘江衡撰。《杭郡詩續輯》作《凝道堂詩文集》，蓋總名也。

禊亭學語　國朝諸生仁和王安世傅廷撰。

古香堂集　國朝仁和孫珠撰。

丁誠叔遺集二十一種　國朝錢塘丁健誠叔撰。

抱風集一卷夔齋雜體文一卷　國朝錢塘丁仲撰，敬弟五子。

蘭石堂詩集八卷　國朝監生錢塘王承祖遜先撰，丹林孫。

藉豁古堂集二卷　國朝仁和徐堂紀南撰。

芝里草堂集　國朝貢生錢塘曹芝荔帷撰。一作《洗句亭詩鈔》。

壽萱堂文集十卷一得堂詩稿八卷　國朝仁和顧震撰。

筱飲齋詩集四卷　國朝仁和陸飛撰。

古緣詩文集六卷畫録一卷　國朝舉人仁和嚴果敏中撰。

小清涼室詩選詩存遺文畫録共六卷　國朝舉人仁和嚴誠力闇撰，果弟。

嶺雲詩鈔二卷柳洲遺稿二卷　國朝錢塘魏之琇撰。

識字田夫吟稿河中吟稿苔碕小稿 國朝諸生錢塘吴壽宸掌絲撰。

西湖踏燈詞 國朝錢塘馬軼干撰。

月塘遺詩一卷 國朝諸生仁和吴象乾寅伯撰，顥芳長子。

菘町遺稿 國朝仁和沈景良敬履撰，濬子。

藕洲詩八卷 國朝烏程教諭仁和俞泰樞拱辰撰。

石屏偶存 國朝諸生仁和任經抑齋撰。

東里詩鈔 國朝諸生仁和李恒敬持撰。

尹亭遺詩一卷 國朝貢生仁和湯憲吉甫撰。

樵水詩集 國朝副貢仁和温庭鈞右衡撰。

谿堂集 國朝諸生仁和李睿澄齋撰，南元孫。

舒懷集 國朝錢塘陳景福履百撰。

蓮西詩草 國朝諸生海甯徐健行兼六撰。

與宜樓稿 國朝鳳陽縣丞海甯查克炳孔昭撰。

溧陽前後集 國朝諸生海甯張之澂取均撰。

補衲集 國朝海甯查師撰。

賜經堂百花詩 國朝監生海甯陳世大敬微撰。

清貽堂賸稿 國朝諸生錢塘王琦琢崖撰。

餘生集 國朝諸生海甯查昌年鶴齋撰。

沅硯齋詩稿 國朝海甯馬惟陽撰。

偶然吟 國朝監生海甯查瀚樸莊撰。

善忘録詩文集 國朝監生海甯陸塏步源撰。

石悟軒吟箋 國朝海甯查徵柳亭撰。

竹檐詩稿種學山齋集 國朝金華教授新城洪楹甯宇撰。

南吾集 國朝海甯祝灊名可撰。

薌坡集 國朝海甯查鸞蔭漁村撰。

玉溪生詩集 國朝諸生仁和鍾洪右常撰。

介春集 國朝諸生海甯祝象復康宇撰。

益榮堂詩集 國朝諸生海甯祝泰尺杼撰。

閩游詩草 國朝監生海甯朱鳴岡南承撰。

愛蓮書屋詩草 國朝布政司理問海甯胡啟龍雲峯撰。

檜門詩存四卷　國朝左都御史仁和金德瑛慕齋撰。

寸田遺稿　國朝北通州知州仁和顧之麟寸田撰。

紫塞吟歸田雜詠　國朝懷遠知縣仁和倪嘉謙裒山撰。

稼堂漫存稿　國朝湖北巡撫仁和湯聘莘來撰。

衡齋集　國朝蓬縣知縣海甯陳望雲瞻撰。

清峙集　國朝慶遠知府海甯陳琪其玉撰。

虚白齋遺稿　國朝錢塘褚克任撰。

念園詩草　國朝副貢海甯俞永弼念園撰。

澄碧齋詩鈔十二卷别集二卷　國朝福建布政使仁和錢琦嶼沙撰。

愛蓮堂集　國朝翰林院侍讀學士仁和周玉章約蘭撰。

中州游草　國朝鞏縣知縣錢塘何陳調戒平撰，玉梁子。

静對軒稿　國朝進士仁和金韻古振聲撰。

丹林詩文鈔　國朝衢州教授錢塘費士桂丹林撰。

積厚軒稿　國朝廣州同知錢塘許鉞石蘭撰。

潛川誌别詩鈔一卷　國朝廬江縣丞海甯朱元裕月占撰。

南行詩集　國朝雲南知縣海甯許逢辰北原撰。

粗似集　國朝諸生海甯沈爾肩仔旃撰。

歸愚詩鈔　國朝阜甯知縣海甯陳鐠省吳撰。

綠谿詩稿十二卷又南郭詩　國朝内閣典籍海甯祝維誥豫堂撰，翼權孫。

小稱意齋集　國朝太平同知仁和高瀛洲縣圃撰，瀛海弟。

抑齋詩文集八卷　國朝工科給事中仁和陸秩抑齋撰，堦孫。

小倉山房文集三十五卷外集八卷詩集三十六卷　國朝錢塘袁枚撰。

玉壺齋稿　國朝翰林院編修錢塘吴嗣富崑田撰，國梁子。

燮堂漫吟六卷　國朝上北河同知海甯張學浩燮堂撰。

筠圃詩文集　國朝登州知府海甯陳琜孚尹撰。

三多草堂詩鈔　國朝涫安教諭海甯祝兆星次軒撰。

蓋翁詩集　國朝舉人仁和張果蓋翁撰。

龍崗詩草二卷　國朝諸生海甯賈秉恕宗義撰。

柳塘吟草　國朝諸生海甯李烱軼羣撰。

杏巢吟稿　國朝海甯李瑛次屏撰。

一鳴集 國朝海甯馬宸翰兼山撰。

燕游粵游吴興桂村吟草苕溪雜詠 國朝壽昌教諭餘杭孫焜嘯峯撰。

梧村詩草 國朝任邱知縣海甯鍾鳳翔梧村撰。

閒閒草如無室詩草一卷 國朝海甯陳嶼撰。

詠史樂府 國朝遂溪知縣仁和羅埜枚卜撰。

檢餘詩草 國朝翰林院庶吉士仁和薛芝鳳岡撰。

西山草堂詩稿 國朝臺灣道臨安俞成雲客撰。

寶田堂詩文遺稿定林詩草 國朝南路同知錢塘吴龍光斗墟撰。

正彝堂集 國朝銅梁知縣錢塘周昱依堂撰。

掃葉齋詩鈔 國朝雒南知縣海甯鍾麟書硯齋撰。

檢齋詩稿四卷 國朝金華教諭錢塘吴俁檢齋撰。

墨莊詩稿二卷 國朝監生海甯孟浩孔傅撰。

燕臺詩稿 國朝諸生海甯馮大川海門撰。

閩游集 國朝海甯陸震仲占撰。

蒿盧詩文集 國朝海甯許昂霄撰。

芬齋詩稿 國朝海甯鍾蘭枝撰。

木末集 國朝舉人海甯陳克光雪軒撰。

自怡集 國朝景甯教諭錢塘吴嗣范篔谷撰，國梁子。

南塘雜咏 國朝舉人錢塘胡潑聲甫撰。

右榭草 國朝海甯許甯基撰。

西湖漁唱七卷 國朝副貢海甯許承祖復齋撰，維模子。

芳亭詩集 國朝海甯董上兼百英撰。

滇南吟草 國朝欽天監博士海甯馮學灟汪干撰。

蓼溪詩草 國朝諸生海甯陳自星江州撰。

嘉藻堂詩集 國朝工科給事中仁和湯世昌對松撰。

吟安軒詩鈔八卷半帆軒文鈔四卷 國朝海甯郭夢元撰。

晚香書屋詩集 國朝兩〔二七〕當知縣錢塘宋樹穀笠田撰。

抱經堂文集三十四卷漁磯詩稿 國朝仁和盧文弨撰。

又迂詩草 國朝諸生海甯倪文白門撰。

友燕堂詩集十卷 國朝海甯張赤可官得撰。

繪情軒詩一卷 國朝海甯杜詩耽佳撰。

亩餘堂草二卷 國朝海甯賈昇升初撰。

選佛詩鈔四卷又選佛詩傳區農詩文稿 國朝海甯查羲撰。

寄巢詩草 國朝諸生仁和王曾永穉歡撰。

邃芳堂詩存一卷 國朝仁懷同知海甯陳林健爲撰。

樸硯堂詩文集 國朝奉化教諭海甯查茂蔭敬堂撰。

懋德堂文集 國朝貢生海甯董于王觀我撰。

燕齋游草 國朝海甯陳天錦撰。

市曲茅堂集 國朝錢塘黄琛撰。

抱秋亭詩集十二卷就鷗閣詩草 國朝海甯吴嗣廣撰。

拾遺集一卷楚游紀行倡和詩一卷 國朝監生海甯何元焕雪村撰。

甯拙草 國朝州同海甯祝寅協恭撰。

雪林存稿 國朝海甯倪青上撰。

閒一集 國朝海甯陶文錦拙耘撰。

兩湖詩草 國朝欽天監博士仁和張永祚景韶撰。

雞肋吟寄寄山房集　國朝錢塘蔡朱源芷橈撰。

鼇峰文集萊仙詩草　國朝貢生〔二八〕新城洪青選萊仙撰。

裒海編　國朝錢塘汪鵬竹里撰。

稻薑集詩鈔三卷二集詩鈔一卷楚游編一卷　國朝監生海甯陳沆澄齋撰。

篷窗吟稿　國朝仁和張玘瑶呈撰。

安宅主人詩稿一卷　國朝海甯陳孝纘曾詒撰。

羽高詩集　國朝海甯周罍羽高撰。

可齋集三卷引嶽編　國朝貢生海甯陳珂可玉撰。

亦寄軒詩文集四十卷　國朝餘杭楊鴻逵撰。一作二十四卷。

竹磵偶吟　國朝諸生仁和盧同又川撰。

瓠落集竹巖遺集　國朝諸生海甯楊焕綸竹巖撰，中柑孫。

武雲書屋詩稿　國朝餘杭嚴垣金門撰，沆曾孫。

原本堂詩五卷文一卷　國朝仁和田嘉穎道腴撰。

西湖聯題詩　國朝監生錢塘朱昺曉園撰，樟從子。

樸園韻語　國朝海甯陳逢堯瞻雲撰。

巖門精舍詩鈔二十二卷文鈔二十四卷 國朝海甯查岐昌撰。一作『《巖門詩文集》四十卷』。

花南吟草 國朝諸生海甯查昌禧開祖撰，慎行孫。

見餘詩草四卷 國朝仁和殳浚竹村撰。

可焚集 國朝諸生錢塘魏三湘得吴撰。

午亭雜咏一卷春如雜詠一卷 國朝河曲知縣海甯吕繩祖武庭撰。

横渠詩鈔十五卷 國朝海甯張秋濤浩瞻撰。

二峯吟稿 國朝舉人海甯陳景曾陞階撰。

燕臺賸稿一卷 國朝舉人海甯許澄之心源撰。

也園詩草 國朝知縣錢塘葉菁幹亭撰。

秋浦小稿 國朝仁和唐澧又東撰。

牟山詩集 國朝監生錢塘孫鳳儀半庵撰。

竹裏樓集 國朝諸生錢塘沈光祀誦芬撰。

他山集 國朝廪生海甯曹鑑鏡三撰。

駢拇集 國朝諸生錢塘程濬蓀洲撰。

香遠堂稿 國朝錢塘趙承錫敬齋撰。

池上樓詩　國朝仁和姜培允亶貽撰。

萍影集十卷　國朝諸生仁和許機南六撰，維新子。

花村小稿　國朝錢塘洪鶴書花邨撰，昇孫。

竹梧書屋稿　國朝仁和龔培序虛白撰。

三願草堂詩集　國朝諸生海甯龔鐸南陔撰。

勗齋詩稿一卷　國朝諸生海甯陳密子藏撰。

春旭堂稿　國朝廣通典史海甯谷鏞筠軒撰。

紹九詩鈔四卷　國朝海甯朱鑑撰。

有不能草　國朝諸生仁和龔斌硯北撰。

讓泉遺稿讓泉四六　國朝諸生錢塘龔淇菉川撰，之鑰次子。

存雅堂集　國朝諸生海甯俞楷範庵撰。

疏邨集五卷　國朝海甯陸攀堯疏村撰，宏定曾孫。

欣託書齋詩鈔　國朝諸生錢塘周宸望暢鶴撰，京子。

聽濤樓詩集一卷　國朝海甯范鶴年雪軒撰。

春水齋稿　國朝諸生錢塘王鈉西湑撰。

蘆碕草堂詩集 國朝諸生仁和張廷模若坨撰。

涵遠山房詩集 國朝仁和張廷俊雨村撰。

城南集自娱集海岸集織愁集新安集游囊集緱城集 國朝諸生錢塘張鵬翎小南撰。

木雁齋詩鈔 國朝蠡縣知縣錢塘梁夢善午樓撰，文濂子。

仙都百詠仙都雜詠 國朝宣平教諭仁和王誥訒堂撰。

硯北删餘詩二卷 國朝長興教諭錢塘諸克紹鐵橋撰。一作三卷。

少白遺稿 國朝錢塘汪得稻撰。

芍陂詩稿 國朝湖北巡撫仁和汪新芍陂撰。

兩塍集 國朝錢塘周嘉猷撰。

漁隱詩文集二卷 國朝諸生海甯朱凝晛位升撰。

蕉崖詩草二卷 國朝諸生海甯陳孝達中臺撰。

傳芳閣詩鈔 國朝貢生海甯郭兆麟蒼玉撰。

布被吟草 國朝諸生海甯曹廷模宗元撰。

山左草白下草明州草三衢草鐵闌泉齋草癸卯春後編 國朝江山教諭仁和施鳳起容臺撰。

筠浦詩鈔 國朝賀縣知縣錢塘周心傳筠浦撰。

慕嘯軒集渤海吟玉磬山齋詩文集 國朝郎中仁和成城成山撰。

香塍遺草 國朝仁和徐肇基撰。

梅亭詩草 國朝諸生海甯章琦雲陛撰。

拙園吟稿 國朝諸生潘天掞如江撰。

秋江遺稿六卷 國朝諸生潘天口鴻逵撰。

古芬堂詩集四卷 國朝舉人海甯許奎掌文撰。

襄雲偶存草 國朝鳳翔知縣錢塘周成瀣蓮浦撰。

薌泉吟草 國朝錢塘蕭立選撰。

百一山房詩文集 國朝大學士仁和孫士毅補山撰。

寒竽齋詩存北歸草 國朝舒城知縣錢塘徐紹鑑鏡山撰。

雪笑集六卷抑隅草堂集 國朝舉人海甯楊學易琴最撰，中訥孫。

清愛堂詩稿 國朝德陽知縣仁和王學濂耕廛撰。

暗香閣詩鈔 國朝直隸州州判海甯鍾式丹桂巖撰，蘭枝從子。

枕書樓詩草一卷 國朝海甯曹其謙六皆撰。

西榆詩集四卷 國朝諸生海甯陳維翰甫中撰。

蕢香閣詩集　國朝仁和陳嵇撰。

玉井山樵詩鈔　國朝舉人海甯周蓮玉井撰。

澹石詩草　國朝青田教諭新城羅棠澹石撰。

陟瞻詩存十八卷　國朝歸安教諭仁和翁光達漸門撰。

蘇門草　國朝景甯訓導仁和周燮芩圃撰。

幽芳集一卷耕間詩鈔一卷　國朝監生海甯陳九高孟嘉撰。

不厭樓吟稿　國朝諸生海甯馮克家接堂撰。

懷經堂集二十四卷　國朝杭州吴繩基撰。

金箕子遺稿　國朝貢生海甯祝懋誠是夫撰，增孫。

澹俱齋詩集　國朝禮部儀制司郎中仁和沈世煒南雷撰，廷芳子。

香粟齋詩鈔　國朝副貢錢塘沈映桂詠樓撰。

莒菴遺稿　國朝彭水知縣錢塘王昞莒菴撰。

叢桂堂吟稿　國朝工部都水司主事仁和成金聲大撰，城從子。

吟臞山房詩稿八卷　國朝内閣中書仁和龔禔身深甫撰。

半瓢詩草　國朝仁和盧潮生撰。

虛竹詩鈔 國朝歲貢錢塘高順虛竹撰。

柳堂集 國朝詹事府主簿錢塘汪日贊柳堂撰，日章弟。

瑞石山房詩文集 國朝甯波教諭仁和葉誠皋亭撰。

唾餘集 國朝海甯章達南垞撰。

俟命編二卷 國朝諸生海甯汪百齡體仁撰。

硯齋遺稿 國朝内閣中書錢塘李照雲颿撰。

花對山房詩鈔味腴齋古文抄 國朝禮部主事海甯陳文樞薇堂撰，沆子。

江樓詩稿 國朝舉人餘杭徐鼇駕山撰。

未學齋詩十卷 國朝桐廬訓導仁和仇養正一鷗撰。

桂堂遺稿 國朝舉人仁和姚思勤春漪撰。

西疇遺草 國朝舉人海甯倪善理禺山撰。

見末山房學詩偶存 國朝副貢仁和時長延曼亭撰。

谷湖百詠一卷 國朝諸生海甯張鳳綸芸臺撰。

鶴汀遺稿一卷 國朝諸生海甯許堯咨師錫撰。

東村漁唱集 國朝光禄寺典簿海甯應文虹玉橋撰。

心聲吟 國朝建德教諭海甯周人英孟岩撰。

客館閒吟一卷怡耕詩鈔 國朝監生海甯蘇珽搢之撰。

鐵史吟稿四卷 國朝諸生海甯蘇璟逸棋撰。

希齋詩鈔 國朝蕭山訓導海甯徐願學經鉏撰。

芥圃詩稿 國朝優貢仁和汪介壽芥圃撰，沆子。

筠圃詩草 國朝天河知縣餘杭壽啟斌筠圃撰。

静遠齋詩稿六卷 國朝海甯張廷琮撰。

鉏月山房吟稿 國朝貢生仁和汪鳴佩玉岑撰。

南湖草堂詩集 國朝諸生仁和施學韓石泉撰，安子。

佛川詩稿 國朝諸生仁和吴中麟佛川撰，城次子。

落花老屋吟稿二卷 國朝鎮江經歷仁和汪彭壽葯園撰，沆子。

秋田遺詩 國朝諸生仁和吴象鼎和仲撰，穎芳子。

秋竹館小稿 國朝錢塘嚴筠可亭撰。

石屋磨茨稿十二卷 國朝仁和陳宜振載説撰。

誰園詩集三十二卷淡生文鈔十卷倉庫詩集 國朝海甯陳萊孝撰。

游目偶存　國朝諸生錢塘周喆桐岡撰。

函齋文稿　國朝黃梅知縣仁和葉世度敬思撰。

志劬詩集十二卷文集六卷　國朝海甯祝勳撰。

春圃遺草二卷　國朝諸生仁和黃基玉階撰。

月嚴詩草　國朝仁和翟振健行撰，灝從弟。

古歡堂詩集　國朝仁和胡濤葑塘撰。

薏堂詩鈔　國朝諸生錢塘陳謝駰薏堂撰。

雲汀詩鈔四卷　國朝錢塘張賓鶴雲汀撰。

吟蟲集四卷　國朝錢塘張淇竹坡撰。一作『《竹坡遺集》二卷』。湄從子。

竹所吟稿　國朝諸生錢塘吴紀菽田撰。

紅蕖草堂吟稿　國朝諸生仁和屠炯亦村撰。

粤游草閩游草豫游草　國朝仁和殳世楷〔二九〕端人撰，浚子。

旭堂刪稿續稿漫稿　國朝諸生仁和吴世昌旭堂撰。

燼餘偶録　國朝監生海甯查芬查園撰，岐昌子。

行笈詠懷集　國朝錢塘何紀堂撰。

逋仙詩存 國朝貢生錢塘徐士榮芃選撰。

鑒敧書屋詩稿 國朝貢生仁和龔澡身雪浦撰，敬身弟。

不遠復齋集三卷 國朝諸生仁和沈守正小樓撰，世煒子。

澹甯居詩稿 國朝諸生錢塘周宋杰淡人撰，助瀾子。

鹿庵吟稿四卷 國朝諸生錢塘董堦鹿庵撰。

松鱗草堂詩存 國朝仁和黃畹小薌撰。

寄庵詩鈔一卷餐和軒稿雁字詩一卷 國朝海甯張光復撰。

橘星山人集月我軒吟草梅花集古一卷 國朝海甯葛璇撰。

只可編 國朝諸生仁和沈碧秋河撰。

敝帚小稿 國朝廩生錢塘范昱果初撰。

蔗村遺稿 國朝錢塘陸曾蕃蔗村撰。

蕙圃賸稿 國朝貢生海甯應昌緒人驥撰。

竹園山房吟草 國朝錢塘趙時敏撰。

瑶雲室詩稿 國朝廩生仁和趙元敏文白撰，時敏弟。

菊城遺稿 國朝諸生錢塘謝謙菊城撰。

菉村存稿 國朝諸生仁和施承烈菉村撰。

檸枝詩鈔 國朝錢塘程樹本衲齋撰。

蓬窗集 國朝錢塘李鑑江湑撰。

留耕堂集 國朝廩生新城羅愛梧謙山撰。

蓮浦編年詩十卷 國朝諸生海甯曹有光蓮浦撰。

蕭閒館集 國朝仁和倪印元撰。

笠吟詩鈔 國朝監生海甯許琳際[三〇]唐撰。

南園詩鈔三卷邗江集十二卷滇南于役集三卷 國朝掘港場大使海甯陳文楝南園撰，沆子。

澄懷集一卷 國朝諸生海甯陳文枬香岫撰，沆子。

湄君詩集 國朝諸生錢塘陸逵湄君撰。

杏耕詩鈔 國朝諸生海甯郭名楊杏耕撰，夢元子。

來復齋詩稿 國朝海甯廖齡虛村撰。

調庵詩草 國朝諸生海甯鄒廷梅作和撰。

愛日堂集 國朝諸生餘杭楊興國芷庵撰。

東垞詩稿 國朝海甯許奎東垞撰。

鴻汀題畫詩 國朝廪生錢塘汪城魏公撰。

鴻齋詩稿 國朝諸生錢塘汪鴻逵鴻九撰。

蘭陔遺詩 國朝縣丞仁和汪錕映波撰。

江西倡和集 國朝錢塘梁序吴山撰。

金地詩鈔 國朝縣丞金淏雲谷撰。

亦休詩草 國朝諸生海甯沈維樽亦休撰。

省齋集 國朝諸生海甯許肇位方穀撰。

右别集類國朝人二

校勘記

〔一〕『逸莪集二卷』底本無，據《〔民國〕杭州府志・藝文志》、《全浙詩話》（清正覺樓叢刻本）卷四十四補。

〔二〕『陝西道』底本無，據《〔民國〕杭州府志・藝文志》『陝西道監察御史』補。

〔三〕原文作『掃』，據《〔民國〕杭州府志・藝文志》、《兩浙輶軒録》（浙江古籍出版社二〇一二年版）第三一〇四頁、《洪昇集》（浙江古籍出版社二〇一二年版）第一六三頁改。

〔四〕《兩浙輶軒録》作『寓照』。

〔五〕《〔民國〕杭州府志校勘記》作『葯』，《全浙詩話》作『藥』。

〔六〕原文作『綘縣』，據《〔民國〕杭州府志校勘記》改。

〔七〕原文作『汪振甲』，據《清人詩文集總目提要》（北京古籍出版社二〇〇一年版）第五五二頁、《兩浙輶軒録》（浙江古籍出版社二〇一二年版）第一〇六二頁改。

〔八〕『鱗』，疑爲『麟』之誤。《清人詩文集總目提要》、《兩浙輶軒録》、《〔民國〕歙縣志》作『麟』。《〔乾隆〕杭州府志・藝文志》、《〔民國〕杭州府志・藝文志》作『鱗』。

〔九〕原文作『第』，當爲『弟』之誤。

〔一〇〕原文作『嘯竹堂集』，據《〔民國〕杭州府志・藝文志》改。

〔一一〕原文作『千』，據《〔民國〕杭州府志校勘記》改。

〔一二〕《〔民國〕杭州府志・藝文志》、《存硯樓文集》作『《滋蘭堂詩集》二十卷《文集》六卷』。

〔一三〕《〔民國〕杭州府志・藝文志》作『曉』。

〔一四〕《〔乾隆〕杭州府志・藝文志》原文作『王清瑛文白撰』。

〔一五〕原文作『鳥』，當爲『鳬』之誤。

〔一六〕《〔民國〕杭州府志・藝文志》作『《冬心集》四卷，《題畫記》四卷，《三體詩》一卷』。

〔一七〕原文作『旡』，當爲『无』之誤。

〔一八〕《〔民國〕杭州府志・藝文志》作『沈爲宜』，《〔乾隆〕海寧州志》、《〔民國〕海寧州志稿・藝文志》、《兩浙輶軒録》作『張爲儀』。

〔一九〕《〔民國〕杭州府志・藝文志》作『弈』。

〔二〇〕《〔民國〕杭州府志·藝文志》作『《紫竹山房詩文集》三十二卷』。

〔二一〕《〔民國〕杭州府志·藝文志》作『揚』。

〔二二〕《〔民國〕杭州府志·藝文志》作『《遠村吟稿》一卷』。

〔二三〕《〔民國〕杭州府志·藝文志》作『《觀樹堂詩集》十六卷』。

〔二四〕《〔民國〕杭州府志·藝文志》作『十誦齋詩四卷文一卷』。

〔二五〕原文作『齋』，當爲『齊』之誤。

〔二六〕本條底本無，據《〔民國〕杭州府志·藝文志》補。

〔二七〕原文作『雨』，當爲『兩』之誤。

〔二八〕《〔民國〕杭州府志·藝文志》作『監生』。

〔二九〕《〔民國〕杭州府志·藝文志》作『階』。

〔三〇〕原文作『隳』，當爲『際』之誤。

藝文八

集部四

西村集 國朝監生仁和朱曉秋亭撰。

心言文集臆吟一卷 國朝諸生海甯徐蘭紉修撰。

漁村小草 國朝諸生海甯沈廣熖東臯撰。

南坡詩集 國朝州同錢塘褚綸南城撰。

黄葉山房詩集 國朝清江閘官錢塘施文渠春壑撰。

静觀軒詩鈔一卷 國朝諸生海甯祝維健月潭撰。

玉樹堂詩鈔草 國朝海甯鄭節筠軒撰，廷臯子。

草間吟稿 國朝海甯鄒湝石塘撰。

櫑齋詩鈔北游存稿 國朝海甯查基櫑齋撰，嗣瑮長子。

硯北詩草一卷 國朝知縣海甯查學七倫撰，嗣瑮子。

楚游吟 國朝監生海甯俞耀配五撰。

崑臺詩稿 國朝諸生海甯楊式玉元白撰。

慕思廬稿 國朝諸生海甯楊式金蔗堂撰，嗣震次子。

成皋雜咏 國朝諸生海甯楊澄嗜愚撰。

紀游小草一卷 國朝監生海甯陳世偁恂齋撰。

楓落吴江集 國朝海甯俞鴻發旋吉撰。

聽竹軒稿 國朝錢塘陳光斗聚南撰。

壽平堂集 國朝錢塘張錢澐[一]白湖撰。

偶吟草 國朝海甯朱璿璨文撰。

福次軒吟草 國朝錢塘施坤達棱撰。

未嫺草四卷 國朝錢塘王景華可齋撰。

潤齋詩草 國朝諸生海甯陳玠豐玉撰。

焚餘草四卷 國朝仁和金達孔昭撰。

韡園詩鈔　國朝錢塘高瀛海匯川撰。

灃州吟稿　國朝諸生錢塘吴龍光飛池撰。

秋聲館吟稿　國朝杭州汪鍾啟翼蒼撰。

重玡集青雲紀游草壬丙初學詩海荷舊人詩餘文集　國朝仁和汪晞海荷撰。

一梅軒稿　國朝諸生杭州〔二〕蔣鳴珂蘭宜撰。

孝思集　國朝仁和倪允超曉厓撰。

聽雨堂合草　國朝諸生海甯沈毓蘭香谷、沈毓蕙荔海同撰。

凝碧堂集　國朝廣饒九南道仁和顧錫鬯瓚園撰。

游粤小草一卷　國朝武清知縣海甯沈守敬簌翁撰。

鳳敔堂詩文集　國朝太僕寺少卿仁和程燾九峰撰，鋐子。

橘頌堂集　國朝廣州知府仁和顧光野翁撰。

補梧草堂詩存二卷　國朝沛縣知縣海甯楊詠吟雲撰，雍建孫。

白齋詩存　國朝户部尚書錢塘王際華白齋撰，雲廷子。

南樓文稿續稿詩稿北梁吟稿　國朝户科給事中仁和陳顧灥藕田撰。

施松集畫〔三〕眠餘唱百蕢吟稿　國朝膚施知縣錢塘陳德星鷲峯撰。

澹雲集 國朝厦門同知仁和高觀鯉孝泉撰，儀鳳子。

溪烟詩草 國朝舉人海甯查銓耕溪烟撰。

清獻堂集 國朝仁和趙佑撰。

春臺詩鈔 國朝鞏昌知府錢塘吴泰春臺撰。

古梅軒詩鈔 國朝進士海甯陳遇堯竟秋坪撰。一作《秋坪詩鈔》。

藥房詩文集六卷 國朝舉人海甯祝朱白退庵撰。

環溪詩草 國朝副貢海甯吴育行懷新撰。

東江詩集 國朝翰林院侍講海甯朱佩蓮玉階撰。

蜸爪集 國朝舉人海甯吴錫禄蚢翁撰。

西浦詩草 國朝進士海甯劉尚德次言撰。

香根園詩稿 國朝蒙城知縣臨安胡春熙仁里撰。

劍堂詩鈔 國朝諸暨教諭海甯朱瑞層九撰。

東臯吟一卷九十九灣河櫂歌一卷 國朝貢生海甯張瑚寶崖撰。

岑華别館詩存 國朝副貢錢塘許第芝生撰。

琈樹山樵集 國朝大興知縣海甯祝振雨亭撰。

憺餘詩文集 國朝刑部郎中海甯查世倓訒堂撰。

集簣集 國朝舉人海甯顧振聲集堂撰。

蝶窗偶存 國朝舉人仁和王大經柳衣撰。

清雪齋吟稿 國朝武康訓導海甯高翼淡園撰。

可自怡齋詩草 國朝石門訓導錢塘孫琪玉樵撰。

蓉渚詩稿 國朝樂清教諭海甯祝懋裳錦雲撰。

榴子山窗詩草 國朝貢生海甯沈廷琬成大撰。

篁雨詩稿 國朝雲和教諭海甯朱昇佑渭塘撰。

頻羅庵詩文集十三卷 國朝錢塘梁同書撰。

苔碕小稿 國朝永甯知州錢塘陳宣堇檄撰。

健松堂集 國朝密縣知縣仁和余昂霄松巖撰。

無不宜齋文詩集 國朝仁和翟灝撰。

春及堂詩集 國朝倉場侍郎仁和倪承寬敬堂撰，國璉子。

梧岡詩鈔 國朝海甯查虞昌撰。

東柯未定稿 國朝廩生仁和李汪洪卣甫撰。

春星書屋稿 國朝諸生海甯謝慎餘蘇庵撰。

師竹齋稿四卷 國朝布衣錢塘陳璨曙峯撰。

栗園詩稿四卷 國朝諸生海甯楊引恬栗園撰。

陸渾山人集 國朝諸生昌化胡栗三竹撰。

六桂山房詩稿道蘆文集 國朝監生錢塘翁大榮道蘆撰。

客遊草 國朝山東通判仁和湯燧古巢撰。

蜕稿四卷 國朝錢塘梁玉繩撰。

白湖小稿 國朝錢塘姚珽白湖撰。

補梅賸稿 國朝兩淮鹽運司知事海甯楊繼曾硤農撰，詠子。

嬾雲硯室遺稿 國朝鄖陽通判仁和孫誦曾嬾雲撰。

雲麓詩存八卷 國朝海甯史正義撰。

淺山園詩集十七卷 國朝錢塘李芝竹友撰。

溪庫詩稿六卷 國朝諸生仁和龔理身水南撰。

午莊詩文稿 國朝廩貢仁和程庚午莊撰，焘次子。

梅花吟屋詩草 國朝仁和包芬梅坨撰。

黄山游草　國朝杭州葉以照青焕撰。

霞蔚堂集三十卷　國朝諸生仁和孫驥晴山撰。

東青草堂集三十卷　國朝諸生仁和沈紹湘玉屏撰。

病餘吟草　國朝諸生仁和周宗楩樹村撰，霱從孫。

草香庳詩草　國朝錢塘蔡杲晚香撰，朱澄子。

桂巖小隱集　國朝增貢錢塘魏銀河秋浦撰。

松硯齋詩文集四卷　國朝海甯陳璘撰。

閒園詩稿　國朝貢生海甯陳述曾硯洲撰。

飯顆山人詩集　國朝仁和曹斯棟撰。

曲江吟草十二卷　國朝仁和黄柱撰。

蔗翁詩　國朝錢塘范炳蔗翁撰。

石幢居士吟稿　國朝直隸總督錢塘梁肯堂晚香撰。

稻香書屋詩二卷　國朝惠來知縣杭州徐錫禮春泉撰。

海藏書屋遺稿八卷　國朝副貢錢塘楊華硯雨撰。

菘塍齋遺稿　國朝副貢仁和余大觀松坪撰。

半詩吟 國朝海甯查昌和撰。

睫巢詩鈔三卷游仙詩鈔一卷 國朝錢塘吴颢撰。

青城山人集十四卷〔四〕 國朝仁和關槐撰。

茂林山房詩集 國朝盧氏知縣錢塘殳荃寬圃撰。

佩堂吟草 國朝金堂知縣錢塘楊金蘭佩堂撰。

雲涇草堂遺稿 國朝仁和邱永撰。

薌溪集都村集錦昌集昌南集望湖亭集臥陶軒集遂初集草 國朝南昌知縣錢塘周駿發亦庵撰。

次立齋詩集四卷文集二卷 國朝大同知府新城袁知紓亭撰，枚族弟。

宜雅堂詩集 國朝麗水教諭海甯沈開勳層雲撰。

竹溪詩鈔 國朝景甯教諭錢塘許聿竹溪撰。

萍槎詩鈔 國朝曹單同知海甯查鳴昌傳初撰。

愛閒軒詩草 國朝開化教諭錢塘吴淦純齋撰。

小山居稿四卷 國朝錢塘何琪撰。

碧溪草堂詩文集 國朝仁和朱文藻撰。

抱山堂詩集〔五〕 國朝錢塘朱彭撰。

學山詩文集　國朝錢塘聞人儒撰。

客窗雕蟲二卷　國朝監生仁和吴履基厚庵撰，繩基子。

半畝秋齋詩草　國朝諸生仁和孫炎又然撰。

蓮汀集　國朝增生錢塘姚宏燮理齋撰。

可儀堂詩偶存　國朝諸生仁和俞葆寅蒼石撰。

榕齋詩鈔二卷　國朝錢塘諸省三榕齋撰，朝棟子。

小安敦齋集　國朝諸生富陽羅炤斗南撰。

浪跡草　國朝錢塘諸以湆撰。

屭閣詩録六卷〔六〕　國朝諸生錢塘金世綬岫雲撰。

愚谷文存十四卷續編二卷拜經樓詩集十二卷續編四卷再續編一卷論印絶句一卷　國朝海甯吴騫撰。

松年樂府　國朝海甯陳以綱撰。

介石山人近體詩鈔一卷　國朝貢生海甯鄒謌灌畦撰。

復齋集　國朝監生仁和高樹穎實庵撰，瀛洲子。

漱霞閣偶吟　國朝仁和王家駿健庵撰。

北窗吟稿 國朝大理寺丞錢塘汪汝瑮滌原撰，憲長子。

春風草堂詩鈔一卷 國朝諸生仁和朱點古心撰。

讀耕草堂集百花詩草 國朝欽賜八品頂戴錢塘褚如通融齋撰。

蔗餘堂集緑萍集 國朝錢塘黄庭寶田撰，樹穀子。

小蓬萊閣詩 國朝錢塘黄易撰〔七〕。

五玉詩鈔一卷齊齋詩鈔二卷百花詩一卷迴文圖譜一卷詠物詩一卷 國朝諸生海甯王覲五玉撰。

雷雲詩集 國朝錢塘張沅雲谷撰。

香涇詩鈔 國朝板浦場大使仁和金翀振之撰。

萬柘堂詩集五卷 國朝諸生海甯管題雁應期撰，應祥從弟。《詩續輯》作『《心亨書屋賸稿》二卷』。

耆退軒詩稿一卷海門紀事詩一卷 國朝貢生海甯楊欽時廷俞撰。

聞寒蟬閣吟稿 國朝諸生錢塘陳寅畏齋撰。

珠山稿 國朝諸生仁和姚日宣潔士撰。

學迂精舍存稿 國朝翰林院侍講仁和孫效曾蘧菴撰。

悦親樓集三十卷別集四卷外集二卷賡雲集四卷 國朝海甯祝德麟撰。

晚翠樓集　國朝進士錢塘吴霽竹堂撰。

思益山房集素心蘭倡和詩一卷　國朝福建巡撫海甯徐嗣曾兩松撰。

春星草堂集六卷　國朝諸生海甯謝人麟蘇庵撰。

韜庵文偶一卷韜庵詩偶一卷韜庵雜説一卷草　國朝諸生海甯黄炳文蔚撰。

惜分陰居集　國朝海甯張頊可撰。

超山詩鈔　國朝舉人仁和陳廷松超山撰。

硯北詩鈔　國朝獲鹿知縣海甯鍾式欽曉崖撰，蘭枝子。

南屏山房集　國朝通永道仁和陳昌圖南屏撰。

頤谷吟稿　國朝仁和孫志祖撰。

對山樓文集四卷夢椽詩集四卷花溪百詠一卷　國朝海甯許良謨撰。

順庵詩文集二卷　國朝沛縣知縣海甯許嘉猷慕魯撰。

吉莫吉齋叢稿　國朝錢塘諸以敦撰。

憶漫庵賸稿梁園歸櫂録　國朝仁和余集撰。

曉鍾書屋吟稿　國朝大邑知縣仁和王學渟聽翁撰。

五硯齋詩鈔二十卷　國朝仁和沈赤然撰。

江干草堂集 國朝鄞縣教諭仁和洪文炳觀六撰。

溉餘詩稿 國朝廣平知府錢塘徐烺溉餘撰。

啖芋草堂續稿北遊雜詠 國朝御史仁和郭寅葠川撰。

簡松草堂詩集二十卷文集十二卷蠟味小稿五卷歸艎草一卷知還草四卷復丁老人草二卷〔八〕 國朝錢塘張雲璈撰。

葑塘詩鈔 國朝諸生海甯查奕〔九〕慶豐五撰。

鍾慶書屋詩草 國朝諸生海甯祝德安槐亭撰。

耕餘草 國朝仁和淩衡撰。

益壽室初稿 國朝諸生錢塘吴引年子長撰。

衣織集三十卷 國朝諸生海甯朱鑾綎齋撰。

黑浪軒遺稿 國朝諸生海甯王朝俊見三撰。

掬月齋稿 國朝海甯李鳳綸在萊撰。

稻香小稿 國朝海甯朱實秀撰。

棄餘詩草 國朝海甯李景望齋撰。

桃源閒吟集 國朝州同海甯朱世楠青材撰。

石泉詩稿　國朝海甯張鏋履常撰。

梅峯詩文稿　國朝諸生海甯吴日照廷清撰。

蟋蟀吟待焚集倦還集思痛集　國朝錢塘姚大吕白河撰。

吟月軒稿　國朝諸生海甯查虞炳嵐撰。

自怡詩鈔　國朝錢塘孫容軒撰。

守拙詩鈔　國朝監生海甯蘇瑝敬堂撰。

芥舟自定詩二卷　國朝海甯許沖之撰。

涵江詩鈔　國朝諸生海甯張驥鷺振撰。

花癡詩集　國朝諸生海甯許如壎又伯撰。

春草堂詩集　國朝化州知州仁和汪元炳秋田撰。

請息齋詩稿　國朝監生海甯朱一銘載常撰。

味乳亭初集續集　國朝長寨同知錢塘吴玉墀小谷撰。

平山詩草　國朝舉人新城袁攀鳳江村撰。

粲花樓詩鈔　國朝太原同知仁和舒毓楓愚溪撰。

綺園詩鈔　國朝餘姚教諭錢塘吴安世闇齋撰，嗣富長子。

慎旃小草 國朝趙州知州錢塘孫麗京繼章撰。

筠岑詩集四卷 國朝海甯朱超之鯨海撰。

晚松軒詩稿 國朝南河同知仁和嚴守田歷亭撰。

春帆吟稿 國朝副貢仁和趙賜珍春帆撰，一清從子。

碧山樓稿 國朝内閣中書仁和孫傳曾燭溪撰。

冬嶺吟草 國朝湖州訓導仁和何琸冬嶺撰。

南越新吟 國朝歲貢仁和吴亨次公撰。

惜分陰齋詩文集二十卷 國朝仁和閣槐撰。

有正味齋集七十三卷 國朝錢塘吴錫麒撰。

思補軒詩集 國朝内閣中書錢塘許烺曇孫撰。

惺齋詩草四卷 國朝海門同知海甯陳觀國壽甯撰。

恭止居集二卷 國朝舉人海甯許鍊蔚堂撰，道基子。

我聞集二卷又聞軒詩草止溪詩稿 國朝舉人海甯李紹安止溪撰。

學古集四卷牧牛村舍外集四卷 國朝國子監助教仁和宋大樽茗香撰。

菴羅庵集 國朝副貢仁和高樹程邁庵撰，瀛洲子。

養和堂詩集 國朝南路同知錢塘汪應紹柳湖撰。

樗香齋詩存 國朝協辦大學士錢塘吴璥菘圃撰。

二香齋詩文集 國朝拔貢錢塘吴純春林撰，霽從子。

稼書堂遺集四卷 國朝御史錢塘潘庭筠德園撰。

待月山房稿 國朝松江通判仁和江清桐敏撰。

是亦草堂稿〔一〇〕 國朝葉縣知縣錢塘楊元愷湘石撰。

有真意齋文稿適意吟 國朝廣西鹽法道仁和錢栻次軒撰，琦從子。

妙蓮詩鈔 國朝錢塘張采竹厂撰。

杉館閒吟 國朝仁和葉斌錦江撰。

補閒餘緒集 國朝州同杭州吴同璿補堂撰。

石林遺草 國朝諸生杭州殳蕙佩纕撰。

硯雨樓稿 國朝監生錢塘孫謙雨香撰。

煮字齋哈存詩 國朝諸生錢塘周青懷虚谷撰。

句餘書屋詩集 國朝監生錢塘周嘉穀寶之撰，雷次子。

藝經堂遺詩 國朝仁和胡允文容齋撰。

摩烏山房詩　國朝仁和蔡源摩烏撰。

愚庵詩稿　國朝諸生錢塘諸以愓愚庵撰。

姑射山房詩草　國朝海甯俞思謙潛山撰。又名《静餘樓詩集》。

覆瓿集　國朝監生海甯俞廷藻翰采撰，思謙弟。

漱園吟草　國朝蕭山教諭海甯俞超漱園撰，廷藻子。

碧涵奉塵編一卷　國朝監生海甯陳浩星衢撰，論曾孫。

訥齋詩草　國朝增生海甯張諟養餘撰。

問雲樓詩蜀游草　國朝諸生海甯祝熙江春撰。

閒忙草　國朝諸生仁和杜大魁瀛仙撰。

帶經齋詩集　國朝海甯倪炎蒲庵撰。

冬花盦燼餘稿三卷　國朝錢塘奚岡撰。

曙山草　國朝杭州王槐撰。

近野軒詩草　國朝貢生海甯曹綰研亭撰。

柳唐詩稿　國朝諸生钱塘朱旭柳唐撰。

筧東草廬吟稿　國朝諸生仁和俞作梅天羹撰。

漱芳軒集　國朝諸生仁和俞雲玉屏撰。

同園詩稿　國朝錢塘王一紳袚齋撰。

半間老人稿　國朝錢塘蔣鍾文右黄撰。

桐華吟稿一卷題畫詩一卷　國朝仁和徐嶧貢山撰。

竹齋遺稿一卷　國朝海甯錢匡劍威撰。

西湖竹枝詞百首　國朝諸生餘杭史敬義正方撰。

松塵齋詩稿九卷　國朝諸生海甯毛元勳濟蒼撰。

看奕〔一二〕堂集　國朝諸生新城潘瀓冰壺撰。

鴻雪齋詩集　國朝諸生海甯徐昌樞文撰。

虹月軒詩鈔　國朝監生海甯徐泂寄樵撰。

適然齋編年詩存　國朝諸生仁和趙炳文拙存撰。

愚堂詩草　國朝貢生錢塘詩鎬愚堂撰。

春帆吟草　國朝蕭山教諭仁和湯勳春颿撰。

陔華堂遺集　國朝南滙知縣仁和張昌運雪舫撰。

敦艮堂詩文集　國朝杭州蔣師爚撰。

根石詩鈔一卷寄軒賸稿一卷 國朝天長知縣錢塘朱上林晚樵撰。

峩嵋山房吟草 國朝臺灣知府仁和沈颺眉峰撰。

東游偶存草 國朝副貢錢塘柴步高雲齋撰，謙孫。

闇然室詩存十二卷 國朝安吉教諭仁和應澧叔雅撰。

雲浦詩鈔雲浦文鈔 國朝歲貢海甯楊焕緯治馨撰，中相孫。

香醉山人偶存草 國朝吴橋知縣杭州周冕茗山撰。

壽補軒詩稿〔一二〕 國朝儋州知州錢塘汪阜至山撰。

味經堂詩鈔 國朝天台教諭海甯王星慶拱樞撰。

碧筠集 國朝副貢海甯徐惟懌槎石撰。

規矩草堂詩稿 國朝雲和訓導錢塘王武錫載彤撰。

兹泉詩古文集 國朝海甯朱兆熊撰。

聽香館吟稿 國朝平陽訓導仁和康誥二錫撰。

峨雪山房詩文集 國朝武康教諭海甯蘇士樞花農撰。

春草廬詩草 國朝貢生仁和魏景萬春塍撰。

香痕草堂稿 國朝貢生海甯許士元臧兮撰。

黄鶴山農集　國朝西安訓導錢塘陸萝熊古漁撰。

小羅浮山館詩鈔十四卷　國朝錢塘吴昇撰。

瑞石山房詩草　國朝餘姚訓導錢塘周昶再庵撰。

就山老屋詩畧　國朝鹽課司大使錢塘張國華蒓客撰。

小十誦寮詩存〔一三〕　國朝淇縣知縣錢塘周南二南撰，天度子。

蓉槎詩稿　國朝松陽教諭仁和淩丙貞木撰。

清愛堂集二十三卷　國朝山東道御史仁和魏成憲春松撰，銀河子。

思萼堂雜詠　國朝主事錢塘王沅春洲撰。

芥舟詩集六卷　國朝永甯知縣海甯祝萬年士希撰。

寄取軒詩鈔　國朝印江知縣錢塘沈景熊嵩門撰。

梅豆山房詩集　國朝孝豐教諭錢塘吴華月垞撰。

飲蘭室集　國朝蕭縣知縣仁和余光治午亭撰。

松聲池館詩存四卷　國朝錢塘汪璐撰。

三硯齋集訒齋詩鈔一卷匏樽集一卷又本事詩　國朝海甯沈心醕撰。

抱琴草堂詩集　國朝廩生錢塘李玉如能白撰。

種藥齋詩鈔 國朝諸生錢塘陳時履中撰。

春及草堂詩集 國朝同知錢塘項墉秋子撰。

茝塘遺稿 國朝錢塘魏域茝塘撰。

瘦存集 國朝諸生仁和姚愔〔一四〕德月樵撰。

紫霞仙館詩鈔 國朝諸生海甯周兆松曉山撰。

柯珊詩文集四卷鴽鴻軒集四卷 國朝廩生海甯徐世焜柯珊撰。

虹池詩文集三卷 國朝諸生海甯徐世球去瑕撰。

秋水軒遺稿 國朝仁和周原纘西撰。

秋藥山房詩稿 國朝諸生仁和趙瑞藥君撰，一清弟。

冬華吟稿四卷 國朝增生仁和趙琛寶岑撰，一清弟。

之萬集 國朝諸生仁和張淦儀槎撰。

鐵珊吟草 國朝海甯周彥曾美齋撰，蓮次子。

曉園詩草二卷集唐詩二卷腋成集四卷 國朝諸生海甯沈國器曉園撰。

友蘭詩草 國朝海甯馬俞醋庵撰。

畹耕詩草八卷 國朝諸生海甯楊芬九滋撰。

蟋蟀吟 國朝諸生海甯鄒麒蘭莊撰。

東游草補亭詩録 國朝諸生海甯馮念祖補亭撰。

語海樓詩草 國朝海甯陳培慶受宜撰。

晚翠亭遺稿 國朝諸生仁和吴鈵孫少谷撰。

敗皮集粤游小草 國朝諸生仁和陳樹楷補圃撰。

緑滿草堂炬餘詩鈔六卷 國朝諸生錢塘吴聞世秋農撰，顥次子。

小隱山房詩鈔一卷 國朝德陽知縣錢塘吴經世秋樵撰，顥第三子。

守愚小稿 國朝霑益吏目仁和吴晟秋圃撰，顥第四子。

東海半人詩鈔二十四卷 國朝海甯鍾大源簕溪撰。

飛雲軒詩草 國朝諸生海甯鍾大濬利賓撰，大源弟。

心耕堂詩文合刻五卷 國朝監生海甯徐鑑凝岱青同弟鑑常心耕撰。

渭陽問津小稿 國朝錢塘饒鍠東序撰。

羅石吟草消夏雜咏 國朝諸生錢塘楊執禮羅石撰。

興到吟草 國朝諸生仁和費觀濤江撰。

耕雲草堂近體詩鈔一卷 國朝海甯管升撰。

怡雲詩鈔三卷 國朝仁和金友白鼓村撰。

鶴亭詩草 國朝諸生餘杭楊華國鶴亭撰。

秋葯庵詩集 國朝太常寺卿仁和馬履泰菽庵撰。

松皃吟草 國朝桐柏知縣仁和邵希曾角雲撰。

螺峯草堂集 國朝舉人錢塘陳沺文水撰。

郊居等集二十卷 國朝户部廣東司主事仁和陳登泰琴山撰。

雩門集西江集朝阪集台山集城東集 國朝歲貢錢塘張樞蓀田撰。

古櫟山房稿 國朝肥鄉知縣仁和黄孫瀛句湖撰。

静存齋詩集八卷 國朝舉人錢塘錢師曾蕙窗撰。

韻竹山房集四卷 國朝甯州知州仁和孫錫雪帷撰。

雙松書屋詩鈔 國朝韶州知府仁和陸向榮瘦石撰。

雲柯館詩 國朝舉人錢塘桑庭檼柯撰，繩篪子。

虚白齋詩稿 國朝江山訓導錢塘孫元灝澄齋撰。

轂音集 國朝紹興訓導仁和沈慶曾學圃撰。

聽香齋集 國朝仁和宋振業撰。

元雅堂集汴遊草　國朝歲貢仁和張琦瑩庵撰。

南湖編年稿　國朝歲貢海甯張繼樞用中撰。

星溪自怡小草　國朝歲貢餘杭俞元任莘陽撰。

桐陰書屋稿三卷　國朝貢生仁和章坤静山撰。

燕石吟二十四卷　國朝貢生錢塘聞人煜南亭撰。

鷄窗百二稿續稿再續稿三續稿四續稿　國朝監生海甯宋槤宗彝〔一五〕撰。

瀹茗庵詩稿　國朝仁和孫錫麐雲壑撰。

焠掌齋遺稿　國朝廩生仁和應文茗亭伯撰。

小西山房遺詩　國朝錢塘吴清學士朝撰。

柳江詩稿　國朝海甯郭廣琛振安撰。

文炳堂賸草　國朝諸生海甯毛一誠心堂撰。

清華堂稿　國朝增生杭州陸湝熙圓泖撰。

謙默室詩鈔　國朝海甯陸洪疇撰。

種松莊偶存草　國朝諸生海甯周勳常紀君撰。

偷閒吟八卷　國朝海甯陸錦雯來章撰。

定香室賸稿 國朝廩生海甯祝志箕伯弓撰。

承遺堂文集怡雲詩稿 國朝貢生錢塘吴鑒艮石撰。

廉讓居吟稿 國朝貢生海甯祝懋敦果山撰。

灌園居偶存草 國朝增生錢塘吴清漣文波撰。

夢烟舫詩 國朝鹽運同知事錢塘吴清蓀蘭谷撰。

香巖詩草 國朝增生海甯祝懋生春谷撰。

壺口山人詩三卷庚庚石室近稿一卷 國朝監生海甯朱至履伯撰。

真樂齋詩賸 國朝州同海甯沈淵進南亭撰。

延緑草堂詩存 國朝諸生海甯祝德輿南筠撰。

連理天香書屋詩集 國朝仁和魏標撰。

閑餘集 國朝海甯朱錫禄振甫撰。

師李齋吟稿 國朝海甯朱逢震在東撰。

藹亭吟稿 國朝海甯朱鏜豫堂撰。

澄懷精舍詩稿 國朝遂昌訓導錢塘潘學敏閬仲撰。

无咎齋賸稿 國朝諸生錢塘戴道峻升甫撰。

棠村詩集　國朝仁和翟瀚蒓江撰，灝弟。

桐蔭書屋詩鈔　國朝錢塘查錕也山撰。

擁被吟　國朝諸生錢塘陳雲飛之山撰。

醉石山房稿　國朝仁和翟以稜廉甫撰。

澹園草　國朝歸仁司巡檢錢塘王錚鐵邪撰。

雪鴻詩鈔　國朝諸生海甯沈明俊彦杰撰。

研村賸稿　國朝諸生海甯許璋木仲撰。

梅花吟館詩存　國朝貢生仁和汪照梅巖撰。

生緑山房詩集　國朝監生海甯沈樹厚培撰。

漱芳園詩存　國朝四川布政司庫大使海甯金勝大任撰。

西村雜詠　國朝海甯莊允昭愚庵撰。

荆華仙館初稿　國朝錢塘張椿年蓉垞撰。

思補軒詩集　國朝監生海甯俞卿雲曉江撰。

也陶遺稿　國朝諸生仁和徐大陛也陶撰。

雲浦山莊吟草又黄灣竹枝詞百首　國朝海甯王霖五福撰。

遁香小草 國朝監生仁和錢溶遁香撰。

香巖吟稿 國朝諸生海甯謝曦上丙原撰。

聽秋茅屋集 國朝海甯管宸遴方增撰。

愚谷集 國朝監生餘杭盛時琛獻其撰。

桐香館詩集 國朝仁和汪震撰。

復自道齋吟草 國朝海甯沈錫養和撰。

北游草 國朝海甯朱輪撰。

蘭崖遺稿 國朝海甯朱錡黼堂撰。

文餘初續集 國朝諸生海甯賈言綸如撰。

漫庵詩草 國朝監生海甯張瀾漫庵撰。

葆初齋剩稿 國朝監生海甯卜謀承詒撰。

學吟六卷 國朝諸生海甯周揆敘楞香撰。

夢餘詩鈔 國朝監生錢塘孫嘉樹叔子撰。

右庵詩文集四卷 國朝孝廉方正仁和邵志純右庵撰。

詠物詩琴壺軒詩稿 國朝孝廉方正錢塘陳振鷺春渠撰。

知服軒吟草　國朝海甯陳敬禮撰。

瀫水草堂詩集八卷　國朝舉人錢塘陳希濂瀫水撰。

心齋草堂集　國朝吏部文選司主事仁和錢枚謝盦撰，琦第五子。

簡莊詩集十卷綴文六卷對策六卷新阪土風一卷　國朝海甯陳鱣撰。

望雲齋集一卷　國朝海甯蘇琳撰。

松岑遺稿　國朝海甯王德浩撰。

晚晴軒詩鈔十三卷晚晴軒雜文一卷　國朝新昌教諭海甯梁齡增同川撰。

素行齋遺稿　國朝副貢錢塘張載春馨山撰，海曾孫。

日下賡歌集十卷文集一卷詩集八卷　國朝仁和龔守正撰。

壽花堂詩集八卷〔一六〕　國朝錢塘黃模撰。

尚雲齋詩鈔　國朝龍門知縣錢塘蔡任莘畬撰，朱澄孫。

捲翠閣詩稿　國朝舉人海甯鍾大進吾山撰。

三味樓詩集　國朝四川知縣錢塘吴鼎寶詩撰。

靈石山房稿三卷　國朝錢塘施紹武撰。

篔谷詩集二十卷篔谷文集十二卷蔴原堂初集八卷　國朝蓟州知州海甯查揆梅史撰。

梭影山窗賸草 國朝諸生仁和陳大桓松雨撰。

瑞圃近草 國朝諸生仁和單麟年右陵撰。

梧齋雜詠一卷 國朝諸生仁和沈應譽延芳撰。

西齋遺稿 國朝諸生仁和錢知嚴西齋撰。

粵游倡和集 國朝仁和沈莘樂任齋撰，鉽孫。

耐園詩稿四卷 國朝海甯朱型家撰。

蠹餘草 國朝仁和沈柏齡清坪撰。

浮休子隨意草 國朝仁和沈香齡北巖撰。

小學庵遺稿四卷 國朝海甯錢馥撰。

東湖古跡詩 國朝仁和金濤松門撰，友白子。

洗我蓬心廬偶吟 國朝仁和孫震元撰。

小詩龕集 國朝餘東場大使仁和汪之選月樵撰。

琴詠居詩文集 國朝孝廉方正海甯朱蓉筠坡撰。

青崖詩草一卷 國朝歲貢海甯朱兆琦雲五撰。

冰壺吟稿二卷 國朝海甯蔣開撰。

於斯閣詩鈔六卷　國朝海甯陸素生少白撰。

德和軒吟稿五卷　國朝餘杭楊三善備斯撰。

廢峩〔一七〕室詩草六卷　國朝錢塘王槐丹生撰。

實夫詩存四卷　國朝銅仁縣丞仁和李若虛實夫撰。

一螺偶録詩稿　國朝貢生海甯朱開三芑塘撰。

問渠詩草八卷　國朝江西布政司經歷海甯陳濤蓮溪撰。

海昌竹枝詞一卷　國朝海甯張愈含章撰。

有泉堂和陶吟一卷　仁和屠紹理撰。〔一八〕

韻山堂詩集二松庵游草　國朝仁和王文誥見大撰。

冷香齋詩鈔　國朝仁和陳杞菊叟撰。

怡生詩鈔　國朝仁和程祖繩怡生撰。

異撰齋稿　國朝諸生仁和孫顥元花海撰，傳曾子。

二酉山房詩鈔　國朝諸生仁和駱尊朗山撰。

世藻堂遺草　國朝監生錢塘潘時敏篠烟撰，庭筠子。

聽竹軒詩存　國朝錢塘陳光斗日鄰撰。

小柏香園詩稿　國朝諸生仁和吴麗金花隱撰，廷華曾孫。

秋水堂詩集　國朝諸生富陽高傳占説巖撰。

春雨草堂小稿　國朝仁和汪成穀粟田撰。

容庵詩草　國朝諸生海甯曹炤位中撰。

月漁吟稿二卷　國朝海甯吴煜三撰。

爾室文集一卷重次千字文一卷四物居詩稿　國朝海甯陳孜璋撰。

雲峯晚翠樓稿　國朝仁和汪用成禾山撰。

懷蘭室詩十二卷　國朝秀山典史錢塘汪琨宜伯撰。

雨峯詩草　國朝錢塘陶鼙兩峯撰。

茶壽龕詩　國朝諸生仁和嚴冠四香撰。

淡圃詩文集二卷憩亭雜俎一卷　國朝海甯許樹棠撰。

孝經詩　國朝海甯查世佑撰。

榕園吟稿十二卷榕園文稿　國朝海甯吴應和撰。

琴硯草堂詩集二十卷文集十卷　國朝廩生海甯沈毓蓀于澗撰。

今雨集客囊補遺集一卷　國朝諸生海甯徐師騫西屏撰。

鐵硯室詩稿　國朝諸生海甯陸槿冰庵撰。

筱雲詩集　國朝諸生錢塘陸應宿小雲撰，建子。

柳屏家塾吟二卷　國朝諸生仁和宋志熙柳屏撰，大樽從子。

摩羅春館詩集　國朝諸生海甯高騫亞青撰。

浊泉遺集三卷　國朝貢生海甯周壽親雲孫撰。

岱青詩稿　國朝海甯張照黼廷撰。

淇園吟稿二卷　國朝諸生海甯張震雷登雲撰。

石悟山房遺草　國朝諸生錢塘陳湜石泉撰。

臢舫偶吟　國朝諸生海甯周紱舒渠撰。

潛英山人吟草　國朝監生錢塘趙堪懷岡撰。

燕山雜詠　國朝廩生仁和郎開泰彙征撰。

松石間吟稿　國朝增生錢塘汪繩祖秋御撰，新從子。

補軒詩鈔二卷　國朝監生海甯沈曾勖尚桓撰。

敬吉齋詩集　國朝諸生海甯沈綱禮因撰。

明止堂集　國朝諸生海甯馬中隆沛蒼撰。

助吟堂遺稿 國朝諸生鍾誠宜綸恩撰，大源弟。

類鳴集 國朝錢塘龔陳堯杏酣撰。

東里生燼餘集三卷 國朝仁和汪家禧撰。

棗花館詩草 國朝諸生錢塘汪青聽香撰。

小石梁山館稿 國朝諸生仁和李方湛白樓撰。

芸夫詩草 國朝諸生錢塘朱棫芸夫撰，彭子。

祖硯堂集十卷 國朝廩生錢塘朱人鳳閑泉撰，彭子。

竹光樓稿 國朝諸生仁和徐鉽西澗撰。

冬榮草堂集三卷 國朝布衣仁和李堂西齋撰。

聽雪樓稿 國朝諸生仁和黃孫燦海樵撰。

栖飲草堂詩鈔四卷〔一九〕 國朝諸生仁和湯禮祥點山撰。

慈柏山房吟稿 國朝訓導仁和佘鍔慈柏撰。

敀堂吟草 國朝諸生仁和趙觀海齊量撰。

㪇篋詩遺一卷 國朝邵陽巡檢海甯鄒樹勛懋堂撰。

臥雲吟稿 國朝諸生海甯張又南敬宗撰。

秋神閣詩鈔　國朝監生錢塘何元錫夢華撰，紀堂子。

烟波畫船詩稿　國朝諸生仁和趙澄鑒梅史撰。

青蘿館遺詩　國朝諸生杭州陳文湛壽蘇撰，時子。

秋雪山房遺稿　國朝諸生仁和徐廷錫秋雪撰。

能改齋詩集　國朝諸生仁和吴上尊典彝〔二〇〕撰。

古城陰草堂詩　國朝增生杭州吴興介亭撰。

帚珍稿　國朝廩生杭州李世楷素侯撰。

雲樵詩鈔　國朝進賢縣丞□□錢塘〔二一〕唐鳳儀雲樵撰。

筆花書屋詩鈔春雨樓詩鈔　國朝諸生海甯朱華鷗亭撰。

碧琳鄉〔二二〕館漫稿　國朝監生海甯馬鼎彡石撰。

亦暢樓吟稿　國朝海甯沈邦甯春巖撰。

恬園吟草　國朝監生海甯高景雯杏岑撰。

閒齋詩稿一卷　國朝海甯應適静安撰。

雪巖集　國朝貢生海甯馬步瀛臧伯撰。

碧山詩鈔六卷　國朝諸生海甯王鳳一碧山撰。

心鏡集 國朝海甯陳焯綜如撰。

來青閣遺稿二卷 國朝監生海甯蔣楷夢花撰。

憶剡樓稿 國朝諸生海甯查有礽再白撰。

聽松樓集 國朝仁和金楷露香撰，濤子。

夫須草堂集 國朝諸生仁和王臺春熙撰。

修竹吾廬吟稿 國朝廪生錢塘徐恭儉寶幢撰。

楝花草堂吟草 國朝諸生仁和金鼇小槎撰。

月墀遺稿 國朝諸生海甯陳增方川撰。

致爽軒遺稿一卷 國朝諸生海甯倪景蘇浪仙撰。

西蜀從戎草 國朝諸生海甯陳口口秋庭撰。見《海昌備志》，云佚其名。

釣雪山人詩存一卷 國朝海甯許寶沅守大撰。

種瑶草堂古今體詩三卷 國朝貢生海甯賈丙麟仲明撰。

星滄吟稿六卷 國朝監生海甯許懋堇容孚撰。

吟香閣詩稿四卷 國朝海甯查奕〔二三〕善楚珍撰。

擁衾集 國朝海甯陳淵明丹山撰。

尚蘭堂稿　國朝監生仁和黄泰階雲樵撰。

硯壽堂詩鈔八卷續鈔二卷　國朝當塗知縣錢塘吴存楷曼雲撰，昇子。

玉山草堂詩集十二卷文集九卷　國朝仁和錢林撰。

是程堂集二十二卷〔二四〕　國朝袁州知府錢塘屠倬琴隖撰。

中山存稿一卷　國朝肥鄉知縣錢塘鄭城維宗撰。

静嘯山房集詩稿二卷　國朝翰林院編修海甯陳傳經晴巖撰，論元孫。

淡畦吟草知北游草碧樓山房集寓蘇小草　國朝舉人仁和李紹城淡畦撰。

秦臺小稿　國朝歲貢仁和項朝芬蓮峯撰。

松籟閣詩集　國朝知縣海甯陳均受笙撰。

語石山房吟稿　國朝舉人仁和吴鉛孫語石撰，繩基長子。

翠鯨集　國朝舉人仁和周光鼐味庵撰。

一丈紅薔閣詩鈔二卷　國朝州判海甯俞寶華蓮石撰，思謙子。

辛卯生詩四卷　國朝金華教授海甯吴衡照子律撰。

或一吟齋集十卷蜀游草四卷　國朝貢生海甯沈聲陛簿聯撰。

三海十二山草堂詩草　國朝諸生海甯沈張洲滌齋撰。

古林遺集勉鉏樓綴言 國朝海甯陳天祐撰。

羣雅齋詩集讀史詩閩行日記共六十卷又外集 國朝安溪知縣海甯楊思敬健齋撰，繼曾子。

沈樓詩鈔一卷 國朝舉人海甯沈元熙允工撰。

曲竹山房詩鈔竹看齋詩鈔〔二五〕 國朝優貢錢塘姚珣東石撰。〔二六〕

借閒生詩詞 國朝錢塘汪遠孫撰。

怡亭詩草 國朝歲貢錢塘姜安怡亭撰。

邗江游草 國朝諸生海甯王遵路坦齋撰。

東山樓詩集八卷續集八卷文集一卷 國朝海甯曹宗載撰。

暉芸堂詩稿 國朝諸生海甯朱露汀左生撰。

愛竹居詩草四卷 國朝海甯朱作豐芑塘撰。

程燕春遺詩一卷 國朝海甯程進書燕春撰。

石梅仙館遺稿十國雜詠 國朝監生海甯金榜題會之撰。

自得軒詩鈔 國朝海甯應履墀撰。

謏莊遺稿 國朝舉人海甯宋應垣爲儀〔二七〕撰。

拜石山房稿 國朝副貢海甯祝嘉禾蘭友撰。

碧城仙館詩鈔頤道堂文集秣陵集西泠[二八]懷古集仙詠閨詠碧城詩髓　國朝繁昌知縣錢塘陳文述雲伯撰。

小北堂詩鈔八卷　國朝諸生錢塘虞錦絅文撰。

且樓詩稿　國朝海甯顧潤章撰。

獵青詩草　國朝國子監學正海甯周雋業晉五撰。

西溼草堂詩鈔　國朝温州教授海甯陸景華曙初撰。

是亦軒詩鈔吟月草　國朝舉人錢塘魏繼相半芋撰。

巢經閣集　國朝縉雲教諭仁和金孝枚又辛撰。

蘇臺詩草邗水詩草　國朝綿竹知縣錢塘陳寓春魯山撰。

崇雅堂駢體文鈔四卷文鈔二卷詩鈔十卷删餘詩一卷應制存稿一卷　國朝仁和胡敬撰。

榆西仙館初稿　國朝仁和蔣詩撰。

勺緑山房詩草　國朝廣濟知縣錢塘周向青蘇門撰。

金塗塔齋詩稿　國朝三河知縣仁和錢任鈞少衡撰，栻長子。

書畫舫詩文集　國朝内閣中書仁和高鳳臺月垞撰。

思茗齋集　國朝仁和宋咸熙撰。

青珊瑚館詩稿 國朝錢塘鄒淦撰。

琦齋詩存 國朝海甯查元偁撰。

吾亭詩鈔 國朝蘇松太道錢塘潘恭常彰有撰。

自怡齋詩偶存 國朝江山教諭錢塘湯春笑山撰。

寶甓齋文録八卷 國朝仁和趙坦撰。

滄粟齋集 國朝錢塘黄士珣撰。

藜照軒詩鈔萬籟吟 國朝諸生海甯劉湄月樵撰。

紅蕉館詩鈔 國朝主事仁和周光緯孟昭撰。

怡雲小草 國朝增生海甯周徠松怡雲撰。

詠史詠物詩 國朝貢生錢塘龔岳梁甫撰。

松庵詩鈔 國朝諸生海甯朱蘭如楚芳撰。

春池書屋詩稿 國朝海甯陛用霖芝塘撰。

無説詩齋吟稿 國朝河南縣丞仁和程鼎方雨撰。

游仙詩 國朝貢生錢塘張泰初松溪撰。

研香吟稿 國朝諸生海甯葛慕洪譜仙撰。

秋巖詩存　國朝諸生錢塘黄楷端木撰。

慈竹山房吟草　國朝諸生仁和皇甫熇新庵撰。

閒山書屋吟稿　國朝諸生海甯李科容大撰。

愛日詩草　國朝海甯鄒慕汲長孺撰。

穜學齋集　國朝諸生海甯朱緐愚泉撰。

也足軒集　國朝餘杭盛名棠甘亭撰。

蒔圃小稿二卷詠史詩一卷　國朝諸生海甯葛荃書田撰。

據梧詩鈔　國朝監生海甯朱家鏞和鳴撰。

耕餘詩稿　國朝增生餘杭盛悳炳仲虎撰。

槐村詩草　國朝監生海甯祝富明公選撰。

嬾仙自定詩集　國朝諸生錢塘周鳳章雪君撰。

清暉閣集　國朝濟南知府仁和金棨丹采撰。

夢夢吟　國朝錢塘程偉撰。

曹村詩稿　國朝諸生錢塘曹德馨孟明撰。

海粟山房詩鈔　國朝貢生海甯蘇士棠香海撰。

還讀齋詩存 國朝海甯查餘穀稻生撰。

劍池旅吟 國朝監生海甯左朝棟行三撰。

梁溪詩鈔 國朝貢生杭州温文印南涯撰。

古香齋詩鈔 國朝監生海甯祝德芳容如撰。

春申澗詩鈔 國朝監生錢塘黄鍾秀實甫撰。

畱餘小草 國朝淮海道海甯祝豫立齋撰。

屬雲軒小草 國朝諸生海甯祝理金汝承撰。

棣珊吟草 國朝海甯祝鳴謙地山撰。

粲隱軒詩草 國朝監生海甯祝恆子久撰。

懷源堂詩集 國朝諸生海甯祝興紹先撰。

十友花庵詩草 國朝錢塘李之昉小蓮撰。

養素居詩文集 國朝貢生錢塘吴懋南林撰。

一齋詩鈔 國朝諸生海甯朱榮慶一齋撰。

堅香小隱詩鈔 國朝增生海甯祝有琳靖叔撰。

春雨樓詩稿 國朝諸生海甯朱衣點笛村撰。

飲香讀畫齋詩集四卷　國朝象州知州海甯朱有萊北山撰。

意圖遺稿　國朝海甯徐臻茂堂撰。

澤畔閒吟焚餘集孤嘯集　國朝諸生海甯唐叔尹成撰。

養園詩稿　國朝監生海甯倪玉田世球撰。

枕流小榭吟草　國朝分水教諭海甯高鉞秋原撰。

味無味齋詩　國朝仁和李曾蔚竹虛撰。

抱璞居詩鈔　國朝廣東大洲場大使仁和汪曾澤〔二九〕小農撰，日章孫。

壺春詩鈔　國朝諸生海甯查霽龍隱撰。

聽秋聲館吟稿　國朝諸生海甯朱之望荔生撰。

樂荆遺稿　國朝監生海甯朱應珍連洲撰。

築巖詩鈔　國朝諸生海甯朱應求子良撰。

半閑詩鈔　國朝海甯朱錫朋元培撰。

竹溪偶存草　國朝諸生昌化徐家仁竹溪撰。

醉經吟草　國朝郡增生仁和江鎮海環九撰。

力林遺集　國朝廩生昌化帥鑲玉樹撰。

青岑存稿 國朝錢塘周岱峯撰。見《清獻堂文集》，云佚其名。

小栗山房詩鈔九卷 國朝魚臺知縣錢塘殳慶源積堂撰。

小方壺詩鈔 國朝廩生海甯徐紹曾慎初撰。

朗仙吟館詩草 國朝州同仁和武洤莊蝀生撰。

東壁軒詩鈔 國朝諸生海甯查世源闇如撰。

繞竹山房集 國朝監生海甯馬宗援醉六撰。

吟香集 國朝諸生海甯沈維臺邦華撰。

寒碧齋詩鈔 國朝廩生海甯查方靄就園撰。

聽潮軒詩鈔 國朝海甯查奕悳方智撰。

水雲庵詩鈔 國朝監生海甯查奕懃肩吾撰。

自怡悅正續稿 國朝諸生錢塘俞士槐沛川撰。

岐山詩鈔 國朝海甯查世鳳朝陽撰。

自悅詩鈔 國朝海甯章昭金門撰。

碧城詩鈔 國朝廩生海甯李世鴻祖年撰。

申椒詩草 國朝諸生仁和徐本義申之撰。

紅蘅館初稿 國朝監生錢塘張孟湰雲齋撰。

等閒集 國朝錢塘張敬謂南園撰。

茹古齋詩鈔 國朝杭州張復子真撰。〔三〇〕

石竹亭集潛齋詩鈔 國朝海甯倪心田子度撰。

清芬閣吟草 國朝監生錢塘王葆小蒙撰。

心香室吟草 國朝仁和丁心田橘莊撰。

蔣村草堂稿 國朝廣濟知縣仁和蔣炯葆存撰。

無盡意齋詩鈔 國朝錢塘許乃椿季青撰。

經畬堂詩 國朝海甯姚鎮撰。

緑迦楠精舍詩草 國朝崑山知縣仁和錢廷烺小謝撰。一作《緑伽楠仙館詩集》枚子〔三一〕。

琴硯山房詩草 國朝錢塘沈廣敬琴癡撰。

后樂齋集 國朝南滙知縣仁和徐鼒聖植撰。

有懷草堂詩鈔 國朝諸生錢塘錢廷錫振甫撰。

也足山房吟草 國朝仁和沈鳳梧兩莪撰。

供石仙館詩草 國朝兩淮鹽課司大使錢塘武文斌海桐撰。

樸園詩鈔 國朝諸生海甯王楷端樸園撰。

笑山詩鈔 國朝海甯張彦威思若撰。

箕山詩鈔 國朝廩生海甯許樹穀漱厂撰。

敦睦堂集 國朝海甯許朝埰撰。

西齋吟稿 國朝海甯朱長庚西齋撰。

南園詩鈔 國朝錢塘許承露雲表撰。

溪山寄傲集 國朝監生海甯鍾昌渭興周撰。

紫山吟稿 國朝鄢陵知縣錢塘汪爲熹若木撰。

香巖題畫詩一卷 國朝錢塘李志鯤香巖撰。

獨樂吟草 國朝錢塘吕發發之撰。

自怡草 國朝仁和應學韞珏樓撰。

彝壽軒詩鈔十二卷寄盦雜著二卷 國朝錢塘張應昌撰。

豸華堂文鈔八卷 國朝錢塘金應麟撰。

排悶閒吟 國朝舉人海甯祝廷慶芝房撰。

補蘿吟館詩 國朝奉化教諭海甯高維峻樵麓撰。

梅竹山莊詩鈔　國朝松陽教諭仁和章黼次白撰。

内自訟齋集八卷　國朝河南按察使富陽周凱仲禮撰。

小隱山樵詩草二卷　國朝孝廉方正富陽王義祖榆圃撰。

藏修堂詩草　國朝海甯陸茂增撰。

壺庵稿　國朝南昌知府錢塘吴清皋小穀撰。

塔影書屋吟稿　國朝舉人海甯俞萬逢樂郊撰。

燕游小草一卷　國朝甘涼道仁和錢廷熊石年撰，栻第三子。

竹香齋詩鈔　國朝教諭仁和姚光烈東石撰。〔三二〕

花宜館詩鈔十六卷續鈔一卷　國朝錢塘吴振棫撰。

坐花書屋遺稿〔三三〕　國朝武定知府錢塘諸鎮菊塍撰。

笏庵詩鈔十卷〔三四〕　國朝順天府丞錢塘吴清鵬程九撰。

盟鷗山館詩集　國朝江西布政使海甯陸元烺虹江撰。

臯亭山館詩草　國朝太平教諭錢塘范元偉春船撰。

桂陽草堂集　國朝仁和王言撰。

花竹和氣齋詩稿六卷　國朝六合知縣海甯朱恭壽半塘撰。

就正編詩草 國朝台州訓導仁和王念曾愚庵撰。

狷齋遺稿五卷 國朝甯海訓導錢塘鄒志路仲虎撰。

瀟碧亭詩稿四卷南宋宫詞一卷 國朝翰林院庶吉士海甯潘文輅香士撰。

續陶吟草 國朝仁和周宗謨撰。

花庵詩稿 國朝貢生仁和周學曾木齋撰。

東游草 國朝貢生錢塘汪培篤生撰。

雅宜軒詩存 國朝貢生仁和汪鎔慕陶撰。

道盥齋詩 國朝監生錢塘汪邁孫少洪撰。

我餘書屋吟草二卷 國朝諸生錢塘王蔚文以銘撰。

春星帶草堂詩稿 國朝布政司理問海甯馬濬哲文撰。

畱耕堂詩草 國朝海甯朱錫蕃晉齋撰。

五千卷室詩集 國朝候選道海甯馬洵小眉撰。

野語亭詩草 國朝海甯陸志泗東巖撰。

辛泉吟稿 國朝貢生海甯查人駿偉伯撰。

無盡藏集扶疏閣集 國朝海甯沈維樹子逸撰。

學耨軒吟草　國朝主事海甯馬鎬倬雲撰。

金粟山房吟草　國朝海甯管湘竹巖撰。

賦山堂集　國朝秀水訓導仁和孫仁崩筱蘭撰。

葆光居詩草　國朝甯都州判海甯祝志裘仲治撰。

從戎草讀畫樓詩　國朝廣東知府仁和張迎煦晴崖撰。〔三五〕

仰山小學草　國朝諸生海甯祝嶸仰山撰。

蕉窗剩稿一卷　國朝海甯胡爾榮撰。

熙齋詩鈔　國朝諸生海甯祝琳熙齋撰。

海月堂詩草　國朝海甯俞浩撰。

清華館詩稿一卷　國朝海甯郭沈昶夢蘇撰。

紅杏山房詩鈔銷夏酬唱集　國朝同知仁和姜同夢薌撰。

雨楓詩存　國朝杭州翟貽孫撰。

薰可軒集臨平山人集　國朝訓導〔三六〕仁和康葉封撰。

紅杏山房詩鈔　國朝增生海甯蔣星柄露〔三七〕皋撰。

千一堂詩存二卷　國朝諸生海甯許鎔鶴田撰。

壽萱堂詩鈔 國朝錢塘屠彝白巖撰。

玉燕堂詩集 國朝諸生錢塘張淦麗生撰。

籥雲書屋詩鈔 國朝任邱縣丞海甯鍾景嵩生撰。

詩隱山房存草 國朝監生海甯施鳳瑞柳薌撰。

菜根香集 國朝盱眙知縣錢塘周士鈺天石撰。

自怡軒詩稿 國朝諸生錢塘章晟南垞撰。

碧蘿軒詩課遺草 國朝錢塘諸鴻逵子琴撰。

課水山房詩草 國朝長甯知縣錢塘汪秉健小逸撰。

盟山堂集 國朝兩淮鹽課司大使錢塘屠秉修伯撰。

畱餘堂詩鈔八卷二集八卷新安紀行草一卷 國朝貢生錢塘夏之盛松如撰。

含暉堂遺稿 國朝諸生錢塘陳觀酉二山撰。

雲根室偶存稿 國朝海甯吴之涫撰。

放吟四卷有聲畫一卷又紅蟫香館駢散文 國朝廩生海甯許光治龍華撰。

實慎讀書軒吟草 國朝錢塘趙惟中一漁撰。

嘯月樓集 國朝諸生仁和金楹雨香撰。

古藤書屋吟稿 國朝諸生海甯鍾繼芸冬生撰。

萸坪詩草 國朝海甯許增萸坪撰。

花灘漁隱集 國朝諸生仁和高醋桂山撰。

復見心齋詩鈔八卷 國朝諸生錢塘孫人鳳補笙撰。

補竹山房詩稿 國朝諸生餘杭姚本智子因撰。

暴麥亭集十六卷 國朝兩淮鹽課司大使仁和高頌禾稑仲撰。

山卿詩草 國朝仁和勞本宣山卿撰。

三雅堂哦草 國朝仁和勞本和幼農撰。

蘭言詩草 國朝仁和勞本慈友筍〔三八〕撰。

五硯軒詩存 國朝廣東府經歷仁和高鴻小雲撰。

秋塍書屋詩文鈔四卷 國朝長淮衛千總海甯王斯年海村撰。

陶然集 國朝廩生仁和徐時山雲撰。

可園遺稿 國朝訓導仁和高成濟若〔三九〕舟撰。

大能寒軒詩鈔八卷 國朝錢塘吴爲楫撰。

枕石詩鈔 國朝陽朔知縣錢塘仇蘭浣渠撰。

廉讓之間詩鈔　國朝監生海甯朱克承子肩撰。

冬青書屋吟草　國朝錢塘周泰淡巖撰。

静遠草堂稿　國朝城武知縣海甯周樂清文泉撰。

嶺南游草瑣香吟館詩稿　國朝諸生仁和姚承憲秋芷撰。

薇垣吟稿　國朝海甯潘經緯臣撰。

笛君詩鈔　國朝諸生海甯周勳伊吕間撰。

六峯吟草　國朝海甯宋英醒山撰。

行餘軒吟草　國朝錢塘孫日烈撰。

一瓻書屋初稿　國朝廩生海甯陳斌菉卿撰。

晚晴書屋詩鈔覺庵續詠讀漢書隨詠　國朝歲貢錢塘陳春曉杏田撰。

漁亭小草　國朝海甯陳敬紹裘撰。

夢游仙館集　國朝錢塘吴長卿更生撰。

韻梧山房詩稿　國朝諸生仁和姚壎伯隱壺撰。

雲松晚翠詩稿　國朝錢塘張鳳苞采侯撰。

慈竹山房詩鈔　國朝仁和吴因培香省撰。

聽彝軒詩鈔 國朝增生杭州羅文鑑秋士撰。

菽歡堂集十六卷 國朝諸生海甯王丹墀水村撰。

右別集類國朝人三

校勘記

〔一〕《〔民國〕杭州府志·藝文志》作『張澐』。

〔二〕『杭州』二字底本無，據《〔民國〕杭州府志·藝文志》補。

〔三〕原文作『畫』，據《〔民國〕杭州府志校勘記》改。

〔四〕《〔民國〕杭州府志·藝文志》作『青城山人集十四卷惜分陰齋詩文集二十卷』。

〔五〕《〔民國〕杭州府志·藝文志》作『抱山堂詩集十八卷』。

〔六〕《〔民國〕杭州府志·藝文志》作『蜃閣詩録六卷秋籟山房詩草一卷』。

〔七〕《〔民國〕杭州府志·藝文志》作『錢塘黄易撰。一題《秋庵詩草》，附刊詞草、題跋』。

〔八〕《〔民國〕杭州府志·藝文志》作『簡松草堂詩集二十卷文集十二卷附録一卷蠟味小稿五卷歸艎草一卷知還草四卷復丁老人草二卷』。

〔九〕《〔民國〕杭州府志·藝文志》作『弈』。

〔一〇〕《〔民國〕杭州府志·藝文志》作『是亦草堂詩稿一卷』。

〔一一〕《〔民國〕杭州府志・藝文志》作『弈』。

〔一二〕《〔民國〕杭州府志校勘記》作『壽補軒詩稿四卷』。

〔一三〕《〔民國〕杭州府志・藝文志》作『小十誦寮詩存四卷』。

〔一四〕《〔民國〕杭州府志・藝文志》作『敦』。

〔一五〕《〔民國〕杭州府志・藝文志》作『彛』。

〔一六〕『八卷』二字原文無，據《〔民國〕杭州府志・藝文志》補。

〔一七〕《〔民國〕杭州府志・藝文志》作『莪』。

〔一八〕本條底本無，據《〔民國〕杭州府志・藝文志》補。

〔一九〕『四卷』二字原文無，據《〔民國〕杭州府志・藝文志》補。

〔二〇〕《〔民國〕杭州府志・藝文志》作『彛』。

〔二一〕『錢塘』二字原文無，據《〔民國〕杭州府志・藝文志》補。

〔二二〕《〔民國〕杭州府志・藝文志》作『琅』。

〔二三〕《〔民國〕杭州府志・藝文志》作『弈』。

〔二四〕《〔民國〕杭州府志・藝文志》作『是程堂集十四卷二集四卷』。

〔二五〕『竹看齋詩鈔』五字原文無，據《〔民國〕杭州府志・藝文志》補。

〔二六〕《〔民國〕杭州府志・藝文志》作『優貢錢塘姚光烈東石撰，原名珣』。

〔二七〕《〔民國〕杭州府志・藝文志》作『宜』。

〔二八〕《〔民國〕杭州府志・藝文志》作『泠』。

〔二九〕《〔民國〕杭州府志·藝文志》作『潭』。

〔三〇〕《〔民國〕杭州府志·藝文志》無本條。

〔三一〕《〔民國〕杭州府志·藝文志》無『枚子』二字。

〔三二〕《〔民國〕杭州府志·藝文志》無本條。

〔三三〕《〔民國〕杭州府志·藝文志》作『坐花書屋詩録一卷』。

〔三四〕『十卷』二字原文無，據《〔民國〕杭州府志·藝文志》補。

〔三五〕本條底本無，據《〔民國〕杭州府志·藝文志》補。

〔三六〕『訓導』二字原文無，據《〔民國〕杭州府志·藝文志》補。

〔三七〕《〔民國〕杭州府志·藝文志》作『鷺』。

〔三八〕《〔民國〕杭州府志·藝文志》作『荀』。

〔三九〕《〔民國〕杭州府志·藝文志》作『石』。

藝文九

集部五

郤埽書堂詩鈔　國朝諸生錢塘汪夢心仲房撰。

眉洲山房詩稿　國朝諸生仁和陳祖授紹之撰。

綠茳草堂詩鈔　國朝諸生仁和陳光典大麗撰。

紫竹山房稿　國朝錢塘金澐問山撰。

學吟草三卷北游草二卷　國朝仁和周霽愚谷撰。

環山閣詩鈔四卷補遺一卷　國朝監生海甯祝政榮泉撰。

補讀樓詩稿二卷　國朝海甯徐家駒撰。

介堂吟稿　國朝增生仁和金福介堂撰。

貧香齋詩鈔十卷[一] 國朝海甯陳敬畏撰。

秋蛩吟 國朝錢塘汪衡撰。

織詩堂詩稿四卷 國朝廩生海甯周光熊嘯湄[二]撰。

芥金山館詩文遺稿二卷 國朝諸生海甯程錫洛平甫撰。

小巢壺集 國朝諸生杭州鮑善基致高撰。

西樸集三卷 國朝海甯陳廷表撰。

瀛山寄興集一卷 國朝海甯周湘自然撰。

聿修堂稿 國朝海甯陳雲駿撰。

棄餘詩草二卷雜著十卷 國朝海甯查景撰。

静寄軒詩草四卷 國朝增生杭州[三]葛慶增秋生撰。

梅坪詩鈔六卷詠物詩鈔一卷 國朝廩生海甯周思兼元治撰。

晏生小草 國朝廩生錢塘胡馥堂晏生撰。

壽竹山房詩草 國朝廩生錢塘仇林又村撰。

吟竹山房詩 國朝錢塘鎖成撰。

西泠游草一卷 國朝諸生海甯王韡栘甫撰。

種學齋詩存二卷　國朝海甯朱湘撰。

瀫水草堂集〔四〕　國朝錢塘陳秉衡撰。

知非庵詩偶存　國朝監生仁和龐啟鯨瘦生撰。

榕龕詩存一卷　國朝海甯楊敬輿撰。

薌門遺稿二卷　國朝錢塘卜爾昌薌門撰。

吴游庚辛草一卷　國朝監生錢塘周慶承小塍撰。

澄懷堂詩集　國朝雲南府通判錢塘陳裴之小雲撰。

夢鶴堂詩　國朝錢塘洪正謨言甫撰。

秋巢吟　國朝錢塘徐茂桂列三撰。

花影龕詩存　國朝諸生仁和韓用章辛廬撰。

琴趣軒吟卷　國朝諸生錢塘黄崇慶小薌撰。

桐陰詩草　國朝諸生仁和徐銈松岩撰。

兩般秋雨庵詩選　國朝錢塘梁紹壬〔五〕撰。

晚翠草堂詩集　國朝貢生海甯吴玉煇夢唐撰。

浣雲樓詩集三十六卷文集十六卷天倫樂事集八卷　國朝餘杭楊家龍撰。

抱玉堂集　國朝歲貢[六]錢塘周三燮南卿撰。

香雪山齋詩草四卷續詩草二卷香雪山齋文鈔二卷續文鈔二卷　國朝舉人海甯都嶟湘帆撰。

竹泉詩存前後續集十六卷壓綫集四卷　國朝海甯周勛懋撰。

介亭棄餘集一卷　國朝海甯金麟應撰。

春園吟稿十六卷又敬業堂精華録十六卷　國朝海甯查有新撰。

楚游草蘅香館詩稿　國朝衢州教授仁和趙慶熺秋舲撰。

晚香草堂集　國朝泰順訓導錢塘陛鳳鈞秋生撰。

黎[七]花書屋詩草　國朝海甯潘德音廷光撰。

望雲山館詩集　國朝萊州同知海甯汪澄之秋潭撰。

竹如意齋詩稿　國朝長蘆鹽運使錢塘沈拱辰廉叔撰。

瓶山草堂集　國朝仁和姚光晉撰。

棣華堂詩稿　國朝長蘆運庫大使仁和錢廷熲丹暉撰。

借緑陰館詩鈔四卷　國朝府經歷海甯查人和藹亭撰。

盟蘭仙館詩文集　國朝工部主事海甯朱蔚原子藍撰。

南廬詩稿　國朝諸生海甯查世官懷忠撰。

壽補軒詩稿〔八〕　國朝儋州知州錢塘汪阜覺所撰。

中州初游集清華詩稿知畏齋文稿　國朝海甯查人渼撰。

恬養齋詩集　國朝新城羅以智撰。

課水山房詩鈔六卷　國朝長甯縣知縣錢塘汪秉健小〔九〕逸撰。

紅蕉山館詩存　國朝錢塘汪懷撰。

聽香齋集　國朝刑部主事仁和胡珵琅圃撰。

蘇閣詩稿四卷　國朝海甯吴壽暘撰。

石竹亭集　國朝海甯倪子度撰。

吴郡袖中草〔一〇〕　國朝同里司巡檢錢塘丁莊莅堂撰。

秋鶚遺稿二卷　國朝諸生海甯徐濬蓉泉撰。

碧蘿吟稿詩集八卷茗游吟草一卷　國朝運判海甯馬錦古芸撰。

華鬘仙館詩集養館〔一一〕精舍文集　國朝藤縣知縣仁和邱登雲甫撰。

自娱詩稿　國朝貢生海甯王堉〔一二〕漱玉撰。

述鄭齋集　國朝海甯楊文蓀撰。

百一山房詩稿〔一三〕　國朝貢生海甯應時良笠湖撰。

淡宜園詩集　國朝宣平訓導仁和吴鄂棠移華撰。

誦舫詩鈔　國朝舉人海甯潘文鏡仲方撰。

晚香詩鈔　國朝貢生新城吴懋芝晚香撰。

定庵文初集三卷續集四卷破戒草一卷〔一四〕　國朝仁和龔自珍撰。

對薇山館詩鈔馨堂〔一五〕吟稿　國朝貢生海甯沈德孚文敷撰。

邵蕙西遺文一卷半巖廬遺詩一卷〔一六〕　國朝仁和邵懿辰撰。

淡圃閒吟三卷　國朝舉人海甯許元燮雅三撰。

習苦齋詩文集〔一七〕　國朝錢塘戴熙撰。

瓶隱山房詩鈔　國朝香河知縣錢塘黄曾菊人撰。

雪隱廬詩草　國朝山陰教諭錢塘吴春燾荀慈撰，存楷子。

蘭漪草堂詩鈔　國朝梁山知縣錢塘吴春烺景融撰，聞世孫。

小松書屋詩文稿　國朝高州知州仁和陸孫鼎調甫撰。

紅蝠山房詩鈔九卷二編二卷補鈔一卷續鈔一卷補遺一卷　國朝易州州判仁和王乃斌香雪撰。

萏紅山人今古文詩賦十六卷詩稿二十卷　國朝諸生海甯朱觀蓮篛溪撰。

疏影盦詩四卷　國朝錢塘方隲雲泉撰。

春水船古文一卷詩集一卷　國朝海甯陳堪卿撰。

霞軒詩稿霞軒四六文　國朝海甯俞興瑞撰。

養拙居文稿十六卷　國朝諸生海甯潘靄人子吉撰。

紅竹山館詩鈔　國朝海甯許槤撰。

有真意齋詩存一卷詩外一卷　國朝海甯許楣撰。

退庵賸稿一卷　國朝錢塘沈映鈐撰。

鐵華山館詩鈔八卷　國朝江西鹽法道錢塘吴兆麟筠軒撰。

潞河草越江草滬上草峴園草　國朝知府仁和錢廷薰秋峴撰，栻第六子。

賦雨書堂詩文草　國朝舉人海甯徐開業晴江撰。

醒庵詩集　國朝舉人仁和茅蔚萱春帆撰。

知悔齋詩稿　國朝衡永郴桂道海甯張士寬筱華撰。

卓廬初二草文集别草詩集　國朝肅州知州錢塘陳墉作甫撰。

似融居詩文集　國朝海甯查傅蓉撰。

喜聞過齋詩集　國朝海甯朱元吕撰。

琴趣軒詩文集　國朝貢生海甯查世澧熙臺撰。

沈文忠公集〔一八〕　國朝錢塘沈兆霖撰。

見山樓詩草一卷　國朝錢塘李本仁撰。一云仁和人。

自得草堂詩存一卷　國朝湖州教授錢塘唐廷綸雪航撰。

墨稼穡齋稿　國朝西安教諭錢塘鄒志初粟園撰。

不秋草廬詩集　國朝内閣中書高學沅小垞撰。

繼志居詩集　國朝海甯朱修之撰。

紫薇仙館詩鈔　國朝詹事府贊善錢塘吴敬羲薇客撰。

鄭香室詩文鈔　國朝密雲知縣仁和朱以升升木撰。

高辛觀〔一九〕**齋詩鈔**　國朝平江知縣海甯俞鳳翰少軒撰。

東城倡和詩　國朝舉人仁和馬晉蕃讌香撰。

笑方室初稿　國朝攸縣知縣錢塘高溥〔二〇〕嘯琴撰。

胥石山房詩　國朝嚴州教授錢塘張上尊謙士撰。

耕堂詩鈔　國朝仁和周星蓮撰。

吟孫書屋詩鈔　國朝舉人錢塘王有鈞祖香撰。

楓樹山房詩　國朝舉人仁和惠兆壬秋韻撰。

直清堂詩文稿 國朝監生仁和汪曾憲小圃撰，日章孫。

耕餘小草 國朝監生海甯楊士錤湘園撰。

淮陰游草〔二二〕 國朝高堰通判仁和周兆桂廬仙撰。

春綠小稿 國朝諸生海甯楊禮榮柯亭撰。

惜分陰齋詩草 國朝海甯吴之瑗撰。

漢晉甎硯室吟稿 國朝府經歷海甯查世璜仲牙撰。

環碧山房吟草 國朝諸生錢塘吴承恩小槎撰。

釣雪吟草 國朝大冶知縣錢塘吴宗模蒼園撰。

玉笙樓詩鈔十卷 國朝雲南迤西道海甯沈壽榕意文撰。

補拙吟草 國朝錢塘馬紹芑似庵撰。

半間樓吟草 國朝錢塘萬紹芬小芝撰。《杭郡詩三緝》『樓』作『居』。

讓木吟草 國朝諸生海甯吴之梅蘭士撰。

荆珩詩賸 國朝諸生海甯查世璥朗如撰。

容安居詩稿 國朝諸生海甯朱鳳儀〔二三〕星槎撰。

枕溪山館遺集 國朝訓導餘杭吴鼎彝述庵撰。

庚笙詩稿 國朝廩生海甯徐鼎恭三撰。

詩娱室集蒼蔔花[二三]館集 國朝仁和徐鴻謨撰。

三海十二山草堂詩草 國朝諸生海甯沈張洲伊岫撰。

西華詩草 國朝海甯李望景牲撰。

辛浦小草 國朝海甯曹步垣撰。

夢羅浮山館詩畧二卷刊餘詩草一卷 國朝州同海甯應天垣曉山撰。

静觀書屋吟稿 國朝廩生海甯鍾際時菊坡[二四]撰。

補讀樓詩稿六卷 國朝海甯張濤鐵庵撰。

同同集 國朝錢塘趙大楗琴叔撰。

力改齋吟稿 國朝諸生錢塘鮑爲霖奏雲撰。

讀我書齋吟稿 國朝諸生仁和姚世彝樸人撰。

蘧庵集 國朝諸生海甯馬德馨山桂撰。

蔚坡詩草 國朝諸生海甯王勤垣蔚坡撰。

采菊山莊詩鈔 國朝海甯曹師曾溯韓撰。

碧雲紅樹山房詩鈔 國朝杭州陳朝棟鶴樓撰。

訥齋遺稿　國朝海甯許蔭承春巖撰。

璠華館詩存　國朝錢塘施朝幹撰。

説餅齋吟草初續稿　國朝錢塘郝蓮青門撰。

中軒初稿　國朝仁和翟熙生映薇撰。

客中草　國朝諸生海甯祝志光元暉撰。

清暉齋詩草　國朝諸生海甯歸觀成有聲撰。

穆如山房詩稿　國朝仁和萬籛齡撰。

韻山詩稿　國朝諸生海甯唐蔭槐韻山撰。

梅圃詩鈔　國朝諸生海甯許士欽荀龍撰。

待月居吟草　國朝監生海甯查世燮冬生撰。

紫薇花館〔二五〕**吟草**　國朝諸生海甯居壽山印石撰。

樹滋堂存草　國朝海甯祝文洽志南撰。

問梅詩草　國朝錢塘鄒淦生白子撰。

莫堂吟稿　國朝諸生海甯許集梧夢塘撰。

玉延秋館詩集　國朝增生杭州洪清麟石生撰。

樹萱草堂詩鈔 國朝諸生仁和孫光裕瀛帆撰。

篋賸編 國朝諸生海甯許魁梧守奇撰。

貽笏堂詩稿 國朝諸生海甯查世佐仰山撰。

梅詠軒詩稿 國朝增生海甯查星路蘭國撰。

秋雪山房存稿 國朝鎮洋知縣錢塘吴樑戟門撰。

訒齋詩存 國朝錢塘孫吉昌手香撰。

詩禪室詩集 國朝諸生海甯查冬榮子珍撰。

茜堂樓詩存 國朝諸生海甯蔡逸逸史撰。

東園詩鈔 國朝錢塘吴枚小屏撰。

可齋詩稿又鄉味雜詠二卷 國朝錢塘施鴻保撰。〔二六〕

城東草堂詩 國朝貢生仁和潘承翰少梅撰。

緑猗軒詩鈔 國朝海甯查有祺介眉撰。

恬海詩草 國朝海甯管廷鏗北星撰。

聽香吟館詩草 國朝諸生海甯錢喆笠玻〔二七〕撰。

比青軒詩稿 國朝惠來知縣仁和許延穀〔二八〕子雙撰。

友鶴山房稿　國朝德清訓導錢塘葉詰小湖撰。

友石齋詩[二九]　國朝同知仁和高錫恩古民撰。

寫心集滌硯齋詩鈔　國朝貢生仁和周王圖文湖撰。

贊雪廬詩鈔　國朝增生[三〇]海甯羊宗道小峴撰。

問桃花館詩　國朝錢塘鄒在衡撰。[三一]

玉照堂詩稿百東坡集　國朝兩淮鹽運司知事仁和錢觀百生撰，任鈞子。

曇花叢稿　國朝仁和錢時穎劍雲撰，廷薰子。

紅芙吟館詩鈔　國朝漳浦知縣錢塘巖麗正夢琴撰。

寄廬詩稿　國朝諸生錢塘董葆身竇生撰。

别下齋遺詩　國朝海甯蔣光煦[三二]撰。

杏樓詩稿　國朝諸生錢塘金城子翰撰。

瑣瑣葡萄居吟稿　國朝諸生海甯曹鍾鯨華撰。

香南齋詩存　國朝仁和嚴适子容撰。

初日山房詩集六卷　國朝錢塘張之杲撰。

冬榮草堂詩集　國朝錢塘汪隆燿虛中撰。

夢香詩鈔六卷駢文三卷 國朝仁和宋棨提園撰。

聽秋館初選詩 國朝仁和董經緯小泉撰。

金壇竹枝詞 國朝海甯沈之漢山樵撰。

餘事學詩樓吟草 國朝海甯蔣士燮理齋撰。

小峩嵋山館詩稿 國朝諸生錢塘楊星曜西明撰。

敬誠堂詩稿 國朝成綿龍茂道海甯鍾峻仲山撰。

環山草堂集 國朝錢塘蔣敬查客撰。

愛竹居詩草 國朝海甯朱作豊芑〔三三〕塘撰。

師經堂詩稿 國朝海甯蔣仁榮〔三四〕撰。

問字樓吟草 國朝諸生仁和陳紹曾青巖撰。

醉吟閣詩草 國朝海甯李邦基蘭坡撰。

梯雲山館詩稿 國朝海甯周毓芳海琅撰。

碧香吟稿集〔三五〕 國朝蘇州通判海甯朱銛研山撰。

梧竹山房稿 國朝貢生海甯高衡小杏撰。

吉祥止止齋詩草 國朝候選府經歷海甯朱昌言笏齋撰。

隱溪詩草　國朝海甯朱静江斗萍撰。

東皐堂詩稿〔三六〕　國朝仁和董醕撰。〔三七〕

渟溪老屋自娱集　國朝〔三八〕海甯管庭芬〔三九〕撰。

雲來山館遺詩〔四〇〕　國朝翁源知縣錢塘張興烈懌齋撰。

鐵圖集〔四一〕　國朝四川通判仁和陸〔四二〕璣次山撰。

清娱室小草　國朝海甯蔣光烈志亭撰。

五十學詩齋詩鈔　國朝諸生海甯張棻芬木撰。

緑榆莊詩文稿　國朝貢生海甯陸以鏵更生撰。

守素吟稿　國朝貢生〔四三〕海甯張均湘石撰。

環山閣詩鈔四卷　國朝監生海甯祝政谷全撰。

雪窗吟稿　國朝諸生海甯顧寀心如撰。

竹賢詩存十四卷　國朝諸生仁和顧恩來竹賢撰。

蟬蜕集　國朝仁和曹金籀撰。

遜視齋草　國朝海甯祝志仁松庵撰。

紫竹山房小稿　國朝諸生海甯祝志立二壬撰。

紅豆莊詩稿 國朝諸生餘杭潘思棣香士撰。

斗室吟草 國朝海甯倪慎言粟園撰。

問花别墅吟草 國朝即墨知縣錢塘韓雲濤荆門撰。

洗心書屋詩草 國朝同知海甯許光濟幼蘭撰。

聽桐室詩鈔 國朝嘉定知縣海甯陳旭彩冶雲撰。

醉月樓詩草 國朝海甯朱人熙西山撰。

秋聲館詩草 國朝諸生仁和沈賦元醕甫撰。

蜀游吟西泠寓草燼餘草 國朝海甯吴邦基月鋤撰。

緑蘋仙館古文鈔 國朝海甯朱元炅撰。

洛溪書堂詩草 國朝諸生海甯徐鴻鼇歡秋撰。

睫巢詩鈔 國朝中書科中書海甯郭沈華子明撰。

晚香書屋吟稿 國朝貢生仁和汪敦善叔明撰。

話雨齋詩鈔 國朝建昌知府錢塘張興仁惕齋撰。

思慎齋集 國朝兵部郎中仁和鍾世燿笑溪撰。

鴨闌吟舫詩稿 國朝舉人仁和馬慕藺藍橋撰。一名《藍橋吟稿》。

草蟲吟 國朝諸生富陽朱英泉山撰。

補蘿吟草二卷 國朝舉人海甯馬學濂儀叔撰。

揖翠山房詩草 國朝舉人海甯蔣暘勛仲卿撰。

扶雅文集八卷紅蘭館詩鈔四卷 國朝兵部主事錢塘丁士元辛臣撰。

竹筠書舍遺稿 國朝舉人海甯陳慶辛錫純撰。

博牧齋詩草 國朝舉人海甯戴陳常甫申撰。

劫餘存稿 國朝優貢仁和吴受藻擷蘅撰。其弟子餘杭諸生王鼎詩少愚稿附後。

金粟樓詩重生草知不足齋文稿 國朝錢塘龔憲曾撰。

蓉裳詩草 國朝貢生海甯查世濂映周撰。

芝秀軒遺集 國朝湖南石門知縣錢塘許之敘彜伯撰。

丹厓吟稿 國朝舉人仁和朱鳳喈丹厓撰。

棠花館詩草 國朝舉人錢塘顧成俊奏雲撰。

燕南游草 國朝日照知縣海甯蔣通省庵撰。

鶡湖吟稿 國朝海甯〔四四〕許光清撰。

感濤小舍吟稿 國朝貢生海甯周在恩二郊撰。

蘋香秋館存稿　國朝貢生餘杭顧文澄星湄撰。

暮園遯叟小稿　國朝城守千總錢塘汪士驤鐵樵撰。

霜角集　國朝兵馬司吏目錢塘蔣勤培厚甫撰。

書三味齋稿　國朝仙居訓導仁和魏謙升雨人撰。

吴門詩草一卷　國朝訓導仁和錢睦藹庭撰，栻孫。

餘閒虚室詩稿　國朝詹事府主簿錢塘汪遹孫蓉坨撰。

息影庵初存稿八卷集外詩五卷愁鸞集一卷　國朝諸生錢塘蔣坦藹卿撰。

十二種蘭亭精舍詩集十卷　國朝永定同知錢塘陳元祿抱潛撰，兆崙元孫。

還讀我書齋詩畧　國朝太倉州同錢塘張國偉偉士撰。

染紫水齋稿　國朝縣丞仁和汪度雲卿撰，曾澤子。

宦游草堂詩集四卷　國朝崇陽知縣錢塘祝應燾菊舫撰。

寒瘦吟壺中小草　國朝監生錢塘楊國遴湘如撰。

花韻軒詩詞合鈔　國朝諸生錢塘蔣恭亮賓梅撰。

萬緑園詩稿　國朝諸生新城袁然葆藜閣撰。〔四五〕

湛然居詩鈔　國朝諸生海甯顧炳嶸仁山撰。

深柳書屋詩稿　國朝廩生餘杭盛陛戟堂撰。

操觚餘事　國朝諸生錢塘王修業肖山撰。

伴雲書屋吟草　國朝仁和丁慶安卯橋撰。

海棠秋館詩　國朝舉人錢塘金繩〔四六〕武述之撰。

小頑仙廬吟草　國朝廣東知縣仁和汪曾本養雲撰，遠孫從子。

張文節公遺詩一卷　國朝翰林院編修錢塘張洵肖梅撰。

秋節庵詩鈔　國朝舉人錢塘李念孫元季撰。

藍芝山館詩鈔　國朝舉人仁和蔡玉田紫笙撰。

享金集　國朝舉人海甯周士清次軒撰。

待堂文一卷待堂詩稿　國朝舉人仁和吴懷珍子珍〔四七〕撰。

緑杉野屋詩集　國朝慶元教諭海甯朱元佑乾始撰。

白城詩鈔〔四八〕　國朝南澳同知仁和張日銜秋粟撰。

最樂山莊詩鈔　國朝貢生海甯陸齊壽泑山撰。

務時敏齋集〔四九〕　國朝工科給事中錢塘洪昌燕張伯撰。

延秋月館詩存三卷　國朝諸生仁和洪昌豫子猶撰。

碧蘿庵詩鈔 國朝内閣中書錢塘陳銛子弢撰。

養自然齋集 國朝翰林院侍讀學士仁和鍾駿聲雨辰撰，世燿子。

汴游詩草 國朝林縣知縣仁和陳樹勳雨香撰。

寄生草 國朝貢生餘杭郎璟子魯撰。

漁浦草堂詩集四卷 國朝錢塘張道〔五〇〕撰。

寄生草 國朝貢生餘杭郎璟子魯撰。

輭紅院詩稿 國朝諸生海甯查元鼎小白撰。

愛日山房詩鈔 國朝江蘇同知錢塘夏鳳翔子儀〔五一〕撰，之盛子。

春暉山房詩四卷嶺南集一卷 國朝〔五二〕錢塘夏鸞翔〔五三〕撰。

可久長室詩存 國朝户部郎中錢塘吴宗麟冠雲撰。

劫餘存草 國朝諸生錢塘吴春煊次榆撰。

天香仙館詩鈔 國朝監生錢塘陸之英菊如撰。

草窗吟稿 國朝諸生海甯周錫鯤文江撰。

稼軒遺稿 國朝監生錢塘張大田茂唐撰。

寡味齋詩集 國朝同知海甯居祖懋承香撰。

雙紅豆館遺稿 國朝錢塘王潔一芷香撰。

慕親子牘稿 國朝廩生海甯張鶴瑞花田撰。

我庵集〔五四〕 國朝訓導仁和高炳麟昭伯撰，錫恩長子。

拜竹庵詩草 國朝江蘇縣丞海甯馬振元簡香撰。

琴鶴軒詩 國朝諸生仁和趙笙鏞雲颿撰。

一粟廬吟〔五五〕**稿** 國朝諸生海甯高溥滋北渠撰。

三餘集 國朝海甯馬榮小溪撰。

雪蕉書屋集 國朝監生海甯孫祖珍賓三撰。

古琴書屋未定稿 國朝海甯胥仁子壽撰。

魯卿近稿 國朝海甯許秉均魯卿撰。

餘綺室詩存 國朝諸生錢塘汪曾輔子及撰。

北亞山人詩草 國朝諸生海甯沈鑅二如撰。

笛倚樓詩草一卷 國朝諸生仁和吴元鏡仲祥撰。

績語堂文存一卷詩存一卷又題跋一卷 國朝仁和魏錫曾〔五六〕撰。

紫桐花館詩鈔 國朝諸生餘杭高炳煦子霞撰。

行餘吟稿 國朝海甯虞煜訥庵撰。

有至樂齋吟稿 國朝諸生錢塘吴俊琪半畊〔五七〕撰。

慕陔堂乙稿 國朝〔五八〕仁和王麟書〔五九〕撰。

匏廬詩存四卷〔六〇〕 國朝〔六一〕中書仁和吴敬襄惠齋撰。

乾惕厲齋詩稿 國朝監生仁和龐祖文作人撰。

圭盦詩録一卷 國朝翰林院編修仁和吴觀禮子儁撰。

一間老屋詩文稿 國朝直隸道海甯陳錫麟湘葵撰。

人境結廬詩鈔 國朝六安知州餘杭褚維塏爽齋撰。

幻影編十二卷 國朝貢生海甯吴文漪抑亭撰。

憶雲樓詩集 國朝優貢仁和董慎言仁甫撰，醕長子。

雙玉樓詩鈔 國朝增生海甯查賡虞杏薌撰。

玉壺庵詩鈔 國朝山西縣丞仁和徐炳〔六二〕科葆怡撰。

薇雲吟稿 國朝兩淮運判錢塘許等身康甫撰。

延秋室稿 國朝諸生錢塘戴之恒仲江撰，煦次子。

鏡海樓集 國朝諸生海甯楊鳳翰抑甫撰。

錞齋遺稿　國朝廩生海甯許紹曾承哉撰。

花溪小隱集　國朝諸生海甯查光熊子祥撰。

綠杉野屋吟草　國朝諸生仁和馬積誠蘭村撰。

茶夢庵詩稿〔六三〕　國朝將樂知縣仁和高望曾稺顔撰。

斯是陋室詩鈔　國朝諸生錢塘孫葆瑩景伯撰。

燹餘吟稿　國朝嵊縣訓導錢塘高有筠存甫撰。

袖海詩存　國朝諸生海甯查人舟乙〔六四〕蓮撰。

始存草　國朝廩生海甯高文鋆級堂撰。

痁枕草勞勞吟〔六五〕　國朝翰林院庶吉士仁和余弼右軒撰。

在茲堂詩六卷　國朝江蘇通判錢塘夏曾傳薪卿撰。

聽秋聲館詩一卷　國朝候選知州錢塘吴恩埰子可撰，振棫孫。

等閒齋詩文集　國朝廩生錢塘周金綬書閣撰。

諷字堂詩文稿　國朝諸生海甯唐仁壽鏡香撰。

辛廬吟草　國朝廩生海甯蔣學勤茗伯撰。

西泠漁子吟草　國朝諸生錢塘金昌年熾臣撰。

息園綴學 國朝諸生海甯徐禮堂定生撰。

惜花仙館吟草 國朝廩生錢塘吴夢庚芷沁撰。

拙吾詩稿四卷〔六六〕 國朝仁和高鼎象一撰。

韻篁山館詩草 國朝舉人海甯陳德煇韻篁撰。

南溪詩文稿四卷 國朝進士〔六七〕餘杭褚成亮叔寅〔六八〕撰。

揖青閣詩草 國朝户部主事仁和夏庚復松孫撰。

一枝草堂詩草〔六九〕 國朝舉人〔七〇〕餘杭吴懋祺鶴齡〔七一〕撰。〔七二〕

湘靈集和鳴集 國朝仁和錢廷枚妻錢塘馮嫺〔七三〕又今撰。〔七四〕

翁少君集 國朝仁和胡介妻翁桓少君撰。一作《秋水堂遺稿》。

趨庭詠二卷琴樓合稿 國朝舉人錢塘胡大灐妻張昊雲槎撰。

拙政園詩集一卷 國朝海甯陳之遴繼妻徐燦明霞撰。

秋思草堂集一卷 國朝海甯祝翼棐妻陸莘行撰。

菖蒲詩 國朝海甯陳之芳妻徐氏撰。

鏡山閣詩稿一卷 國朝海甯陳堪永妻徐文琳撰。

承啟堂稿二卷 國朝錢塘洪文蔚妻張昂玉符撰。一作『字玉霄』。

散花灘集　國朝錢塘黄式序妻錢鳳綸雲儀撰。一作《古香樓集》。

静御堂集當翠園集　國朝諸生錢塘鄂曾妻顧姒啟姬撰。

梅笑軒集　國朝仁和王松壑女元禮禮持撰。

巢青閣遺集　國朝錢塘陸進繼妻餘杭邵斯貞静嫺〔七五〕撰。《詩輯》云：『命集與蓋思同。』

玉樹樓遺草　國朝錢塘田子藝女玉燕雙飛撰。

鏡園遺詠　國朝閨秀錢塘虞淨芳撰。

繡餘小稿　國朝錢塘陳松妻紀瓊蘊玉撰。

凝香室詩鈔二卷又北堂集　國朝訓導錢塘沈鏐妻柴静儀季嫺〔七六〕撰。

繡帙餘吟一卷又嗣音軒詩集　國朝諸生錢塘沈用濟妻朱柔則順成撰。

玉窗遺稿二卷　國朝海甯朱爾邁妻葛宜南有撰。

青霞寄學吟惜陰樓剩稿　國朝海甯沈三錫妻吴氏撰。

緑窗閒詠鼓瑟吟　國朝海甯諸生徐忠振妻陳氏撰。

彭幼玉遺集　國朝海甯朱化鵬妻彭琰幼玉撰。

佟陳氏稿　國朝舉人海甯陳之暹女適佟氏撰。

貯月樓集一卷　國朝海甯陳世仁妻楊守閑禮持撰。

澄香閣吟 國朝仁和傳廷標繼妻郭惠素嫺[七七]撰。

素賞樓集二卷又破涕吟一卷 國朝副貢海甯楊慎行妻陳畹永倫光撰。一作『陳婉』。

吟香樓詩六卷 國朝海甯馬思贊妻查惜淑英撰。《詩輯》『樓』作『閣』。

紉餘集六卷 國朝餘杭嚴沆妻王芳與芳若撰。

競秀閣稿宏訓樓集宮詞百首 國朝海甯徐剛振妻王氏撰。

德庵詩稿一卷感舊集 國朝海甯陳世僊妻錢塘汪淑婉撰。

就雪樓詩稿一卷花月聯吟一卷 國朝海甯陳鈞妻沈璵涵碧撰。

鳳臺草 國朝錢塘徐昊昇妻仁和顧啟坤順貞撰。

鹿門草 國朝錢塘徐昊昇繼妻海甯俞韜玉隱倩撰。

芳菲草 國朝錢塘徐昊昇妾李如秀小蘇撰。

亦政堂詩鈔 國朝御史錢塘錢肇修母顧之瓊玉蕊撰。

雲儀[七八]詩集 國朝錢塘錢肇修姊雲儀[七九]撰。

墨莊詩鈔二卷文鈔一卷 國朝錢塘錢肇修妻林以甯亞清撰。一作《鳳簫樓集》。

花角樓吟稿二卷 國朝海甯查甯妻陳素雲有撰。

函貞閣詩鈔 國朝錢塘張輿孫妻裘容貞貞吉撰。

緑静軒集 國朝内閣中書錢塘許迎年妻徐德音淑則撰。一作《渌淨軒詩集》。

素窗遺詠 國朝餘杭沈長益妻嚴曾舒撰。一名《蘩》。

翠竹樓詩 國朝海甯馬思贊女友筠林風撰。

秋巖遺稿一卷 國朝海甯陳世侃女静嘉秋巖撰。

香谷詩草三卷 國朝海甯陳世侃女似蘭畹仙撰。

焚餘草 國朝海甯蔣薰曾孫女永瑞撰。

桐花閣詩鈔 國朝海甯查開妻錢氏撰。

廣寒集 國朝仁和諸生顧若羣妻黄鴻鴻煇撰。

蘭閣遺詩 國朝仁和汪上林妻趙邠藕莊撰。

牧祥學草 國朝仁和應廷鍔妻陳慶熊牧祥撰。一作《拈花小稿》。

畹香居詩稿 國朝海甯朱鳴岡妻胡蘭畹香撰。

暗香樓稿凝香室稿 國朝海甯許惟枚繼妻朱氏撰。

篆雲樓稿 國朝海甯許惟枚女玉芬撰。

俯滄樓集三卷 國朝海甯陳奕〔八〇〕昌妻仁和卓燦文瑛撰。

西齋遺詩 國朝同知錢塘陳淞妻戴韞玉西齋撰。

洪淑媛遺詩一卷　國朝錢塘洪某妻王氏撰。

宛田詩鈔　國朝海甯許惟松妻張畹宛田撰。

落花詩一卷　國朝閨秀海甯褚貞紉蘭撰。

淡真遺詩一卷　國朝仁和閨秀郭芳素園撰。

謝庭香詠梁案集　國朝徽士錢塘林以畏妻顧長任重楣撰。

組紃草　國朝錢塘吴萃圖女湘婉羅撰。

静好居集零陵子吟草　國朝海甯陳萊孝妻杜蘅蕙孃撰。

鳳署偶吟一卷　國朝海甯陳存矩妻仁和盧静芳撰。

自怡草　國朝福建知縣錢塘裘樹榮母顧瑶華畹芬撰。

春蕪閣遺稿　國朝舉人仁和許大綸妻錢塘蘇菜梅友撰。

静閑遺詩　國朝諸生錢塘顧宜曾妻海甯楊守範静閑撰。

永庵詩選一卷　國朝海甯葛惠保妻陸若松長青撰。

猗香樓吟稿　國朝昌化方祐俊妻錢塘閔懷英畹餘撰。

浴碧軒吟稿　國朝錢塘陳仲衡妻周志蕙解蘇撰。

臥雪軒吟草四卷伏枕吟一卷　國朝仁和杭世駿妹澄清之撰。

學繡樓吟稿一卷　國朝海甯陳咸備妻查昌鵷鳳佐撰。

嗣香樓詩稿二卷　國朝海甯李步雲妻張步萱紙田撰。

緑窗閒詠一卷　國朝海甯楊秉鬯妻陳有則幽筠撰。

玨樓吟稿　國朝西甯知縣錢塘應際盛妻許學韞玨樓撰。

韞輝樓稿　國朝錢塘王映奎妻許元湻撰。

西湖百詠　國朝仁和陳寅妻李蒨茬撰。

漱玉亭稿　國朝錢塘吴玉墀妻應世婉淑君撰。

餘生集一卷　國朝建昌知府海甯陳世儁女克毅盈素撰。

紅餘小草　國朝知府錢塘趙本植姊秋浦撰。

棃〔八一〕雲榭詩　國朝閨秀仁和鍾筠蕡若撰。

碧窗遺稿　國朝仁和翟秬原妻姚静芬撰。

遠樓稿　國朝湖南按察使錢塘趙雲岑女承光希孟撰。

蕉雨樓吟三卷　國朝海甯王涵齋女範幼嫺〔八二〕撰。

王恭人詩　國朝錢塘王起彪妹適戴氏撰。

耘古樓詩草　國朝仁和施錦妻許元潔雪芳撰。

枕濤莊焚餘草 國朝海甯許立夫妻查蕙芳撰。

遠山詩鈔 國朝諸生仁和沈遹聲妾楊琇倩玉撰。

鴛幃小稿 國朝仁和諸匡鼎女嫺〔八三〕撰。

森玉堂詩 國朝守備錢塘吴孔皆繼妻陸青存若筠撰。

竹窗吟稿 國朝富陽郭天一女媖景曹撰。

蕉窗吟稿一卷 國朝海甯陳夢桂女慧撰。

蓬萊閣詩稿一卷 國朝海甯陳億女筠翠君撰。

雲芝軒集 國朝閨秀錢塘汪玉珍撰。

斗室遺草 國朝海甯許良謨妻汪蕙蘭英撰。

瑯嬛集三卷 國朝閨秀錢塘梁小玉玉姬撰。

天香樓外樓吟草 國朝錢塘周京女登望從之撰。

閨中閒唱 國朝州判仁和顧爲新妻海甯沈䕡珠撰。

紅餘草 國朝錢塘金德麟女士珊雪莊撰。

浣香書屋吟稿一卷 國朝海甯陳克〔八四〕鈞女蘭香祖撰。

香遠齋詩稿一卷 國朝海甯陳億女慧珠湘箬撰。

落花詩一卷　國朝閨秀海甯周僖齡撰。

芳蓀書屋存稿　國朝河道總督錢塘吴嗣爵女瑛若華撰。

梅花字字香草　國朝仁和黄樹穀妻錢塘梁瑛梅君撰。

映雪堂詩稿　國朝錢塘柴禹門女源瀚如撰。

素文女子遺稿　國朝錢塘袁枚妹機素文撰。

樓居小草　國朝錢塘袁枚妹杼綺文撰。

繡餘吟稿楹書閣遺稿　國朝錢塘袁枚從妹棠秋卿撰。

熨紅書屋未定草　國朝仁和汪麟崖母某氏撰。

雪軒學吟草二卷　國朝海甯曹有光姊慰雪軒撰。

蓮夢居遺詩一卷　國朝海甯曹有光妻楊氏撰。

硯史吟稿一卷　國朝海甯陳霖妻曹芝秀硯史撰。

吟香閣集二卷　國朝監生海甯陳玠女絢蓮蕙撰。

紅餘草　國朝仁和陳淞女瓊圃鉬月撰。

繪聲閣稿　國朝錢塘陳兆崙孫女長生秋穀撰。

緑窗同懷稿　國朝閨秀錢塘韓鸞儀隱霄撰。

松軒小草吟香閣小草　國朝海甯張敦元妻沈和撰。

慎餘堂稿一卷　國朝海甯管喬年妻陳賢撰。

瑯嬛書屋吟稿一卷　國朝海甯陳治女敬襄婉順撰。

閨中倡和詩一卷　國朝海甯周春姪女嘉淑撰。

心香閣遺稿一卷　國朝海甯郭鳳鳴妻周氏撰。

雙桂樓小草　國朝舉人海甯許申璟繼妻汪汝瀾聽月撰。

凝香閣詩集〔八五〕　國朝錢塘戴廷熺女若瑛嗛雪撰。

清風明月樓吟卷　國朝仁和汪錫蝦妻吴氏撰。

静君閣稿　國朝海甯楊中訥女守儉似音撰。

須曼閣小草　國朝諸生仁和沈心妻周巽順吉撰。

訊秋齋詩稿　國朝鹽課司大使錢塘陳嘉幹妻武懿鐵峯撰。

蘭藴詩草　國朝吏部尚書錢塘徐潮曾孫女裕馨蘭藴撰。

琴暢軒遺集　國朝海甯葛璇女静畹惠羣撰。

繡餘吟稿一卷　國朝海甯葛慕洪妻章蘭貞撰。

梅吟〔八六〕女史遺稿　國朝海甯俞思謙女適沈氏撰。

琴膢軒詩稿一卷　國朝海甯查揆妻吴慎撰。

閨吟集秀　國朝仁和倪一擎妻蘇畹蘭撰。

在璞堂吟稿　國朝錢塘汪新繼妻方芳佩芷齋撰。

四本堂集　國朝錢塘蔡棨妻李芹璧〔八七〕池撰。

生秋閣詩　國朝候補道仁和沈世燾妻陳素安定林撰。

倡隨集　國朝閨秀錢塘盧蘭露撰。

繡墨齋偶吟　國朝仁和王家驥妻張瑶瑛巘舟撰。

吾士軒稿　國朝錢塘汪繩祖繼妻程慰良弱藻撰。

槐音閣詩鈔　國朝海甯朱二銘妻姜氏撰。

聽春樓詩稿六卷　國朝海甯許佩之女韻香撰。

覽秀軒稿　國朝海甯查慎行曾孫女淑順蕙圃撰。

繡餘吟　國朝錢塘王果女湘娥月田撰。

浣香齋詩草　國朝錢塘王果女湘褎蘭畹〔八八〕撰。

平泉山莊偶集　國朝諸生仁和鄭景會女俞浚安平撰。

梅花書屋詩稿　國朝海甯張燾妻查映玉撰。

延翠閣詩草 國朝海甯王斯年妻沈氏撰。

浥翠軒小鈔 國朝閨秀海甯徐瑩素輝撰。

小猗詩屋吟稿 國朝仁和錢栻繼妻金蓉粲英撰。

秋宜樓詩賸 國朝海甯倪是修妻張芬舒華撰。

紅餘漫草一卷 國朝監生海甯楊陳謨妻陳登峯耕雲撰。

慈雲閣詩存一卷 國朝閨秀海甯朱逵虔齋撰。

蘋南遺草 國朝仁和趙日照妻戴佩荃蘋南撰。

香齋稿 國朝錢塘吴言安子婦梁嫻淑莊撰。

友琴軒詩集 國朝錢塘趙贊元妻葉氏撰。

助吟堂存稿 國朝閨秀海甯戴瑛耘芝撰。

緑筠吟稿一卷語鳳巢集四卷 國朝兵部員外郎錢塘汪農妻王德宜雲芝撰。

蕉雨軒吟稿 國朝錢塘汪新女纘祖嗣徽撰。

轂音集香隱集 國朝錢塘汪新女紉畹姝撰。

盼怡樓詩稿〔八九〕 國朝靈賓知縣錢塘項日藻女蘅香芷撰，黄巖諸生張應彪妻。

聽松樓遺稿 國朝餘杭陳紹翔女爾士撰。

緑華吟榭詩草 國朝仁和龔麗正妻段馴淑齋撰。

斷香集 國朝諸生仁和魯宗鎬妻朱如玉又寒撰。

職思齋學文稿一卷 國朝海甯許堯咨妻徐葉昭克莊撰。

橙緑軒遺詩一卷 國朝海甯張禮文妻顧照玉甌撰。

月樓遺稿 國朝閨秀海甯張筠齋撰。

就雪樓近詩 國朝閨秀海甯沈瑶八詠撰。

壽蘭詩草 國朝海甯張學浩女適陸氏撰。

舉案吟 國朝閨秀餘杭鮑芳倩蘭婉撰。

古春軒詩鈔〔九〇〕 國朝錢塘梁敦書女德繩楚生撰。

紡餘吟稿 國朝海甯朱蘭如妻徐人雅藕洲撰。

宛懷韻語 國朝錢塘許慎女瓊思西湖撰。

珮芬閣焚餘草 國朝海甯查世倓女若筠佩芬撰。

晴雲閣詩草 國朝貢生錢塘俞鈺妻孫廷楷芸軒撰。

貞松閣詩 國朝錢塘俞鈺繼妻孫廷鳳撰。

珠樓女史遺稿一卷 國朝海甯吴騫妾徐貞蘭貞撰。

湘筠館詩〔九二〕 國朝四川按察使仁和孫嘉樂女雲鳳碧梧撰。

貽硯齋詩稿 國朝仁和孫震元女蓀意撰。

晴雪樓遺稿 國朝錢塘姚炳妻高祥織雲撰。

小瑯嬛吟稿 國朝鹽運司知事錢塘葉恕妻王倩琬紅撰。

停雲小草 國朝内鄉知縣錢塘汪應培女增安吉衣撰。

簪花閣詩集 國朝汝縣知縣王慶嵩繼妻陳寶月印華撰。

茂萱閣静好樓詩草 國朝常山教諭錢塘孫承福妻王蘭佩德卿撰。

凝香閣小草 國朝廣濟知縣錢塘蔣炯妻張櫄蕊仙撰。

挹翠軒詩鈔 國朝錢塘蔣勤培妻沈懋昭季蓮撰。

困學樓詩稿 國朝仁和陳希濂女毓秀小蘭撰。

秋蕖閣賸草 國朝海甯鐘廷標妻陳泰紅泉撰。

繡餘吟稿詠物詩存一卷 國朝仁和顧虹橋妻王姮月函撰。

舊月樓稿 國朝錢塘潘庭筠妻朱氏撰。

碧窗學語 國朝閨秀杭州某氏雪蘭撰。

一琴一鶴軒詩草 國朝仁和高鳳臺姊鳳閣佩文撰。

淡宜書屋詩草　國朝仁和胡敬繼妻高鳳樓淡宜撰。

亭茗閣遺草　國朝仁和高鳳臺女學歐荻傳撰。

蘭雪軒遺草　國朝錢塘汪初妻湯繡娟湘緑撰。

扶雲吟稿　國朝錢塘汪瑜女筠紉青撰。

白雲樓遺詩　國朝錢塘孫同寶女安祥竹卿撰。

梅簷遺稿　國朝閨秀錢塘計雪香梅簷撰。

琴齋詩草　國朝杭州顧申之妻吴淑慎琴齋撰。

晚雲樓遺稿　國朝仁和孫懋觀妻姚霞齡撰。

小鷗波館詩鈔　國朝錢塘陳文述繼妻管筠湘玉撰。

小停雲館詩鈔　國朝錢塘陳文述妾文静玉湘霞撰。

虚白齋詩集不櫛吟　國朝錢塘汪潤之妻潘素心虚白撰。

簫引樓詩文集　國朝錢塘沈學琳妻吴世仁浣素撰。

存素堂同懷稿　國朝錢塘汪心餘妻孟景韓藥亭、金亦亭妻孟師韓芳圃同撰。

永懷樓遺稿　國朝海甯吴之楠妻陳端凝叔嫣撰。

斷腸草　國朝海甯吴乙照女麗珠綺文撰。

寫韻偶作 國朝錢塘梁敬事妻海甯吴紺珠簫伍撰。

吟紅閣詩鈔 國朝錢塘夏之盛女伊蘭佩仙撰。

倩梅簃遺稿 國朝杭州戴道峻女小玉倩梅撰。

聽月樓詩二卷 國朝仁和梁紹壬妻黄巽順之撰。

合簫樓稿 國朝仁和陳琛女立止君撰，上元胡培妻也。見《金陵詩徵》。

燕歸來軒詩稿 國朝錢塘袁枚孫女青黛華撰。案：《金陵詩徵》云：『上元車持謙室，不言枚孫女。』

簪芸閣詩稿 國朝錢塘袁枚孫女綬紫卿撰。案：《金陵詩徵》有袁嘉字柔吉，枚孫女，主簿遲女。妹管亦能詩而無袁綬。

靈簫閣詩選 國朝錢塘袁枚孫女妽小芬撰。《金陵詩徵》云：『枚孫女，知縣史瑛室。』

望雲樓詩 國朝仁和張罣曾妻吴恆蘭貞撰。

沅蘭閣詩 國朝閨秀錢塘汪雲琴逸珠撰。

藝蘭室詩稿四卷 國朝仁和汪元炳妻方若徽仲惠撰。

竹韻樓集 國朝錢塘周光緯妻王氏撰。

翰墨和鳴館集 國朝錢塘許乃普繼妻項絸章屏山撰。

自然好學齋集 國朝錢塘陳裴之妻汪端允莊撰。

介祉堂殘稿　國朝仁和朱世炘妻李氏撰。

鴻雪樓初集　國朝錢塘武淩雲妻沈善寶湘佩撰[九二]。

静宜樓詩稿　國朝海甯查世璜妻張常熹少和撰。

聽春樓稿六卷　國朝海甯許述曾女韻蘭香卿撰。

雲巖詩稿　國朝錢塘鄒淦妻仁和陳采芝雲巖撰。

得月樓小稿　國朝閨秀海甯蔣桂芬撰。

蘋香水榭詩　國朝閨秀仁和程文撰。

紅蕾吟館詩稿一卷　國朝錢塘吴兆麟妻鎖瑞芝佩芬撰。

繡餘賸稿　國朝海甯許錸女淵碧漪撰。

藝菊小草　國朝海甯許錸女藻湘南撰。

梅花書屋詩草　國朝海甯張熹妻查映玉春帆撰。

耕石山房詩　國朝仁和朱洄妻錢植壽門撰。

倚雲樓遺草　國朝錢塘蔣勤施妻朱美英蕊生撰。

吟秋閣遺稿　國朝仁和錢廷烺妻邵廣仁秋士撰。

福連室詩稿　國朝閨秀錢塘許延礽[九三]雲林撰。

魚聽軒詩　國朝閨秀錢塘許延錦雲姜撰。

淨緑軒遺稿　國朝錢塘包厚慶女韞珍亭玉撰。

南樓小草清韻閣詩草　國朝錢塘陳芳綬女玉秀德華撰。

獨坐樓焚餘草　國朝富陽朱篆繼妻邵氏撰。

紉香室詩稿　國朝仁和魏焜棟妻錢塘邵蘭南蘋撰。

三宜樓遺詩　國朝海甯朱燮妾程蟾仙撰。

鬘花小草　國朝閨秀錢塘許學衛蓮漪撰。

惜陰樓剩稿　國朝海甯閨秀吴青霞撰。

維揚吟社稿　國朝錢塘韓泰華妻沈夢蘅撰。

蓮因室稿都梁香閣集　國朝仁和徐鴻謨妻鄭蘭孫娱清撰。

寒碧軒詩存　國朝錢塘陳坤女鉦静漪撰。

儷琴詩草　國朝仁和孫彦妻汪曾瑟子湘撰。

零餘小草　國朝仁和嚴烺女迢子嬾撰。

晚翠樓集　國朝閨秀仁和程元妹〔九四〕慈雲撰。

涵碧樓詩稿　國朝錢塘陸潤生妻黄雲湘蘅卿撰。

白蘋花館遺詩　國朝仁和徐業鈞妻吴婉宜荇芳撰。

紫石樓集　國朝錢塘沈蘭皋妻趙一梅耕香撰。

體親樓初稿　國朝海甯朱元炅妻張保祉福田撰。

三十六芙蓉詩存　國朝錢塘蔣坦妻關瑛秋芙撰。

二如室詩詞合編　國朝錢塘汪鉽妻陳瑛式玉撰。

臥雲閣詩草　國朝四川永甯道富陽高應元妻孫蘭韞九畹撰。

緑飲樓詩遺　國朝錢塘周錫誥妻鄭貞華蕉卿撰。

見青閣詩稿　國朝仁和許光鑑妻鮑靚玉士撰。

竹斐遺墨　國朝錢塘鄒在衡妻汪愃竹斐撰。

如是齋吟草　國朝海甯查揆女端杍撰。

耦秦樓存稿　國朝仁和高瀾妻馮紉蘭畹香撰。

香南雪北盧集　國朝閨秀仁和吴藻蘋香撰。

蘭卿初稿　國朝海甯陳克明女貞筠蘭卿撰。

慈暉館詩　國朝杭州沈霖元妻阮思灤媚川撰。

蘭佩閣詩存　國朝海甯查世楨妻李明恆升撰。

静怡軒詩稿 國朝仁和張錫元妻沈允慎仲玫撰。

花韻庵詩 國朝仁和朱康壽妻汪采韻珊撰。

秋芬室詩草 國朝仁和錢廷熊女芸吉遠青撰。

性存集 國朝仁和汪培基妻沈性存撰。

含章集 國朝仁和姚光晉女文玉撰。

翠螺閣詩稿四卷詞稿一卷 國朝錢塘丁丙妻淩祉媛茝沅撰。

浣香樓遺稿 國朝錢塘蔣其章妻朱迪珍佩秋撰。

寄生館詩稿 國朝仁和孫詒經妻沈畹香撰。

十二闌干詩草 國朝海甯馬雲驤妻鄭韶瑶花撰。

碧梧軒吟稿 國朝海甯馬雲驤繼妻陸珍碧珊撰。

繡餘吟織蒲小草 國朝松江通判錢塘戴有恒妻朱均綺生撰。

霽月樓詩稿 國朝錢塘戴可恆妻朱保喆錦香撰。

曼陀羅室詩詞稿 國朝錢塘戴穗孫繼妻孫傳芳浣雲撰。

淡吟仙館遺稿 國朝海甯許棟女誦珠寶娟撰。

慧福樓幸草 國朝錢塘許祐身妻俞繡孫綵裳撰。

清足居詩一卷　國朝錢塘諸可寶繼妻鄧瑜撰。〔九五〕

環翠山房詩鈔一卷　國朝吴山道士施遠恩魯瞻撰。

雲墟山房詩集　國朝吴山道士黄鶴含山撰。

枕山樓吟稿　國朝吴山道士海甯錢選枕山撰。

葵亭詩稿　國朝吴山道士徐又孺葵亭撰。

納紅閣詩草　國朝吴山道士陳真濂丹泉撰。

山居吟　國朝玉真道院道士張湄伊人撰。

雲濤散人集　國朝海甯道士賀炳松庵撰。

松山鄉人詩草　國朝吴山道士王芳洲篁村撰。

高隱山樓詩鈔　國朝吴山道士水上善秋白撰。

蕉葉山房吟草　國朝吴山道士邱衡青嶼撰。

鷲峯集　國朝靈隱寺僧戒顯頤雲撰。一作《晦山和尚全集》。

盋後集　國朝南屏山僧錢塘上緒亦諳撰。

黄山草十二卷西湖草一卷彈指集四卷南皋集一卷又鹽官剩草桂羅北遊集四卷　國朝海甯安國寺僧大涵雁黄撰。

聚石堂〔九六〕**詩集** 國朝杭州東城普慈寺僧智珏撰。

話墮初集三卷二集三卷三集三卷 國朝南屏山僧篆玉讓山撰。

烎虚遺集三卷 國朝淨慈寺僧明中撰。

谷鳴個庵集十笏齋集同凡草 國朝靈隱寺僧正嵒豁堂撰。

夢冰東皋拈莊放鉢北游集 國朝理安寺僧行悦梅谷撰。

雲溪近稿 國朝僧仁和淨挺撰。

徧行堂集 國朝丹霞寺僧杭州今釋澹歸撰。字衛公，一字道隱，臨清知州，本名金堡，晚爲僧。見《千頃堂書目》。

蝶庵集二卷 國朝僧仁和宏覺夢破撰。

楚萍集一卷 國朝理安寺僧行珍天笠撰。

法雨山居詩 國朝理安寺僧法雨撰。

放庵山居詩集 國朝徑山僧行文撰。

放庵山居雜詠 國朝僧海甯行雲撰。

梅花詩二卷 國朝新市僧竹庵撰。

閒閒韻話一卷山居雜詠一卷 國朝硤石惠力寺僧靈昭撰。

梅花百詠 國朝黄梅庵僧南音撰。

村居詩三卷 國朝栖禪院僧顯鵬撰。

嘯隱偶吟録 國朝僧杭州序燈奕是撰。

雨華草 國朝淨慈寺僧杭州同谷惠荃撰。

雲閒草 國朝柏庵僧元輿載堂撰。

鶴峯稿 國朝佛日寺僧正瑞慧麟撰。

采蘋草 國朝靈隱寺僧元迴〔九七〕異峯撰。

借巢詩集 國朝靈隱寺僧原志碩揆撰。

谷聲集 國朝靈隱寺僧德良以貞撰，甯化人。

碧雲十景詩三復齋詩稿 國朝硤石僧明熙撰。

閒吟集 國朝延恩寺僧睿融撰。

三友詠 國朝海甯安國寺僧嶽砫撰。

懷木庵詩草 國朝靈隱寺僧行燃無淨撰。

逸庵詩稿 國朝杭州西溪僧濟日句元撰。

巖艇草 國朝西湖鳥石峯僧如曉萍蹤撰。

碧雲十景詩 國朝碧雲寺僧璇碧山撰。

禪餘集 國朝硤石僧日省撰。

半溪詩集 國朝戒壇寺僧宗藏撰。

禪餘小稿 國朝海甯僧達初撰。

九日同人登高集 國朝臨平呆庵僧宗衍濟水撰。

芝崖集 國朝僧海甯超凡撰。

影庵集選燔賸集散語 國朝青芝塢由〔九八〕庵僧錢塘寂然静遠撰。

雪盧吟草 國朝海甯慶善寺僧復顯夢因撰。

秀野堂詩集 國朝僧海甯覺順撰。

松筠齋詩稿 國朝安國寺僧存素撰。

借庵詩鈔木樨軒詩八卷〔九九〕 國朝慶善寺僧清恆撰。

樵雲詩草 國朝延恩寺僧顯月撰。

空桑子吟 國朝安國寺僧敦仁撰。

碎金集 國朝靈隱寺僧普映雲白撰。

菊村集 國朝靈隱寺僧海雲山臞撰。

東游草　國朝靈隱寺僧通賢石香撰。

绿蘿庵詩集一卷　國朝安國寺僧海岳中洲撰。

蘂香詩草　國朝靈隱寺僧聖潛浮山撰。

泊齋集三卷　國朝安國寺僧元尹宇亭撰。

蓮槎詩鈔　國朝烏石峯僧錢塘得信恬庵撰。

未篩集　國朝杭州僧超源蓬峯撰。

蒋草行人集　國朝靈隱寺僧義〔一〇〇〕果巨濤撰。

懷墅近草　國朝淨慈寺僧錢塘隆樹樾堂撰。

五君詠　國朝僧海甯簡堂撰。

蕉窗殘稿　國朝仁和白馬廟僧濬思撰。

解塵堂稿　國朝安國寺僧道昌撰。

晚楓閣詩　國朝仁和報國寺僧明翹楚木撰。

愚山詩鈔一卷　國朝慶善寺僧端文道揆撰。

和中峯梅花詩一卷　國朝安國寺僧通載撰。

閱世堂稿　國朝徑山僧宗泰古竺撰。

與然堂詩文稿果庵詩稿 國朝徑山僧音緯與然撰。

雲巢詩稿 國朝雲居寺僧實懿雲巢撰。

南磵吟草一卷 國朝理安寺僧寶月撰。

補拙詩存 國朝海甯惠力寺僧純一敏修撰。

半溪詩草 國朝僧海甯振愚拙庵撰。

龍溪集 國朝龍居永慶寺僧明翺退叟撰。

法喜集唾餘集 國朝南屏山僧禪一小顛撰。

旅泊詩草 國朝佛日寺僧達本曉雲撰。

品蓮吟草 國朝靈隱寺僧律月品蓮撰。

二憨道人別録 國朝僧明乾撰。

嬾齋遺稿 國朝海甯白水庵僧通門牧雲撰。

钁頭吟 國朝隱修寺僧超信香海撰。

貫華詩稿 國朝辨利院僧觀淨蓮裔撰。

學圃小稿 國朝辨利院僧一理庭敏撰。

山居雜吟 國朝海甯僧昭勿園撰。

遐觀樓詩 國朝海甯僧宏道撰。

月溪漫草 國朝惠力寺僧靈禮〔一〇一〕月溪撰。

妙香軒詩鈔 國朝淨慈寺僧了義松光撰。

閒吟集 國朝崇教寺僧貫一原初撰。

茶夢山房吟草 國朝海甯白馬寺僧達宣青雨撰。

蕉窗詩稿 國朝硤石僧文基怡泉撰。

倚杖吟五卷 國朝理安寺僧古風澄谷撰。

北窗小草 國朝海甯鵬墩廟僧鑑齋潄芳撰。

梵餘草 國朝天竺寺僧達禪戒恆撰。

息肩廬詩草 國朝雄聖庵尼仁和靜諾自閒撰。

息肩廬詩草 國朝仁和尼翁氏撰。

右別集類國朝人四

校勘記

〔一〕《〔民國〕杭州府志·藝文志》作『二卷』。

〔二〕《〔民國〕杭州府志·藝文志》作『嵋』。

〔三〕《〔民國〕杭州府志·藝文志》作『仁和』。

〔四〕《〔民國〕杭州府志校勘記》作『瀫水草』。

〔五〕《〔民國〕杭州府志·藝文志》作『舉人錢塘梁紹壬晉竹』。

〔六〕《〔民國〕杭州府志·藝文志》作『貢生』。

〔七〕《〔民國〕杭州府志·藝文志》作『黎』。

〔八〕《〔民國〕杭州府志·藝文志》作『詩四卷』。

〔九〕原文作『筱』，疑爲『小』之誤。

〔一〇〕《〔民國〕杭州府志·藝文志》作『梅溪書屋稿吴越雜事詩吴郡袖中草』。

〔一一〕『館』，疑爲『餘』之誤。

〔一二〕《〔民國〕杭州府志·藝文志》作『琄』。

〔一三〕《〔民國〕杭州府志·藝文志》作『百一山房詩稿十卷』。

〔一四〕《〔民國〕杭州府志·藝文志》作『定庵文初集三卷文集補二卷又補編一卷續録一卷破戒草二卷雜詩一卷』。

〔一五〕《〔民國〕杭州府志·藝文志》作『室』。

〔一六〕《〔民國〕杭州府志·藝文志》作『二卷』。

〔一七〕《〔民國〕杭州府志·藝文志》作『習苦齋詩集八卷集外詩一卷集文一卷』。

〔一八〕《〔民國〕杭州府志·藝文志》作『沈文忠公集十卷』。

〔一九〕『觀』，疑爲『研』之誤。

〔二〇〕《〔民國〕杭州府志·藝文志》作『傅』。

〔二一〕《〔民國〕杭州府志·藝文志》作『淮陰游稿』。

〔二二〕《〔民國〕杭州府志·藝文志》作『朱鳳宜』。

〔二三〕《〔民國〕杭州府志·藝文志》作『簷蔔花』。

〔二四〕《〔民國〕杭州府志·藝文志》作『波』。

〔二五〕《〔民國〕杭州府志·藝文志》作『紫薇山館』。

〔二六〕《〔民國〕杭州府志·藝文志》作『諸生錢塘施鴻保榕生撰』。

〔二七〕《〔民國〕杭州府志·藝文志》作『坡』。

〔二八〕《〔民國〕杭州府志·藝文志》作『珏』。

〔二九〕《〔民國〕杭州府志·藝文志》作『友石齋詩集八卷』。

〔三〇〕《〔民國〕杭州府志·藝文志》作『諸生』。

〔三一〕《〔民國〕杭州府志·藝文志》作『陽湖主簿錢塘鄒在衡蓉閣撰』。

〔三二〕《〔民國〕杭州府志·藝文志》補『生沐』。

〔三三〕《〔民國〕杭州府志·藝文志》作『芑』。

〔三四〕《〔民國〕杭州府志·藝文志》補『杉亭』。

〔三五〕《〔民國〕杭州府志·藝文志》删『集』。

〔三六〕《〔民國〕杭州府志·藝文志》作『東皐草堂詩集』。

〔三七〕《〔民國〕杭州府志·藝文志》作「教諭仁和董醇蘊人撰」。

〔三八〕《〔民國〕杭州府志·藝文志》補「諸生」。

〔三九〕《〔民國〕杭州府志·藝文志》補「芷湘」。

〔四〇〕《〔民國〕杭州府志·藝文志》作「詩鈔六卷」。

〔四一〕《〔民國〕杭州府志·藝文志》作「鐵圖集後蜀游詩西湖吟題畫詩」。

〔四二〕《〔民國〕杭州府志·藝文志》作「陵」。

〔四三〕《〔民國〕杭州府志·藝文志》作「監生」。

〔四四〕《〔民國〕杭州府志·藝文志》補「貢生」。

〔四五〕《〔民國〕杭州府志·藝文志》補「《杭郡詩三輯》作「袁臥」」。

〔四六〕《〔民國〕杭州府志·藝文志》作「繼」。

〔四七〕《〔民國〕杭州府志·藝文志》作「子修」。

〔四八〕《〔民國〕杭州府志·藝文志》作「白城詩偶鈔一卷」，《〔民國〕杭州府志校勘記》作「白城詩偶鈔」。

〔四九〕《〔民國〕杭州府志·藝文志》作「務時敏齋存稿十卷」。

〔五〇〕《〔民國〕杭州府志·藝文志》補「少南」。

〔五一〕《〔民國〕杭州府志·藝文志》作「夏鸞翔子宜」。

〔五二〕《〔民國〕杭州府志·藝文志》補「光禄寺署正」。

〔五三〕《〔民國〕杭州府志·藝文志》補「紫笙」。

〔五四〕《〔民國〕杭州府志·藝文志》作「我庵遺稿二卷」。

〔五五〕『吟』，疑爲『詩』之誤。
〔五六〕《〔民國〕杭州府志·藝文志》補『稼孫』。
〔五七〕《〔民國〕杭州府志·藝文志》作『耕』。
〔五八〕《〔民國〕杭州府志·藝文志》補『萬安知縣』。
〔五九〕《〔民國〕杭州府志·藝文志》補『松溪』。
〔六〇〕《〔民國〕杭州府志·藝文志》删『四卷』。
〔六一〕《〔民國〕杭州府志·藝文志》補『中書科』。
〔六二〕《〔民國〕杭州府志·藝文志》作『秉』。
〔六三〕《〔民國〕杭州府志·藝文志》作『茶夢庵劫餘詩稿十二卷』。
〔六四〕《〔民國〕杭州府志·藝文志》作『一』。
〔六五〕《〔民國〕杭州府志·藝文志》作『痁枕草芬若吟』。
〔六六〕《〔民國〕杭州府志·藝文志》作『拙吾詩稿四卷文稿一卷』。
〔六七〕《〔民國〕杭州府志·藝文志》作『内閣中書』。
〔六八〕《〔民國〕杭州府志·藝文志》作『孝諶』。
〔六九〕《〔民國〕杭州府志·藝文志》作『一枝草堂詩稿』。
〔七〇〕《〔民國〕杭州府志·藝文志》作『定海訓導』。
〔七一〕《〔民國〕杭州府志·藝文志》作『舲』。
〔七二〕《〔民國〕杭州府志·藝文志》補『《杭郡詩三輯》「枝」作「芝」』。

〔七三〕《〔民國〕杭州府志・藝文志》作『嫻』。

〔七四〕《〔民國〕杭州府志・藝文志》補『以下閨秀』。

〔七五〕《〔民國〕杭州府志・藝文志》作『嫺』。

〔七六〕《〔民國〕杭州府志・藝文志》作『柴静宜季嫺』。

〔七七〕《〔民國〕杭州府志・藝文志》作『嫺』。

〔七八〕《〔民國〕杭州府志・藝文志》作『宜』。

〔七九〕《〔民國〕杭州府志・藝文志》作『宜』。

〔八〇〕《〔民國〕杭州府志・藝文志》作『弈』。

〔八一〕《〔民國〕杭州府志・藝文志》作『梨』。

〔八二〕《〔民國〕杭州府志・藝文志》作『嫺』。

〔八三〕《〔民國〕杭州府志・藝文志》作『嫺』。

〔八四〕《〔民國〕杭州府志・藝文志》作『堯』。

〔八五〕《〔民國〕杭州府志・藝文志》作『凝香樓詩集』。

〔八六〕原文作『岑』，當爲『吟』之誤。

〔八七〕『璧』，《〔民國〕杭州府志・藝文志》作『壁』。

〔八八〕『畹』，《〔民國〕杭州府志・藝文志》作『婉』。

〔八九〕原文作『昑怡樓詩稿』，據《清史稿藝文志及補編》（中華書局一九八二年版）第五九二頁改。

〔九〇〕《〔民國〕杭州府志・藝文志》作『古春軒詩鈔二卷』。

[九一]《[民國]杭州府志·藝文志》作『湘筠館詩二卷』。
[九二]《[民國]杭州府志·藝文志》作『錢塘沈善寶湘佩撰,來安武淩雲室』。
[九三]原文作『礽』,當爲『礽』之誤。
[九四]原文作『姝』,據《[民國]杭州府志·藝文志》改。
[九五]本條底本無,據《[民國]杭州府志·藝文志》補。
[九六]原文作『聚右堂』,據《[民國]杭州府志·藝文志》改。
[九七]『迴』,疑爲『迴』之誤。
[九八]『凷』,《[民國]杭州府志·藝文志》作『山』。
[九九]原文作『詩人卷』,據《[民國]杭州府志·藝文志》改。
[一〇〇]『義』,《[民國]杭州府志·藝文志》作『羣』。
[一〇一]《[民國]杭州府志·藝文志》作『檀』。

藝文十

集部六

文館詞林十卷　唐新城許敬宗撰。《唐書·藝文志》云：『一千卷。』《顰經室外集》云：『今存四卷。近人黎氏叢書續得六卷。』

華林義書堂詩集一卷　宋錢塘錢惟演同王欽若等撰。

衆芳集　宋昌化章鑑輯。

古文苑二十一卷　宋昌化章樵補輯。文淵閣著録。

兩宋名賢小集三百八十卷中興江湖羣公吟稿　宋陳思輯《兩宋名賢小集》。文淵閣著録，云：『元陳世隆補一百五十七家。』又《書録解題》有《江湖集》九卷，云：『臨安書肆所刻本。』《乾隆志》云：『今鮑氏知不足齋購得殘帙，題此名，以甲乙丙丁爲次。』疑即解題所載。

江湖小集九十五卷江湖後集二十四卷 宋陳起輯。文淵閣著録。按：《浙江通志》云：『《名賢小集》六十三卷，又《拾遺》五卷，增廣《高僧前後集》五卷，皆陳起輯。』《四庫書目》云：『《江湖後集》從《永樂大典》録出。《江湖集》刻非一時、亦非一本，故《永樂大典》所題有「前集」，有「後集」，有「續集」，有「中興」。《江湖集》以世傳《江湖小集》，互校彼所未載者，尚四十七家，又詩餘二家。又有其人，已見《小集》，而詩爲彼所未載者十七家。今併爲一編，統題曰「後集」。』

唐詩該 宋錢塘張九成撰。《海昌備志》引。明高氏棅《唐詩正參》引用書目。

南金録 宋餘杭何薳輯。《宋詩紀事》云：『集何薳、張圖南二人遺詩。薳字子薦，圖南字伯鵬，皆餘杭人。』

山游倡和詩一卷 宋楊蟠與僧契嵩同撰。

洞霄詩集十四卷 宋錢塘鄧牧原輯，元孟宗寶編。一作『十卷』。

唐百家詩選 元仇遠輯。

乾坤清氣 元錢塘金宏輯。《乾隆志》云：『選元作者三十人詩。』

古文韻選 元吴福孫輯。

師友集 元錢塘張雨輯。《乾隆志》云：『皆所得名公贈言及酬倡之作。』

名賢文粹 明錢塘瞿佑撰。

武夷游詠又唐詩樂苑 明錢塘田汝成輯。《乾隆志》云：『《武夷游詠》，汝成官福建提學時偕蔡汝楠游武夷倡和作。《浙江遺書總録》作「一册」。』

唐詩選脈會通六十卷　明海甯周珽青羊輯。見《四庫》附存目。《海昌備志》云：『周敬輯唐詩〔一〕選脈，其曾孫續成此書，定爲六十卷。』

寓文粹編二卷彤管摘奇二卷幽徑尋香六卷〔二〕　明錢塘胡文焕輯。

古文集成　明祝萃輯。

文章選句二十八卷　明海甯陳與郊輯。見《四庫》附存目。

玉屑齋百家論鈔十二卷經濟文鈔十一卷　明仁和張文炎維謙撰。見《四庫》附存目。

吴山社集　明錢塘沈仕懋學施經引之撰。

西湖八社詩帖二卷　明方九敘、沈仕、祝時泰、高應冕、王寅、劉子伯、童漢臣撰。見《四庫》附存目。

武林怡老會詩集一卷　明張瀚元洲輯。

岳陽紀勝彙編四卷　明按察副使錢塘張振先輯。見《浙江遺書總録》。

雙清集　明徐與老輯。《乾隆志》云：『與其兄釋慧鑑倡和之作。』

聯輝集　明刑部主事仁和張輿中行同弟輅素行撰。〔三〕案：輿字行中，輅字行素。輅子震編集。見《千傾堂書目》。

詩女史十四卷拾遺一卷大明同文集又唐七言律選　明田藝蘅輯。《四庫》附存目無《唐七言律選》。《乾隆志》云：『《詩女史》十二卷，李元齡補遺。』

唐詩類苑一百卷　明卓明卿撰。

唐詩合錦又古今女音二卷 明王之獻輯。

西湖采蓴倡和詩 明錢塘虞淯熙與弟淯貞僧孺同撰。

湖山詩選六卷 明錢塘徐懋升元舉輯。

家庭倡和集 明海甯祝汶毅齋輯〔四〕。

麻姑集十二卷 明建昌府同知仁和陳克昌撰。《四庫》附存目。

明經濟文輯三十二卷 明餘杭陳其愫素心撰。《四庫》附存目。

文致 明杭州劉士麟編。《四庫》附存目。

十六名家小品三十二卷 明錢塘陸雲龍雨侯撰。《四庫》附存目。

文字會寶 明錢塘朱文治箾叔撰。《四庫》附存目。

彙輯節孝堂贈言 明蘇州通判海甯曹景暉德昭撰。

宋文鈔 明海甯查志隆撰。《四庫》附存目。

春游紀盛集 明建昌知府凌立子中輯。《乾隆志》云：『皆立與其友郭樂泉西湖倡和之作。』

作朋集 明餘杭嚴調御、嚴武順、嚴勑撰。

不繫園集一卷隨喜庵集一卷湖山韻事一卷綺語前後集夢游草聽雪軒集閩游紀事 明汪汝謙輯。皆倡和投贈之作。

賁野篇三卷 明海甯董啟予輯。《海昌備志》云：『是書裒集海内名人投贈詩文，又名《還化録》。』

列朝集録纂二十四卷 明海甯朱襄撰。

南園五先生集 明海甯葛徵奇輯。

重定唐詩正聲 明諸生海甯周明輔孟純撰。

東山花朝兩集詩一卷 明海甯顧麗中襄純輯。

秦漢文鈔 明杭州馮有輯。

詩可 明海甯查繼佐輯。

同社詩鈔 明海甯陸嘉淑輯。

蕊淵蟾臺合刻 明仁和卓珂月輯。

翠娱閣評選文韻四卷文奇四卷 明錢塘陸雲龍雨侯評選并注。〔五〕

三蘇文滙六十卷 明杭州張焕如泰先編。〔六〕

秦文歸十卷漢文歸二十卷 明杭州張煜如編。〔七〕

晉文歸八卷唐文歸二十四卷 明副貢錢塘朱東觀全古編。〔八〕

龕峯倡和詩一卷 明道士范應虚輯。

五良詩 明僧德祥輯。《乾隆志》云：『與其猶子鐘慎二子頊兄弟五人所作。』

雙清詩一卷 明杭州壽聖寺僧崇超輯。《乾隆志》云：「寺有雙清軒，崇超作詩而同聲氣者和之。」

妙行流芳集 明僧慧定、德濟〔九〕、仕良同輯。

重陽庵集 明住山梅古春輯。俞大彰用昭增輯。

瑞石山紫陽集二卷 明紫陽主者范棲雲輯，佚其名。

皇清詩選十二卷〔一〇〕 國朝陸次雲輯〔一一〕。

三子合稿 國朝仁和丁瀠素園與張步青、諸九鼎同撰。

賦辨 國朝仁和徐汾輯。

四子詩選 國朝徐汾與吴威卿、沈德隅、張祖合刻。

宋四名家詩二十四卷 國朝海甯周之鱗〔一二〕、雪蒼、仁和柴升同輯。見《四庫》附存目。

浙西四子詩鈔 國朝柴升、吴陳炎、柴世堂、吴朝鼎同撰。

梅溪詩選 國朝海甯蔣薰輯。

唐詩選 國朝海甯郭浚輯。

古今詩最今詩紀 國朝仁和沈蘭先輯。

大成録 國朝錢塘陸堦輯。

明遺民詩十三卷 國朝仁和卓爾堪子任輯。〔一三〕

樂府廣序三十卷古詩繫十卷古詩廣序　國朝海甯朱嘉徵輯。

案：《樂府廣序》，《乾隆志》誤列詞曲類、詞選之屬，今據《四庫書目》改正。

玉巖倡和集　國朝宣平教諭海甯張孫宏幼黯輯。

古文選　國朝諸暨教諭海甯張華書乘輯。

樸園倡和集　國朝仁和錢廷枚與其妻馮嫺同撰。

宋十五家詩選十六卷　國朝海甯陳訏輯。見《四庫》附存目。

西泠倡和集　國朝户部侍郎錢塘汪霦昭采輯。

采菽堂古詩選三十八卷補遺四卷駢拇集　國朝仁和陳祚明輯。

八代詩鈔初盛唐詩選　國朝仁和陳晉明輯。

越游倡和集　國朝諸生仁和蔣漢紀波澄輯。

十三經名文鈔五十四卷　國朝海甯沈珩輯。

德聚堂壽言八卷　國朝餘杭嚴沆撰。

兩宋御製集又南宋文鑑又武林耆舊集武林文獻　國朝錢塘吴允嘉辑。

四六纂組十卷　國朝錢塘吴吉豫子藏輯。

秦亭風雅　國朝錢塘張丹輯。

藥園盍簪集 國朝錢塘吴名溢輯。

棲霞倡和集 國朝仁和趙吉士輯。

尺牘新語二十四卷 國朝錢塘徐士俊、汪淇同輯。見《四庫》附存目。

晚唐詩鈔二十六卷 國朝海甯查克宏輯。見《四庫》附存目。

古今文評選 國朝諸生海甯高士淡庵撰。

歷朝賦楷八卷 國朝錢塘王修玉辑。見《四庫》附存目。

青溪先正詩集〔一四〕 **甬上耆舊集** 國朝餘杭鮑楹輯。

東江八子集 國朝仁和王紹曾輯。

家庭倡和集 國朝海甯朱爾邁輯。

東海詩選中集四册 國朝諸生海甯趙昌齡松崖〔一五〕撰。

昭代文選 國朝仁和丁灝皋亭輯。

西湖讌會集 國朝杭州王武功雒榮輯。

文津 國朝仁和王啅輯。

湖舫讌集倡和詩 國朝諸生仁和柴豫頤園輯。

潔愛泉倡和詩一卷 國朝海甯陳黄永輯〔一六〕。

文海 國朝海甯陳奕禧輯。

續文選四卷明文選四卷種德堂唐詩百首一卷 國朝諸生海甯陳禔永萬眉輯。

拙宜倡和集一卷 國朝海甯楊中訥撰。

恭壽堂詩存 國朝仁和胡汝棆簡心子廷棆大振同撰。

郭西詩選四卷 國朝錢塘趙時敏輯。

西江倡和集 國朝錢塘梁序吴山輯。

明詩類選十卷 國朝海甯查慎行輯。

唐人絶句六卷唐人萬首長律 國朝海甯查嗣瑮輯。

廉讓倡和集一卷贈行倡和詩一卷 國朝海甯曹三才輯。

全唐文 國朝海甯陳邦彦輯。

詩苑英華歷朝詩咀華三卷 國朝海甯陳世佶輯。

廣文選唐人詠物詩選一卷 國朝海甯陳世瑞輯。

唐詩聞剡源文鈔又扶風琬琰録 國朝海甯馬思贊輯。

南村倡和集 國朝張應華輯。

荆花集 國朝錢塘沈用濟同弟溯洄〔一七〕撰。

湖墅詩鈔八卷　國朝諸生仁和孫以榮可堂輯。

唐詩辨疑六十卷　國朝吴農祥輯。

宋詩啜醨　國朝錢塘潘問奇輯。

名家詩選　國朝餘杭孫揚美輯。

重陽庵集　國朝樓志暹古春撰。

古今閨秀集　國朝錢塘計宏祚輯。

小山堂倡和詩　國朝錢塘金志章輯。

國朝詩因一百卷　國朝海甯查羲輯。

黄庠贈别詩一卷台郡贈言一卷　國朝海甯吕心仁輯〔一八〕。

歷代古文一百十卷古今樂府選四十册歷代詩選六十二册附詩餘一册無邪集十八卷有物集三十五卷有物集續編六十四卷不廢集七卷不廢集續編十卷詩類四十二卷詩類略四十二卷　國朝海甯許焻輯。

歷朝詩選四卷　國朝海甯陳克鎬輯。

歷朝詩宗風雅頌類約十六卷　國朝海甯許勉燉輯。

十三經文鈔晚明文録　國朝海甯張爲儒輯。

唐詩律隅一卷 國朝錢塘包濤輯。

焦山紀游集一卷南宋雜事詩七卷 國朝錢塘厲鶚輯《南宋雜事詩》〔一九〕。鶚與沈嘉轍、吴焯、陳芝光、符曾、趙昱、趙信同撰七言絶句百首。文淵閣著録。

小山堂倡酬集一卷 國朝仁和趙昱輯。

方鏡詩倡和集十卷禁林集八卷桂林集四卷小隱園倡和詩四卷 國朝仁和杭世駿輯。

甘泉古文碩果 國朝錢塘龔鑑輯。

唐詩標旨 國朝錢塘翁大榮輯。

我聞集二集 國朝海甯李紹安輯。

梅里詩輯三十卷梅里三家詩選三卷 國朝海甯許燦輯。

花近樓名家詩鈔 國朝海甯高人鑑水心撰。

同懷倡和録一卷 國朝海甯貢生胡珠純兮、諸生胡璜玉虹同撰。

武林耆舊續集 國朝吴城輯。

酒旗詩集 國朝仁和吴穎芳輯。

杜詩補注彙 國朝仁和沈名滄輯。〔二〇〕

古文指授四卷 國朝仁和沈廷芳輯。

吾炙詩人傳略一卷　國朝海甯許士杰輯。

闈中唱和詩一卷　國朝海甯許荄輯。

歷朝詩萃二十四卷　國朝海甯鍾蘭枝輯。

南園唱和詩一卷　國朝章世豊輯。

硤川詩略前後集硤川二詩人集鈔　國朝海甯吴嗣廣輯。

浙人詩存　國朝錢塘柴杰輯。

錢塘守歲詩　國朝錢塘朱樟與袁宏模倡和之作。

秦漢晉魏唐宋古文選　國朝仁和李澍輯。

查氏詩逸二十四卷　國朝海甯查政昌輯。

歷朝詩苑　國朝海甯陳克復輯。

唐宋詩鈔查氏詩鈔　國朝海甯查虞昌輯。

題燈詩一卷　國朝海甯郭夢元輯。

北郭詩鈔養素園詩四卷　國朝諸生錢塘王德溥容大輯。

與古齋倡和集　國朝諸生杭州柯一鶚輯。

台州懷舊集十二卷附同懷集一卷　國朝仁和張廷俊輯。

賦彙精選　國朝海甯潘洪疇輯。

古文百篇選評二卷　國朝海甯陳克鬯輯。

宋元明詩鼓吹　國朝海甯張景筠輯。

德門壽言二卷　國朝仁和姚三辰輯。

南宋文鑑　國朝海甯蔣奏平輯。

唐宋詩選　國朝海甯張駿輯。

唐詩宗韓詩選　國朝海甯查景輯。

瓣香吟集　國朝杭州沈超、孫健、施縈、魏之琇、王承祖、嚴果、嚴誠、沈紹湘諸人吟集之作。

城南倡和集　國朝諸生杭州王孫華君實與石文、金農諸人倡和之作。

秋莊集　國朝錢塘沈景煦與兄景熊、弟景熹倡和之作。

寒山舊盧詩集　國朝錢塘陸森輯。

東郊土物詩　國朝仁和翟灝、翟瀚、吴穎芳、朱點二十九人同撰。

歷朝著題律選　國朝翟灝輯。

左氏内外傳戴記莊騷史漢文評　國朝錢塘蕭立選輯。

八十壽言六卷　國朝錢塘袁枚輯。

玉岑樓紀事詩　國朝錢塘許承基默齋輯。〔二一〕

五代詩紀事三十二卷詩逸外記　國朝仁和陳嵇撰。

狐腋集四卷兩間絶倡二卷〔二二〕　國朝海甯黄炳撰。

吴船倡和集　國朝錢塘丁健陳鴻寶同輯。

國朝杭郡詩輯三十二卷　國朝錢塘吴顥輯。

洞霄詩續集六卷　國朝仁和朱文藻輯。

同岑詩選　國朝仁和李芳湛輯。

賦海類編一千卷　國朝仁和關槐編。

憑山閣彙輯留青采珍前集十二卷後集十卷　國朝錢塘陳枚簡侯輯。〔二三〕

武林新年雜詠一卷　國朝吴錫麒、黄模、姚思勤、項朝棻、吴錫麟、舒紹言同撰。

海昌麗則八卷湖海詩存龍山三子詩鈔三卷論印絶句一卷〔二四〕　國朝海甯吴騫輯。

閩南倡和詩〔二五〕　國朝錢塘汪新輯。

峽川詩鈔　國朝諸生海甯顧灝禹門撰。

同人題贈録四卷　國朝仁和何承燕輯。

宋四六鈔四卷　國朝海甯管題雁輯。

唐律評選四卷　國朝諸生海甯曹運機星齋輯。

全唐詩録補遺一卷　國朝海甯俞思謙輯。

明詩麗則四卷海昌詩林四卷詩林偶得一卷詩林隨載二卷海昌詩選二卷　國朝海甯許良謨輯。

南屏百詠一卷　國朝錢塘張炳輯。

竹洲秀衍集秀衍續集八卷　國朝仁和吴鉛孫輯。

書畫舫古今體詩鈔六十四卷詩課十一卷　國朝仁和高鳳臺輯。

修川耆舊詩存一卷　國朝海甯梁齡增輯。

海昌女史詩存　國朝海甯葛慕洪輯。

是程堂倡和投贈集〔二六〕　國朝錢塘屠倬輯。

頤園題詠四卷　國朝仁和胡敬輯。

海昌詩淑五卷續集二卷　國朝海甯吴衡照輯。

歴朝詩選　國朝海甯吴乙照輯。

國朝詩鐸二十六卷國朝正氣集　國朝錢塘張應昌輯。

國朝杭郡詩續集四十六卷　國朝錢塘吴振棫輯。

清尊集十六卷[二七] 國朝錢塘汪遠孫同弟州同适孫又村輯。

山左幽光録 國朝仁和龔守正撰。

浙西六家詩鈔六卷騷雅澉川二布衣詩選 國朝海甯吴應和輯。

唐宋八家文評 國朝諸生海甯潘天掄伊人輯。

唐駢體文鈔十七卷 國朝海甯陳均輯。

查氏文鈔四卷 國朝海甯查世佑輯。

硤川詩鈔十六卷 國朝海甯曹宗載輯。

國朝文警初編二卷 國朝仁和趙夢齡輯。

今雨聯吟集 國朝海甯查人和、查世官同輯。

碧蘿吟館倡和詩詞五卷 國朝海甯馬錦輯。

古文大宗 國朝海甯馬鎮輯。

西溪詩萃 國朝仁和李堂西齋輯。

蘭因集三卷碧城仙館女弟子詩一卷 國朝錢塘陳文述輯。

桐西詩述二十四卷 國朝仁和宋咸熙輯。

蘇陸詩選 國朝仁和汪鎔輯。

硤川賚賑圖題詠集一卷　國朝海甯馬鈺其相輯。

古文鈔　國朝海甯陳天佑輯。

緺雲石倡和詩一卷　國朝光禄寺署正海甯馬汶文瀾輯。

水花倡和詩一卷　國朝海甯朱蔚輯。

海昌詩繫補二十卷　國朝海甯周勛懋輯。

古文捃逸　國朝仁和姚光晉輯。

西郊詩存　國朝錢塘汪隆耀虛中輯。

海隅遺珠録　國朝海甯管庭芬〔二八〕輯。

六朝文絜二卷　國朝海甯許槤輯。

横溪十二詠一卷　國朝丁慶咸輯。

元文選　國朝錢塘韓泰華輯。

瓣香集二卷　國朝錢塘王汝金輯。

静好集二卷　國朝閨秀錢塘毛媞安芳與夫徐鄴華徵倡和之作。

學繡樓名媛詩選十六卷　國朝海甯陳咸備妻查昌鵷輯。

碎玉集　國朝海甯徐某妻孫莊容令媛輯。

明三十家詩選初集八卷二集八卷 國朝錢塘陳裴之妻汪端輯。

韜光庵紀游集 國朝韜光僧山止輯。見《四庫》附存目。

分柿山房偶編 國朝靈源寺僧心印稷林輯。

右總集類

杜詩注 宋餘杭趙汝談撰。

杜詩注 宋於潛洪咨夔撰。

唐李洞詩注一卷 宋明經餘杭潘熙載撰。

陸宣公奏議注三蘇文注 朱迪功郎〔二九〕嵊縣主簿郎曄晦之撰。見《清波雜志》。

杜律一作釋**會通八卷** 明海甯周甸撰。

香臺集注三卷 明錢塘徐伯齡撰。

李義山詩箋八代詩箋 明海甯陳許廷撰。

洛神賦辨注 國朝仁和陸圻撰。

杜律詳注十卷 國朝諸生海甯陳之壎伯吹撰。

杜詩注 國朝海甯朱昇撰。

梁元帝集箋注 國朝海甯陳于王撰。

陶詩集注四卷　國朝仁和詹夔錫撰。

補注東坡編年詩五十卷　國朝海甯查慎行撰。文淵閣著録。

庾開府集注十六卷　國朝仁和倪璠撰。文淵閣著録。

東坡編年詩目　國朝海甯陳訏撰。

韓詩評釋一作昌黎詩輯注**慎獨齋詩集注**　國朝海甯陳熹允文撰。

韓筆酌蠡三十卷王注蘇詩摘謬　國朝海甯盧軒撰。

杜詩纂注四卷　國朝海甯管鳳苞撰。

蘇詩補注拾遺　國朝海甯陳世修撰。

王右丞集箋注二十八卷附録二卷　國朝仁和趙殿成撰。文淵閣著録。

玉川子詩集注五卷樊紹述集注二卷　國朝仁和孫之騄撰。見《四庫》附存目。

蘇詩注釋五十卷　國朝海甯馬思贊撰。

二十一史彈詞注　國朝錢塘李式玉撰。

杜詩評注八卷　國朝舉人海甯管汝錫幼安撰。一作『十六卷』。

蘇詩三家注定本　國朝海甯查開撰。

李太白詩集注三十六卷李長吉歌詩彙解五卷　國朝錢塘王琦撰。《李太白詩集注》，文淵閣著録。《李長吉歌詩彙解》，見《四庫》附存目。

白氏長慶集選二卷 國朝監生海甯周文在了間撰。

韓詩補注 國朝海甯張嘉論撰。

李長吉集箋注玉溪生詩箋注六卷附年譜考證一卷 國朝海甯許昂霄撰。

竹垞詩評注初白詩評注 國朝海甯沈開勛撰。

唐詩詳注 國朝臨安俞元撰。

選注摘訂精華録徐惠注補遺金注質疑李義山集注補訂顧注韓温詩補注 國朝仁和金甡撰。

文選注雜擬詩注 國朝仁和吴穎芳撰。

文選理學權與八卷孫文志疑 國朝錢塘汪師韓撰。

文選理學權與詳論一卷文選李注補正四卷文選考異四卷 國朝仁和孫志祖撰。

杜詩恆言解義四卷 國朝海甯羊光琤撰。

唐詩解 國朝海甯周青羊撰。見《杭郡詩輯》。《談遷傳》佚其名。

杜詩注十卷 國朝海甯陳克鬯撰。

杜詩集注 國朝海甯查景撰。

離〔三〇〕騷草木疏辨證四卷 國朝海甯祝德麟撰。

李詩纂注二十四卷李詩集注考異一卷 國朝海甯俞思謙撰。

阮籍詠懷十七首注 國朝錢塘蔣師爚撰。

桂隱百課箋 國朝仁和翟灝撰。

文選校注 國朝錢塘周嘉猷撰。

古詩十九首箋疏一卷杜詩箋注 國朝海甯陳敬畏撰。

陶詩注二卷 國朝海甯周利親撰。

杜詩集評十五卷 國朝監生海甯劉濬質文撰。

選學膠言二十卷選藻八卷 國朝錢塘張雲璈撰。

詠史詩注十卷 國朝海甯許鎔撰。南康謝啟昆有詠史詩，鎔爲詳注之。

文選補注 國朝錢塘吴顥撰。

蘇詩編注集成總案四十五卷詩四十六卷雜綴一卷 國朝仁和王文誥撰。

信天巢稿注 國朝海甯陳敬璋撰。

楚詞名物考 國朝仁和龔麗正撰。

小謨觴館集注 國朝貢生仁和孫元培賓華撰。

東坡集校勘記 國朝海甯吴壽暘撰。

選注辨注〔三一〕**一卷**　國朝海甯朱超之撰。

陶淵明集集注十卷　國朝錢塘戴煦撰。

右箋注類

案：四庫書目不列箋注一門。凡前人詩文别集爲後人箋注者，皆附本集之後。《乾隆志》以本集非杭人撰而爲杭人所箋注者，别出爲箋注類，今仍之。

文議三十卷　齊監官顧歡撰。

林和靖摘句圖一卷　宋錢塘林逋〔三二〕撰。

沈存中詩話　宋錢塘沈括撰。

對牀夜話五卷　宋太學生錢塘范晞文景文撰。《千頃堂書目》作臨安人。文淵閣著録。

蓮塘詩話二卷　元海甯祝誠撰。

存齋歸田詩話三卷　明錢塘瞿佑撰。《黄氏書目》有《吟堂詩話》三卷。

蓉塘詩話二十卷　明仁和姜南撰。

西園詩麈一卷　明杭州張蔚然撰。

詩法統宗又詩文要式一卷詩家集法一卷　明錢塘胡文焕撰。

藝苑元機一卷律詩指南四卷儷語指迷〔三三〕**一卷**　明仁和邵經邦撰。

杜律注評二卷廣修詞指南二十卷　明海甯陳與郊撰。《四庫》附存目。

案：《廣修詞指南》，《乾隆志》重見類書類，今遵《四庫書目》，删彼録此。

詩談一卷　明海甯徐泰撰。

香宇詩談一卷　明錢塘田藝蘅撰。

詩膾八卷　明錢塘陳雲式定之撰。見《四庫》附存目。

迂叟詩話　明海甯周敬尚禮撰。

文蔚四卷　明尋甸知州海甯吴健小泉撰。

左史文評　明海甯吕居恭撰。

古文存法　明海甯陸鈺撰。

須雲閣宋詩評二卷又詩雅六卷又辛齋詩話　明海甯陸嘉淑撰。

漢園詩話　國朝海甯查雍撰。

詩鏡　國朝海甯楊雍建撰。

詩辨坻四卷　國朝仁和毛先舒撰。《四庫》附存目。

消夏詩談詩人遺事　國朝海甯沈珩撰。

古文裒異十四卷　國朝海甯陳訏撰。

漢詩説 國朝錢塘沈用濟撰。

初白庵詩評三卷 國朝海甯查慎行撰。

斯文快事 國朝海甯祝翼康子夏撰。

愛閒堂詩話二卷 國朝仁和俞泰樞撰。

駢體嘉話一卷 國朝海甯陳世佶撰。

二十四詩品注 國朝錢塘虞嗣爾成撰。

文選評記六卷 國朝海甯陳世瑞撰。

文戒四卷詩戒四卷 國朝海甯許熖撰。

詩話十二卷 國朝海甯陳克鎬撰。

學誠齋詩話 國朝錢塘金張撰。

讀杜隨筆一卷續一卷 國朝海甯張爲議〔三四〕撰。

一代文評 國朝錢塘吴樸撰。

宋詩紀事一百卷 國朝錢塘厲鶚撰。文淵閣著録。

案:《乾隆志》列總集類,今遵《四庫書目》。

榕城詩話三卷桂堂詩話一卷 國朝仁和杭世駿撰。《榕城詩話》,見《四庫》附存目。

槐塘詩話二卷　國朝錢塘汪沆撰。

香山詩評二卷　國朝海甯周文在撰。

雲蠖齋詩話二卷　國朝錢塘吴城撰。

文心雕龍補注　國朝仁和金甡撰。

古詩平仄論略一卷陳檢討四六評敬業堂詩評一卷　國朝海甯許昂霄撰。

樵石詩話　國朝海甯吴嗣廣撰。

文章指南四卷　國朝仁和沈廷芳撰。

小曲江詩話二卷　國朝錢塘丁健撰。

詩學纂聞一卷　國朝錢塘汪師韓撰。

元人詩説　國朝海甯查義撰。

杜律評二卷　國朝海甯管鳳翽撰。

茗香詩論　國朝仁和宋大樽撰。

南燭軒詩話　國朝海甯查歧昌撰。

平皋小隱詩話聲調譜拾遺一卷　國朝仁和翟灝撰。

遼詩話二卷耄餘詩話十卷　國朝海甯周春撰。

豔雪軒詩話 國朝仁和龔守正撰。

詩法正軌三十卷作文舉餘三卷 國朝海甯郭夢元撰。

碧溪詩話 國朝仁和朱文藻撰。

隨園詩話十六卷補遺十卷 國朝錢塘袁枚撰。

拜經樓詩話五卷 國朝海甯吴騫撰。

楚游詩話 國朝錢塘蔣作林撰。

蘭心共賞録 國朝知縣錢塘陳觀光穎泉撰。

元詩紀事 國朝海甯張景筠撰。

金蘭詩話 國朝海甯吴應和撰。

東目館見四卷 國朝臨安吴壽芝七因撰。

詩源 國朝海甯馬鎮撰。

散花庵今話一卷 國朝海甯王韡撰。

元人詩話 國朝仁和龔憲曾撰。

耐冷談十六卷續談十六卷 國朝仁和宋咸熙撰。

雲垞詩話二卷 國朝餘杭楊家龍撰。

宋詩紀事補遺詩苑雅談五卷　國朝新城羅以智撰。

賦品一卷　國朝仁和魏謙升撰。

全浙詩話刊誤二卷又鷗巢詩話〔三五〕　國朝錢塘張道撰。

蘭絮話腴四卷　國朝海甯管庭芬撰。

養自然齋詩話十卷　國朝仁和鍾駿聲撰。

讀杜隨筆八卷　國朝錢塘施鴻保撰。

名媛詩話八卷　國朝錢塘武淩雲妻沈善寶撰。

右詩文評類

平齋詞一卷　宋於潛洪咨夔撰。文淵閣著録。

蕭臺公餘詞一卷　宋錢塘姚述堯撰。

玉照堂詞一卷　宋錢塘張鎡撰。

山中白雲詞八卷玉田詞三卷　宋臨安張炎叔夏撰。《山中白雲詞》，文淵閣著録。

順受老人詞五卷　宋錢塘吴禮之子和撰。

水雲詞二卷　宋錢塘汪元量撰。

斷腸詞一卷　宋閨秀朱淑真撰。文淵閣著録。

僧揮詞七卷　宋吴山寶月寺僧仲殊撰。

貞居詞一卷　元錢塘張雨撰。

無絃琴譜二卷　元錢塘仇遠撰。

本道齋樂府小稿　元杭州本世中立撰。

樂府遺音五卷餘清詞集一卷　明錢塘瞿佑撰。《樂府遺音》，見《四庫》附存目。

花影集三卷　明錢塘馬洪撰。

芳芷棲〔三六〕**詞二卷**　明錢塘高濂撰。

詩餘漫興一卷　明高應冕浩瀾撰。

詩餘二卷樂府鵑啼録二卷　明王之猷撰。

寤歌詞十二卷　明仁和卓珂月撰。

梅里詞二卷　明朱一是撰。

綺語障一卷　明吴本泰撰。

横秋堂詞　明徐之瑞撰。

夢香詞鈔二卷　明海甯周文爚撰。

北窗詞稿一卷　明海甯周文焌撰。

秋水篇詞稿　明海甯姚黄撰。

須雲閣詞二卷　明海甯陸嘉淑撰。

夢蘧閣詞草　明海甯莊維元撰。

凭西閣長短句一卷　明海甯陸宏定撰。

送老詞鈔六卷　明仁和關鍵撰。

雲誦詞　國朝徐士俊撰。一名《雁樓詞》。

扶荔詞四卷　國朝仁和丁澎撰。

玉山詞一卷　國朝錢塘陸次雲撰。見《四庫》附存目。

平遠樓外集又鸞情集選一卷　國朝仁和毛先舒撰。

水雲詞　國朝餘杭王舟瑶撰。

疊羅詞　國朝餘杭嚴曾榘撰。

閬仙詩餘四卷　國朝餘杭嚴曾業撰。

雨堂詞集　國朝餘杭嚴曾槷撰。

河渚詞　國朝胡介撰。

湖上詞二卷　國朝仁和丁文衡撰。

曼聲詞 國朝錢塘李式玉撰。

嘯石齋詞 國朝王嗣槐撰。一名《錦帶連珠》。

紅薌莊詞一卷 國朝龔翔麟撰。

蘭思詞鈔四卷 國朝仁和沈豊垣遹聲撰。

薇露詞鈔二卷 國朝仁和張鑣錦龍撰。

珠舟詞 國朝海甯沈軫先撰。

始讀軒詞一卷 國朝海甯查旦撰。

殊亭詞選 國朝仁和沈元焜撰。

牆東草堂詞 國朝仁和王晫撰。

坳堂詞一卷松風詞一卷 國朝仁和景星杓撰。

分緑齋詞鈔二卷 國朝仁和顧升撰。

桐魚新扣詞 國朝仁和潘雲赤撰。

皇初詩餘 國朝諸生海甯查昉繼雲槎撰。

麋可齋詩餘一卷 國朝海甯葛惠保撰。

律齋詩餘 國朝海甯查嗣鏞撰。

倚劍樓詩餘四卷　國朝海甯葛泠撰。

玲瓏簾詞一卷　國朝吴焯撰。

洪昉思詞二卷四嬋娟填詞一卷　國朝洪昇撰。

小令二卷　國朝汪岳撰。

記豆詞敲波詞采苓詞　國朝吴儀一撰。

花笑軒填詞　國朝沈紹姬撰。

冬心先生自度曲一卷　國朝金農撰。

秋林琴雅四卷迎鑾新曲一卷　國朝錢塘厲鶚撰。《迎鑾新曲》，與吴城同撰。

蘆中人詩餘　國朝仁和金湝撰。

對鷗閣漫語　國朝陳臯撰。

經濟齋詞二卷　國朝金文湝撰。

紅葉山房詞稿一卷　國朝海甯馬惟陽撰。

濃蘭詞　國朝錢塘金焜撰。

榴齋詞鈔　國朝海甯查基撰。

焚餘詞一卷　國朝仁和金達撰。

書帶草堂詞〔三七〕　國朝仁和鄭江撰。

夢緑山莊詞四卷　國朝仁和沈星輝撰。

夢緑庵詞二卷　國朝仁和沈星煒撰。

北游詞集　國朝仁和柳葵撰。

寫香詞　國朝錢塘范鎮次岳撰。

春夢詞　國朝錢塘許田撰。後附《屏山詞話九則》。

啞啞子詩餘一卷　國朝顧震撰。

半緣詞　國朝海甯查學撰。

壺山草堂詞　國朝錢塘吴嘉枚撰。

右樹詞鈔　國朝海甯許盜基撰。

一漁詞鈔　國朝海甯沈開勛撰。

億堂詞餘　國朝海甯陳涵撰。

未焚綺語　國朝海甯陳萊孝撰。

旋香詞一卷　國朝海甯許肇封撰。

客村詞一卷　國朝垣曲典史海甯許大坤厚庵撰。

小波詞鈔　國朝海甯陳沆澄齋撰。

巖門精舍詞鈔二卷　國朝海甯查岐昌撰。

降婁鴻爪兩集　國朝仁和張廷謨撰。

壺春詞一卷霞客道情詞一卷　國朝仁和陳嵇撰。

滄江虹月詞四卷　國朝錢塘汪初問樵撰。

鳳儀〔三八〕詞　國朝仁和俞雲撰。

小紅樓詞稿　國朝義烏教諭錢塘程瑜少海撰。

韻竹詞四卷　國朝仁和孫錫撰。

湖上花農詞　國朝詹事仁和陳琪其玉撰。

微波亭詞　國朝仁和錢枚撰。

香草詞一卷　國朝海甯朱衣點撰。

梯雲山館詞　國朝海甯周毓芳撰。

吟翠廬詞一卷　國朝海甯賈秉忠撰。

萬花漁唱一卷　國朝海甯吴騫撰。

三影閣箏語四卷　國朝錢塘張雲璈撰。

詩餘二卷 國朝海甯查餘穀撰。

石舫園詞鈔一卷 國朝海甯梁齡增撰。

月漁詞稿一卷 國朝海甯吴煜三撰。

懷蘭室詞四卷 國朝錢塘汪焜撰。

紅杏詞 國朝仁和朱方湛撰。

蓮子居詞鈔 國朝海甯吴衡照撰。

天香仙館詞 國朝錢塘陸之英撰。

夢唐詩餘 國朝海甯吴玉輝撰。

煙波漁唱四卷 國朝錢塘張應昌撰。

瓶隱山房詞鈔八卷 國朝錢塘黄曾撰。

香消酒醒詞一卷又香消酒醒曲附 國朝仁和趙慶熺撰。

畫舫齋詞二卷 國朝錢塘朱人鳳撰。

耶溪漁隱詞 國朝錢塘屠倬撰。

翦雲樓詞蘆中秋瑟譜 國朝增生仁和倪稻孫米樓〔三九〕撰，印沅子。

雙梧桐館詩外 國朝海甯蔣楷撰。

借間生詞一卷　國朝錢塘汪遠孫撰。

梅邊笛譜二卷篷窗翦燭集二卷　國朝仁和李堂撰。

無腔村笛二卷　國朝錢塘吴振棫撰。

疏影庵詩餘一卷　國朝錢塘方騭〔四〇〕撰。

小栗山房詞一卷　國朝錢塘殳慶源撰。

楚畹詩餘一卷　國朝天台教諭海甯徐善遷蘭圃撰。

甲子生夢餘詞一卷　國朝州同錢塘汪适孫又村撰。

蘇閣詞稿一卷　國朝海甯吴壽暘撰。

海棠巢詞稿　國朝錢塘李若虚撰。

怡生詞鈔　國朝仁和孫祖繩撰。

補軒詞鈔一卷　國朝海甯沈曾勗撰。

杏春詞賸一卷　國朝海甯宋楗撰。

水村詩餘八卷　國朝海甯王〔四一〕丹墀撰。

瓶隱詞一卷　國朝海甯馬洵撰。

夢玉生詞　國朝錢塘陳裴之撰。

瑞芍軒詞一卷　國朝仁和許乃穀撰。

憶雲詞四卷　國朝舉人錢塘項鴻祚蓮生撰。

碧蘿吟館詩餘一卷　國朝海甯馬錦撰。

春水船詩餘一卷改謌詞一卷　國朝海甯陳堪卿撰。

淡圃詩餘一卷　國朝海甯許元燮撰。

織詩室詞稿　國朝海甯周光熊撰。

琴梧軒詩餘一卷　國朝諸生海甯許乃嘉頌年撰。

松庵詞鈔一卷　國朝海甯朱蘭如撰。

比青軒詞稿　國朝仁和許延觳（四二）撰。

曲池小圃詞四卷　國朝錢塘楊尚觀譜香撰。

紅蕪詞　國朝諸生海甯鍾景嵩生撰。

江山風月譜詞　國朝海甯許光治撰。

繒水軒詞集二卷　國朝仁和高頌禾撰。

風鶴吟詞　國朝錢塘陳春曉撰。

眉影樓詞稿　國朝藤縣知縣仁和邱登雲甫撰。

竹虛詞　國朝刑部主事錢塘許謹身金橋撰。

織煙樓詞　國朝汪秉健撰。

小瑯環仙館詞　國朝海甯曹步垣撰。

護花草堂詩餘　國朝仁和萬籛齡撰。

苕花館詩餘四卷　國朝貢生餘杭王家業康基撰。

夢雨樓詞草　國朝黃岡同知仁和馮鐣少蘅撰。

別草詞集　國朝錢塘陳鏞撰。

二分竹屋詞稿〔四三〕　國朝監生錢塘楊國遴湘如撰。

影香詞一卷雪煩詞　國朝錢塘張道撰。

酒邊人倚紅樓詞存四卷　國朝監提舉汪清冕子周撰，秉健子。

評花仙館合詞　國朝錢塘金繩武撰附其室汪氏作。

鴛鴦宜福祿館吹月詞一卷　國朝錢塘陳元鼎實庵撰，兆崙元孫。

茶夢庵詞一卷　國朝仁和高望曾撰。

聽秋聲館詞一卷　國朝錢塘吴恩埰撰。

函貞閣詞鈔　國朝錢塘張輿孫妻裘容貞撰。

拙政園詞餘 國朝海甯陳之遴繼妻徐燦撰。

玉樹樓詞 國朝錢塘錢肇修母顧瓊之撰。

畹仙詩餘一卷 國朝海甯陳世倌女似蘭撰。

墨莊詩餘 國朝錢塘錢肇修妻林以甯撰。

玉樹樓詞 國朝餘杭嚴沆妻王芬與撰。

林下詞 國朝仁和顧若羣妻黃鴻撰。

衍波詞 國朝仁和孫震元女蓀蕙撰。

攬雲樓詞 國朝閨秀餘杭嚴懷熊芷菀撰。

夢影詞〔四四〕 國朝錢塘蔣坦妻關鍈撰。

瑶華閣詞 國朝錢塘袁枚孫女綬撰。

湘筠館詞〔四五〕 國朝閨秀仁和孫雲鳳〔四六〕碧梧撰。

慈暉館詞草一卷 國朝杭州沈霖元妻阮恩灤撰。

花簾詞又香南雪北詞 國朝閨秀仁和吴藻撰。

蓮因室詞 國朝仁和徐鴻謨妻鄭蘭孫撰。

聞妙香室詞 國朝錢塘張應昌妾陸珊佩媚撰。

寫麈樓詞　國朝仁和高望曾妻陳嘉子淑撰。

曼陀羅室詞　國朝錢塘戴穗孫繼妻孫傳芳撰。

右詞曲類詞集之屬

絶妙好詞箋七卷　宋周密輯，其箋則國朝錢塘厲鶚與宛平查爲仁同撰。文淵閣著録。

聽元集又造化集　元錢塘吾邱衍輯。

樂府古題考　明海甯陳與郊輯。

古今詞滙十二卷二編四卷〔四七〕三編八卷　明仁和卓回輯。

詩餘類函　明錢塘張大烈言沖輯。

詞統十二卷　明仁和卓珂月輯。

詞學全書十四卷　國朝海甯查繼超輯。

填詞名解四卷　國朝仁和毛先舒輯。見《四庫》附存目。

西陵詞選　國朝錢塘陸進輯。一作《東白堂詞選》。

古今詞選　國朝仁和沈謙輯。

二十四家詞選二十四卷宋詞選又四家宮詞選四卷　國朝海甯陳禝永輯。

詞苑六十卷　國朝仁和吴農祥輯。

詞學全書四十卷附題虹詞六卷 國朝王仲恆輯。

樂府中聲十四卷 國朝仁和沈佳輯。

亦軒倡和詞一卷 國朝海甯陳萊孝輯。

來青閣倡和詞 國朝海甯蔣楷輯。

絶妙好詞補註 國朝仁和陳嵇輯。

桐花溪三家詞鈔一卷 國朝海甯陳傳經輯。

兩浙詞輯 國朝錢塘張泰初輯。

重編花草粹編 國朝錢塘金繩武輯。

歴朝詞滙 國朝海甯陳奕昌妻仁和卓燦輯。

名媛詞選二卷 國朝海甯陳咸備查昌鵷輯。

右詞曲類詞選之屬

樂府指迷一卷詞源二卷 宋錢塘張炎撰。《樂府指迷》，見《四庫》附存目。

詞學十二卷 國朝仁和沈謙撰

古今詞論一卷 國朝錢塘王又華静齋撰。見《四庫》附存目。

竹垞詞綜評一卷 國朝海甯許昂霄撰。

蓮子居詞話四卷 國朝海甯吴衡照撰

右詞曲類詞話之屬

九歌譜又十二月樂辭譜 元錢塘吾邱衍撰。

詞譜詞韻 國朝仁和沈謙撰。

填詞圖譜〔四八〕**六卷續集二卷** 國朝仁和賴以邠損庵撰。見《四庫》附存目。

詞韻二卷 國朝錢塘仲恒撰。見《四庫》附存目。

南北入聲客問一卷 國朝仁和毛先舒撰。一名《南北正韻》。

寱樓填詞韻十卷詞律更張十卷 國朝海甯陳堪卿撰。

右詞曲類詞譜詞韻之屬

校勘記

〔一〕《〔民國〕杭州府志·藝文志》作『時』。

〔二〕《〔民國〕杭州府志·藝文志》作『五倫書鈔一卷五倫詩選一卷寓文粹編二卷彤管摘奇二卷幽徑尋香六卷六言詩集一卷翰府通式四卷寸札粹編二卷』。

〔三〕《〔民國〕杭州府志・藝文志》作『刑部主事仁和張輿同弟輅撰』。
〔四〕『輯』，《〔民國〕杭州府志・藝文志》作『撰』。
〔五〕本條底本無，據《〔民國〕杭州府志・藝文志》補。
〔六〕本條底本無，據《〔民國〕杭州府志・藝文志》補。
〔七〕本條底本無，據《〔民國〕杭州府志・藝文志》補。
〔八〕本條底本無，據《〔民國〕杭州府志・藝文志》補。
〔九〕原文作『齊』，當爲『濟』之誤。
〔一〇〕《〔民國〕杭州府志・藝文志》作『唐詩善鳴集三卷五代詩善鳴集一卷宋詩善鳴集二卷金詩善鳴集一卷元詩善鳴集一卷明詩善鳴集二卷皇清詩選十二卷』。
〔一一〕《〔民國〕杭州府志・藝文志》作『國朝錢塘陸次雲輯』。
〔一二〕《〔民國〕杭州府志・藝文志》作『周之麟』。
〔一三〕本條底本無，據《〔民國〕杭州府志・藝文志》補。
〔一四〕《〔民國〕杭州府志・藝文志》作『青溪先生詩集』。
〔一五〕『崖』，《〔民國〕杭州府志・藝文志》作『鑒』。
〔一六〕『輯』，《〔民國〕杭州府志・藝文志》作『撰』。
〔一七〕『洞』，疑爲『洄』之誤。
〔一八〕『輯』，《〔民國〕杭州府志・藝文志》作『撰』。
〔一九〕原文作『南宋雜事』，據《〔民國〕杭州府志・藝文志》改。

〔二〇〕本條底本無，據《〔民國〕杭州府志·藝文志》補。

〔二一〕本條底本無，據《〔民國〕杭州府志·藝文志》補。

〔二二〕《〔民國〕杭州府志·藝文志》作『孤腋集四卷兩閒紀倡二卷』。

〔二三〕本條底本無，據《〔民國〕杭州府志·藝文志》補。

〔二四〕《〔民國〕杭州府志·藝文志》作『海昌麗則八卷湖海詩存龍山三子詩鈔三卷』。

〔二五〕《〔民國〕杭州府志·藝文志》作『閩南倡和詩』。

〔二六〕《〔民國〕杭州府志·藝文志》作『是程堂倡和投贈集二十五卷』。

〔二七〕《〔民國〕杭州府志·藝文志》作『水北題襟集清尊集十六卷』。

〔二八〕《〔民國〕杭州府志·藝文志》作『管庭芳』，當爲『管庭芬』之誤。

〔二九〕原文作『即』，當爲『郎』之誤。

〔三〇〕《〔民國〕杭州府志·藝文志》作『雜騷草木疏辨證四卷』。

〔三一〕《〔民國〕杭州府志·藝文志》作『選注辨正一卷』。

〔三二〕《〔民國〕杭州府志·藝文志》作『逾』。

〔三三〕《〔民國〕杭州府志·藝文志》作『儷語指述』，當爲『儷語指迷』之誤。

〔三四〕《〔民國〕杭州府志·藝文志》作『張爲宜』，當爲『張爲議』之誤。

〔三五〕《〔民國〕杭州府志·藝文志》作『全浙詩話刊誤一卷又鷗巢詩話口蘇亭詩話三卷』。

〔三六〕《〔民國〕杭州府志·藝文志》作『樓』。

〔三七〕原文作『書帶書堂詞』，據《〔民國〕杭州府志·藝文志》改。

〔三八〕《〔民國〕杭州府志・藝文志》作『鳳宜』。

〔三九〕《〔民國〕杭州府志・藝文志》作『倪孫米樓』。

〔四〇〕《〔民國〕杭州府志・藝文志》作『隲』。

〔四一〕原文作『上』，當爲『王』之誤。

〔四二〕《〔民國〕杭州府志・藝文志》作『轂』。

〔四三〕《〔民國〕杭州府志・藝文志》作『二分竹屋草稿』。

〔四四〕《〔民國〕杭州府志・藝文志》作『夢影樓詞』。

〔四五〕《〔民國〕杭州府志・藝文志》作『湘筠館詞二卷』。

〔四六〕《〔民國〕杭州府志・藝文志》作『孫雲翔』。

〔四七〕《〔民國〕杭州府志・藝文志》作『上編四卷』。

〔四八〕《〔民國〕杭州府志・藝文志》作『填詩圖譜』。

後記

筆者上大學本科時所學專業即爲古典文獻學，後來又長期在浙江大學中文系古典文獻學專業任教，深感本專業作爲一個基礎專業，理論教學固然重要，但實踐教學同樣是必不可少的。單純在課堂内以教材、PPT爲載體傳授知識，並不能滿足學生獨立開展學術探索的需要。動手實踐以加深對專業知識的理解，應該是教學過程中不可缺少的一環。並且，就古典文獻學專業的培養目標而言（主要是培養古籍整理人才），實踐教學也應該占有適當的比例。有的用人單位（如古籍出版社、圖書館古籍部等）反映，本專業的部分畢業生基礎知識扎實，思維敏捷，但實際從事古籍整理以及古籍編目、版本鑒定的能力相對不足。近年來，全國各地爲了認真貫徹國務院頒發的《關於進一步加强古籍保護工作的意見》，正在大規模開展古籍普查以及編纂《中華古籍總目》等工作，從而對古典文獻學專業的實踐教學提出了新的更高的要求，同時也帶來了新的機遇。因此本專業相關課程的實踐教學還是需要進一步加强的，而整理校點與古典文獻學研究相關的合適古籍，是鍛煉學生實際能力之理想途徑。

爲了進一步加深對所學知識的理解與運用，培養學生在古籍整理研究方面的動手能力，從二〇一〇年開始，筆者所任教的『目録學』課程將歷代目録學名著的整理校點作爲期末考核方式。近十餘年來，在筆者的具體指導下，由學生分工合作，分别完成了《隋書經籍志注釋彙編》和《四庫全書總目》整理校點、耿文光《目録學》整理校點、《皕宋樓藏書志》（部分）整理校點、文瀾閣《四庫全書》卷前提要（部分）整理校點等實踐性作業。上述實踐性作業的完成，對於學生鞏固並運用課堂所學知識頗有助益，他們的古籍整理能力藉此有較大提高。

上述諸書中，延續時間最長的是《隋書經籍志注釋彙編》和文瀾閣《四庫全書》卷前提要整理校點。《皕宋樓藏書志》早在二〇一六年上半年業已完成部分整理校點初稿，本來計劃再花兩年時間全部完成，後來由於浙江古籍出版社在二〇一六年九月刊印了該書的許静波點校本而中止。

《隋書經籍志注釋彙編》之體例基本上參照陳國慶的《漢書藝文志注釋彙編》，不過篇幅長得多，難度亦甚大。現在回想起來，由於當初自己缺乏經驗，對其篇幅和難度估計不足，因而導致給古典文獻學專業二〇〇七級學生布置《隋書經籍志注釋彙編》第一部分任務時，各位同學分擔的量過大，大多數同學最終上交的稿件的字數都在五萬以上。即便如此，同學們還是認真完成，同時收穫也很大。給我留下深刻印象的是關鵬飛同學，他完成的『史部雜傳類』部分有將近十萬字（是歷年所有參與該書編著的同學中字數最多的），並且總體質量頗高。他在稿件末尾附有後記，内容如下：

起二〇一〇年六月十六日（端午節後一日），終六月三十日晨，凡十五天，總計九萬三千餘字，《隋志雜傳注釋彙編》初定。此半月來，除上課、吃飯、睡覺外，全部時間花在《隋志》，其中文字録入每小時約一頁，斷句加按語每小時約四頁，常常是雙眼酸痛、十指抽筋，更兼坐久，四肢無力，腿部尤甚。如此高强度、長時間之體力兼腦力勞動，於我是頭一次，印象不可謂不深也。雖頗多勞頓，而收穫亦巨。斷句認字，自不必説；尋文理章，多有斬獲。以前學習之古文，文學居多；今日彙編之注釋，學術爲重。真可謂辨章學術、考鏡源流歟！況大家注釋，論據詳實；又每有創見，推理精彩。後學觀之，心嚮往之。是故作業雖成，研習方始。

關鵬飛同學於二〇一一年從本專業畢業後，作爲優秀學生，他被保送到北京師範大學古籍與傳統文化研究院攻讀中國古典文獻學專業碩士學位。二〇一二年八月，我隨同臺灣著名學者林慶彰教授等參訪北師大古籍與傳統文化研究院，相關老師對小關評價甚高，認爲他在浙大本科學習期間受過比較全面和嚴格的學術訓練，因此在專業基礎方面明顯突出。我想這個『比較全面和嚴格的學術訓練』，高强度的《隋書經籍志注釋彙編》任務，應該是其中一個重要方面。小關後來的順利發展，也多少印證了這一點。他於二〇一四年從北師大畢業後，又考入南京大學文學院，師從著名學者莫礪鋒教授攻讀中國古代文學專業博士學位，二〇一七年畢業後進入南京曉莊學院文學院任教，並於二〇二一年入選江蘇省高校『青藍工程』優秀青年骨幹教師項目。小關成果豐碩，在碩士研究生階段時，即有《探源詩經》和《探源詩經·二》兩部著作問世，後來又出版了《詩經裏的中國》、《四時之詞：宋詞中的二十四節氣》、《萬象自往還——蘇詩與蘇學》以及《楚辭：新注新譯插圖本》、《中華經典名著全本全注全譯叢書·唐才子傳》等多部著述。

《隋書經籍志注釋彙編》之初稿已於二〇一四年完成，共有三百多萬字。曾有多位師友獲悉此事後，認爲該書選題富有價值，注釋彙編之工作甚有意義，因此先後幾次鼓勵我將該書申報國家級科研項目及國家出版基金資助項目、國家古籍整理出版專項經費資助項目等。不過由於該書字數多、難度大，自己一直缺乏足够的時間進行匯總、統一體例、修改定稿，因此我對該書的出版始終持審慎之態度，至今尚未申報任何項目，也没有受比較全面和嚴格的學術訓練，這一目標已經較好地實現了。我想該書今後無論是否刊布，其初衷，也就是讓我們古典文獻學專業的同學在本科階段就接聯繫出版單位。

文瀾閣《四庫全書》卷前提要校點之動議，緣於我在主編《文瀾閣四庫全書提要匯編》（杭州出版社二〇一七年版，二〇一八年獲得浙江省最高級别的政府出版獎——第二十七届浙江樹人出版獎提名獎）時，發現文瀾閣《四庫全書》的『卷前提要』部分是原寫本，更多的是後來補鈔的，具有獨特的價值。並且，此前的研究成果基本上未涉及文瀾閣《四庫全書》之『卷前提要』，主要是因爲當時相關學者難以見到原書。我主編的《文瀾閣四庫全書提要匯編》影印本包括『卷前提要』、《四庫全書總目》、《四庫全書簡明目録》、《四庫全書考證》、附録等五大部分，該書的出版，爲『四庫學』（尤其是各種『四庫提要』之比較）研究提供了極大的便利。不過文瀾閣《四庫全書》卷前提要比較複雜、凌亂，因此決定將其校點。這應該是『目録學』課程頗爲理想的實踐性作業，並且可以連續做多年，於是從二〇一七年開始，我將文瀾閣《四庫全書》卷前提要整理校點之任務，陸續分年布置給學生。

文瀾閣《四庫全書》卷前提要整理校點，以中華書局一九六五年版《四庫全書總目》（即浙刻本）爲對校本，以文淵閣《四庫全書》本《四庫全書總目》（即武英殿本）、文瀾閣《四庫全書》本《四庫全書總目》、《文溯閣四庫全書提要》、江慶柏等整理的《四庫全書初次進呈存目》、趙望秦等校證的《四庫全書初次進呈存目校證》、臺灣商務印書館等據清乾隆間舊鈔本影印的《四庫全書初次進呈存目》、《摛藻堂四庫全書薈要》中的《欽定四庫全書薈要提要》等爲參校本。文瀾閣《四庫全書》卷前提要整理校點也是富有挑戰性的選題，難度不亞於《隋書經籍志注釋彙編》。前者各位同學分擔的量較之後者有所減少，筆者冀望質有所提高，應該説大多數同學做到了。

因爲卷前提要量大，所以前三年總共只完成了一小部分。根據計劃，二〇二〇年還是繼續做文瀾閣《四庫全書》卷前提要整理校點，萬萬想不到去年出現了延續時間如此之長、牽涉面如此之廣的新冠疫情。去年上半年，『目録學』課程與本校其他課程一樣，通過釘釘平臺上網課，圖書館、資料室也大多關閉，而文瀾閣《四庫全書》卷前提要整理校點需要查檢大量紙質版文獻。顯然，文瀾閣《四庫全書》卷前提要整理校點已經無法在去年的特殊時期作爲學生的實踐性作業。當時我花了兩天時間苦苦思索、尋找其他合適的選題。後來因爲那段時間我正在主編《兩浙藝文志輯刊》（已由國家圖書館出版社於二〇二一年刊行），所以注意到獨立成書以及『單本别行』的兩浙地區藝文（經籍）志在全國各省中數量最多，總體質量最高，在中國目録學史、地方文獻史上占有重要地位，不過學術界對此關注不够。有的藝文（經籍）志雖然在某些論著中有所提及，但往往只是簡單介紹，語焉不詳，有的記載不够準確甚至是錯誤的。可以説獨立成書以及『單本别行』的兩浙地區藝文（經籍）志的家底尚未摸清。

爲了給相關研究者提供便利，筆者將留存至今並且較爲重要的兩浙地區獨立成書或『單本别行』的藝文（經籍）志，如《杭州藝文志》、《海寧經籍志備考》、《海昌藝文志》、《海昌經籍志畧》、《平湖經籍志》、《補續許氏嘉興府志經籍志初稿》、《湖録經籍攷》、《四明經籍志》、《台州經籍志》、《台州藝文畧》、《台州經籍攷》、《金華經籍志》、《温州經籍志》、《永嘉書目》、《瑞安經籍目》等，以及一定程度上帶有藝文志性質的《海寧渤海陳氏著録》、《嘉郡先哲遺著》、《海鹽鄉賢著述目録》、《寧波學人著書目》、《句章徵文録》、《魯迅手記舊紹興八縣鄉人著作目録》、《寒石草堂所藏台州書目》、《金華叢書書目提要》、《夢選樓所藏金華書目》、《温州經籍志校勘記》、《瑞安孫氏玉海樓藏温州鄉賢遺書目》、《浙江省永嘉區徵集鄉先哲遺書目録并敍》、《兩浙地志録》、《浙江地志存目》、《四庫著録浙江先哲遺書目》、《浙江疇人著述記》等，匯集在一起加以影印出版，定名爲《兩浙藝文志輯刊》。其中的《杭州藝文志》具有重要學術價值，同時字數不算太多，剛好一屆學生可以完成，於是選定該書作爲去年『目録學』課程的作業。

跟《隋書經籍志注釋彙編》、文瀾閣《四庫全書》卷前提要整理校點等一樣，《杭州藝文志》整理校點涉及的不僅僅是『目録學』課程所學内容，而且是對古典文獻學專業本科生在『古典文獻學』、『版本學』、『校勘學』、『訓詁學』乃至『文字學』、『音韻學』、『漢語史』、『中國古代文學史』等課程中所學知識的比較全面的綜合運用和檢驗。古籍整理校點堪稱名副其實的異常艱辛的腦力勞動，十分考驗人的學問、毅力和耐心。並且與專業論著撰寫相比，古籍整理校點有時需要更廣的知識面、更强的語言文字能力，要真正做好非常不容易。因此筆者認爲，此類作業有利於同學們打下扎實的專業基礎，培養嚴謹的治學態度，不但對學生的長遠發展助益良多，而且對本專業的教學改革亦頗有意義。

本書整理校點之初稿由修讀『目録學』課程的浙江大學中文系古典文獻學專業二〇一七級學生以及選修該課程的漢語言文學等專業的部分學生共同完成，參與整理校點者均列爲本書編委。成佳、曹伊夢同學還參與了部分校對工作，故列爲本書常務編委。十六位同學的具體分工，按各自承擔部分之前後依次如下：

陶維棟（杭州藝文志自序至經部禮類周禮之屬）

朱元顔（經部禮類儀禮之屬至小學類訓詁之屬）

樂　靚（經部小學類字書之屬至史部時令類）

朱　丹（史部地理類總志之屬至政書類法令之屬）
陳昱伶（史部政書類考工之屬至子部天文算法類推步之屬）
方慧敏（子部天文算法類算書之屬至雜家類『硯説筆談』條）
蔡凱樂（子部雜家類『牧翁雜記』條至道家類）
吴美琦（集部别集類六朝唐宋元明人『文翰集』條至『許靈長詩集』條）
成　佳（集部别集類六朝唐宋元明人『時軒自怡集』條至别集類國朝人一『玉禾堂存稿』條）
唐雯玥（集部别集類國朝人一『永思樓詩文集又茅春雜詠』條至别集類國朝人二『日涉園稿』條）
趙毓珩（集部别集類國朝人二『澄園詩鈔』條至『秋江遺稿』條）
曹伊夢（集部别集類國朝人二『古芬堂詩集』條至别集類國朝人三『桐陰書屋稿』條）
金夢恬（集部别集類國朝人三『燕石吟』條至『菽歡堂集』條）
謝昕怡（集部别集類國朝人四『卻埽書堂詩鈔』條至『梅吟女史遺稿』條）
張譯丹（集部别集類國朝人四『琴媵軒詩稿』條至總集類『同人題贈録』條）
甘　露（集部總集類『宋四六鈔』條至詞曲類詞譜詞韻之屬）

古籍整理校點是十分艱苦而繁瑣的，有時也是枯燥而乏味的，要真正做好非常不容易。參與整理校點的同學均有切身體會。自己也是從學生過來的，完全能體會學生之甘苦。並且，作爲主編，我的體會應該比學生更深。在整個整理校點過程中，我始終與學生同甘共苦。我制定了詳細的整理校點體例及各種注意事項，並對每位同學所整理校點的初稿均進行了具體指導和認真修改，最後對本書多次進行統稿、修訂和校對。雖然每位同學都認真對待此事，但畢竟是初次從事這樣的工作，所以交上來的初稿問題還是很多的，録文、標點、字形、校記以及格式、體例等均存在各種各樣的疏漏之處，離出版社的『齊、清、定』之交稿要求距離甚大。作爲主編，自己的職責不同於有些書的主編主要負責全書的宏觀規劃和最終把關，而是需要逐字逐條加以審定和修改的（我改正的疏漏多達上千處），因此工作量還是挺大的。我在匯總、修改和校對書稿時，往往爲了確定一個書名、人名或者一個細小標點的位置而遍查各種書目、數據庫，有時雖然花了不少時間，但仍然令人失望地一無所獲。書稿中的各種疑難問題，常常讓我糾結、困擾不已。

實事求是説，由於前些年整理校點規模龐大、難度甚高的《盧文弨全集》耗費了自己太多的精力，再加上其他一些原因，因此我本來打算今後不再做古籍整理校點了。並且，在統稿、修訂過程中，整天面對有許多問題需要修改的書稿，我有時也頗感枯燥、乏味，曾心生退意，但最終還是堅持了下來。之所以堅持下來的一個重要原因，是當初我安排、指導學生整理校點《杭州藝文志》的，並且告知他們我會盡力争取將書稿早日出版。同學們也爲此付出了艱辛努力，同時對本書的正式出版充滿了期待。想到這些，我覺得不能由於我個人的原因讓此事半途而廢，從而讓各位同學失望。因此，雖然諸事繁多，但我始終將此事作爲一件重要事情，積極對接出版社、排版部，關注每一個細節，盡最大努力完成了此事。

繼業已出版的《清代學者研究論著目録初編》、《清代學者研究論著目録續編》、《民國學者研究論著目録初編》、《民國學者研究論著目録續編》、《歷代文獻學要籍研究論著目録》之後，即將刊布的本書堪稱浙江大學中文系古典文獻學專業教學改革的又一新的標志性成果。

本書是在没有任何經費資助的情况下完成的，當屬不易。本書可以説是真正意義上的師生通力合作之成果，凝聚了我們爲此而付出的大量心血，因此我和各位同學都格外珍惜！同時，我還要衷心感謝浙江大學出版社人文社科出版中心主任暨本書責任編輯宋旭華先生的大力支持以及所付出的辛勤勞動！這也是我跟浙大出版社的再一次友好合作。如果本書能够爲廣大讀者提供幫助，帶來便利，並爲推動杭州地方文化史的研究起到一定作用，我們將由衷地感到高興！

需要説明的是，雖然我和諸位同學为本書的整理校點投入了較多精力，應該説我們已經盡力了，但由於種種主客觀條件所限，因而《杭州藝文志》的整理校點一定存在疏漏之處，還懇請大家多多原諒並不吝指正！

所有參與本書整理校點的同學者均在杭州生活了至少四年，本書的正式出版，應該可以作爲大家在浙大求學時别具特色的留念，同時也是去年那段特殊時期的意外收穫。我憧憬若干年之後，當各位同學看到或别人提起這部自己參與整理校點的《杭州藝文志》時，或許能勾起大家對西子湖畔、求是園中，曾經度過的大學時代緊張而又充實的最美好的青春歲月的滿滿回憶……

陳東輝

二〇二一年七月謹誌於杭州紫金文苑芸雅居

圖書在版編目(CIP)數據

杭州藝文志 / 吴慶坻撰;陳東輝等校點. —杭州:浙江大學出版社,2021. 7
ISBN 978-7-308-21536-7

Ⅰ. ①杭… Ⅱ. ①吴…②陳… Ⅲ. ①藝文志 - 杭州
Ⅳ. ①Z812. 255. 1

中國版本圖書館 CIP 數據核字(2021)第 123036 號

杭州藝文志
吴慶坻 撰 陳東輝等 校點

出 品 人 褚超孚
總 編 輯 袁亞春
策　　劃 宋旭華 陳麗霞
統　　籌 王榮鑫 蔡 帆
責任編輯 宋旭華
責任校對 蔡 帆
封面設計 項夢怡
出版發行 浙江大學出版社
(杭州市天目山路 148 號 郵政編碼 310007)
(網址:http://www.zjupress.com)
排　　版 浙江時代出版服務有限公司
印　　刷 紹興市越生彩印有限公司
開　　本 710mm×1000mm 1/16
印　　張 34.5 **插　　頁** 2
字　　數 400 千
版 印 次 2021 年 7 月第 1 版 2021 年 7 月第 1 次印刷
書　　號 ISBN 978-7-308-21536-7
定　　價 108.00 元

版權所有 翻印必究 印裝差錯 負責調換

浙江大學出版社市場運營中心聯繫方式:(0571) 88925591;http:// zjdxcbs.tmall.com